CODE MUNICIPAL

LOI MUNICIPALE

DU 5 AVRIL 1884

EXPLIQUÉE

PAR LA CIRCULAIRE DU 15 MAI 1884 ET L'INSTRUCTION DU 11 AVRIL 1896

DÉCRETS DES 7 AVRIL 1884 ET 29 AVRIL 1889

LOIS DES 12 MAI 1889 ET 2 AVRIL 1896

SUIVIS D'UN RÉSUMÉ

DE LA LÉGISLATION ET DE LA JURISPRUDENCE CONCERNANT
L'ADMINISTRATION COMMUNALE

PAR

MAURICE BOIVIN

ANCIEN CONSEILLER DE PRÉFECTURE

Secrétaire particulier du Ministre du Commerce et de l'Industrie

ET

PAUL ROY

OFFICIER D'ACADÉMIE

Directeur de la Revue des Lois et du Bulletin Commentaire des Lois nouvelles

PARIS

PAUL ROY, Libraire-Éditeur

97, Boulevard Saint-Michel, 97

1897

CODE MUNICIPAL

LOI MUNICIPALE

DU 5 AVRIL 1884

DIVISION DE L'OUVRAGE

*Pour connaître l'état de la jurisprudence, sur chaque article, concernant la loi munici-
pale, se reporter au même article du résumé de jurisprudence, page 84.*

Besançon. — Imprimerie Outhenin-Chalandre fils et Cⁱᵉ.

CODE MUNICIPAL

LOI MUNICIPALE

DU 5 AVRIL 1884

EXPLIQUÉE

PAR LA CIRCULAIRE DU 15 MAI 1884 ET L'INSTRUCTION DU 11 AVRIL 1896

DÉCRETS DES 7 AVRIL 1884 ET 29 AVRIL 1889

LOIS DES 12 MAI 1889 ET 2 AVRIL 1896

SUIVIS D'UN RÉSUMÉ

DE LA LÉGISLATION ET DE LA JURISPRUDENCE CONCERNANT
L'ADMINISTRATION COMMUNALE

PAR

MAURICE BOIVIN

ANCIEN CONSEILLER DE PRÉFECTURE

Secrétaire particulier du Ministre du Commerce et de l'Industrie

ET

PAUL ROY

OFFICIER D'ACADÉMIE

Directeur de la Revue des Lois et du Bulletin-Commentaire des Lois nouvelles

PARIS

PAUL ROY, Libraire-Éditeur

97, Boulevard Saint-Michel, 97

1897

LOI MUNICIPALE

DU 5 AVRIL 1884

SOMMAIRE ALPHABÉTIQUE

1

TITRE Ier

DES COMMUNES

Art. 1er. Le corps municipal de chaque commune se compose du conseil municipal, du maire et d'un ou de plusieurs adjoints.

2. Le changement de nom d'une commune est décidé par décret du Président de la République, sur la demande du conseil municipal, le conseil général consulté et le conseil d'Etat entendu.

3. Toutes les fois qu'il s'agit de transférer le chef-lieu d'une commune, de réunir plusieurs communes en une seule, ou de distraire une section d'une commune, soit pour la réunir à une autre, soit pour l'ériger en commune séparée, le préfet prescrit dans les communes intéressées une enquête sur le projet en lui-même et sur ses conditions. — Le préfet devra ordonner cette enquête lorsqu'il aura été saisi d'une demande à cet effet, soit par le conseil municipal de l'une des communes intéressées, soit par le tiers des électeurs inscrits de la commune ou de la section en question. Il pourra aussi l'ordonner d'office. — Après cette enquête, les conseils municipaux et les conseils d'arrondissement donnent leur avis, et la proposition est soumise au conseil général.

4. Si le projet concerne une section de commune, un arrêté du préfet décidera la création d'une commission syndicale pour cette section, ou pour la section du chef-lieu, si les représentants de la première sont en majorité dans le conseil municipal, et déterminera le nombre des membres de cette commission. — Ils seront élus par les électeurs domiciliés dans la section. — La commission nomme son président. Elle donne son avis sur le projet.

5. Il ne peut être procédé à l'érection d'une commune nouvelle qu'en vertu d'une loi, après avis du conseil général et le conseil d'Etat entendu.

6. Les autres modifications à la circonscription territoriale des communes, les suppressions et les réunions de deux ou de plusieurs communes, la désignation des nouveaux chefs-lieux sont réglées de la manière suivante : — Si les changements proposés modifient la circonscription du département, d'un arrondissement ou d'un canton, il est statué par une loi, les conseils généraux et le conseil d'Etat entendus. — Dans tous les autres cas, il est statué par un décret rendu en conseil d'Etat, les conseils généraux entendus. — Néanmoins, le conseil général statue définitivement s'il approuve le projet, lorsque les communes ou sections sont situées dans le même canton et que la modification projetée réunit, quant au fond et quant aux conditions de la réalisation, l'adhésion des conseils municipaux et des commissions syndicales intéressés.

7. La commune réunie à une autre commune conserve la propriété des biens qui lui appartenaient. — Les habitants de cette commune conservent la jouissance de ceux de ces mêmes biens dont les fruits sont perçus en nature. — Il en est de même de la section réunie à une autre commune pour les biens qui lui appartenaient exclusivement. — Les édifices et autres immeubles servant à un usage public et situés sur le territoire de la commune ou de la section de commune réunie à une autre commune, ou de la section érigée en commune séparée, deviennent la propriété de la commune à laquelle est faite la réunion ou de la nouvelle commune. — Les actes qui prononcent des réunions ou des distractions de communes en déterminent expressément toutes les autres conditions. — En cas de division, la commune ou section de commune réunie à une autre commune ou érigée en commune séparée reprend la pleine propriété de tous les biens qu'elle avait apportés.

8. Les dénominations nouvelles qui résultent, soit d'un changement de chef-lieu, soit de la création d'une commune nouvelle, sont fixées par les autorités compétentes pour prendre ces décisions.

9. Dans tous les cas de réunion ou de fractionnement de communes, les conseils municipaux sont dissous de plein droit. Il est procédé immédiatement à des élections nouvelles.

TITRE II

DES CONSEILS MUNICIPAUX

CHAPITRE Ier

FORMATION DES CONSEILS MUNICIPAUX

10. Le conseil municipal se compose de 10 membres dans les communes de 500 habitants et au-dessous.

		Habitants.	
De 12 dans celles de		501 à	1,500
De 16	—	1,501	2,500
De 21	—	2,501	3,500
De 23	—	3,501	10,000
De 27	—	10,001	30,000
De 30	—	30,001	40,000
De 32	—	40,001	50,000
De 34	—	50,001	60,000
De 36	—	60,001 et au-dessus.	

Dans les villes divisées en plusieurs mairies, le nombre des conseillers sera augmenté de trois par mairies.

11. L'élection des membres du conseil municipal a lieu au scrutin de liste pour toute la commune. — Néanmoins, la commune peut être divisée en sections électorales, dont chacune élit un nombre de conseillers proportionné au chiffre des électeurs inscrits, mais seulement dans les deux cas suivants : — 1º Quand elle se compose de plusieurs agglomérations d'habitants distinctes et séparées; dans ce cas, aucune section ne peut avoir moins de deux conseillers à élire; — 2º Quand la population agglomérée de la commune est supérieure à 10,000 habitants. Dans ce cas, la section ne peut être formée de fractions de territoire appartenant à des cantons ou à des arrondissements municipaux différents. Les fractions de territoire ayant des biens propres ne peuvent être divisées entre plusieurs sections électorales. — Aucune de ces sections ne peut avoir moins de quatre conseillers à élire. — Dans tous les cas où le sectionnement est autorisé, chaque section doit être composée de territoires contigus.

12. Le sectionnement est fait par le conseil général, sur l'initiative soit d'un de ses membres, soit du préfet, soit du conseil municipal ou d'électeurs de la commune intéressée. — Aucune décision en matière de sectionnement ne peut

être prise qu'après avoir été demandée avant la session d'avril ou au cours de cette session au plus tard. Dans l'intervalle entre la session d'avril et la session d'août, une enquête est ouverte à la mairie de la commune intéressée, et le conseil municipal est consulté par les soins du préfet. — Chaque année, ces formalités étant observées, le conseil général, dans sa session d'août, prononce sur les projets dont il est saisi. Les sectionnements ainsi opérés subsistent jusqu'à une nouvelle décision. Le tableau de ces opérations est dressé chaque année par le conseil général dans sa session d'août. Ce tableau sert pour les élections intégrales à faire dans l'année. — Il est publié dans les communes intéressées, avant la convocation des électeurs, par les soins du préfet, qui détermine, d'après le chiffre des électeurs inscrits dans chaque section, le nombre des conseillers que la loi lui attribue. — Le sectionnement, adopté par le conseil général, sera représenté par un plan déposé à la préfecture et à la mairie de la commune intéressée. Tout électeur pourra le consulter et en prendre copie. — Avis de ce dernier dépôt sera donné aux intéressés par voie d'affiche à la porte de la mairie. — Dans les colonies régies par la présente loi, toute demande ou proposition de sectionnement doit être faite trois mois au moins avant l'ouverture de la session ordinaire du conseil général. Elle est instruite, par les soins du directeur de l'intérieur, dans les formes indiquées ci-dessus. — Les demandes et propositions, délibérations de conseils municipaux et procès-verbaux d'enquête sont remis au conseil général à l'ouverture de la session.

13. Le préfet peut, par arrêté spécial publié dix jours au moins à l'avance, diviser la commune en plusieurs bureaux de vote qui concourront à l'élection des mêmes conseillers. — Il sera délivré à chaque électeur une carte électorale. Cette carte indiquera le lieu où doit siéger le bureau où il devra voter.

14. Les conseillers municipaux sont élus par le suffrage direct universel. — Sont électeurs tous les Français âgés de vingt et un ans accomplis, et n'étant dans aucun cas d'incapacité prévu par la loi. — La liste électorale comprend : 1º tous les électeurs qui ont leur domicile réel dans la commune ou y habitent depuis six mois au moins; 2º ceux qui y ayant été inscrits au rôle d'une des quatre contributions directes ou au rôle des prestations en nature, et, s'ils ne résident pas dans la commune, auront déclaré vouloir y exercer leurs droits électoraux. — Seront également inscrits, aux termes du présent paragraphe, les membres de la famille des mêmes électeurs compris dans la cote de la prestation en nature, alors même qu'ils n'y sont pas personnellement portés, et les habitants qui, en raison de leur âge ou de leur santé, auront cessé d'être soumis à cet impôt; 3º ceux qui, en vertu de l'article 2 du traité du 10 mai 1871, ont opté pour la nationalité française et déclaré fixer leur résidence dans la commune, conformément à la loi du 19 juin 1871; 4º ceux qui sont assujettis à une résidence obligatoire dans la commune en qualité soit de ministre des cultes reconnus par l'État, soit de fonctionnaires publics. — Seront

également inscrits les citoyens qui, ne remplissant pas les conditions d'âge et de résidence ci-dessus indiquées lors de la formation des listes, les rempliront avant la clôture définitive. — L'absence de la commune résultant du service militaire ne portera aucune atteinte aux règles ci-dessus édictées pour l'inscription sur les listes électorales. — Les dispositions concernant l'affichage, la libre distribution des bulletins, circulaires et professions de foi, les réunions publiques électorales, la communication des listes d'émargement, les pénalités et poursuites en matière législative, sont applicables aux élections municipales. — Sont également applicables aux élections municipales les paragraphes 3 et 4 de l'article 3 de la loi organique du 30 novembre 1875 sur les élections des députés.

15. L'assemblée des électeurs est convoquée par arrêté du préfet. — L'arrêté de convocation est publié dans la commune, quinze jours au moins avant l'élection, qui doit toujours avoir lieu un dimanche. Il fixe le local où le scrutin sera ouvert, ainsi que les heures auxquelles il doit être ouvert et fermé.

16. Lorsqu'il y aura lieu de remplacer des conseillers municipaux élus par des sections, conformément à l'article 11 de la présente loi, ces remplacements seront faits par les sections auxquelles appartiennent ces conseillers.

17. Les bureaux de vote sont présidés par le maire, les adjoints, les conseillers municipaux, dans l'ordre du tableau, et, en cas d'empêchement, par des électeurs désignés par le maire.

18. Le président a seul la police de l'assemblée. Cette assemblée ne peut s'occuper d'autres objets que de l'élection qui lui est attribuée. Toute discussion, toute délibération lui sont interdites.

19. Les deux plus âgés et les deux plus jeunes des électeurs présents à l'ouverture de la séance, sachant lire et écrire, remplissent les fonctions d'assesseurs. Le secrétaire est désigné par le président et par les assesseurs. Dans les délibérations du bureau, il n'a que voix consultative. Trois membres du bureau, au moins, doivent être présents pendant tout le cours des opérations.

20. Le scrutin ne dure qu'un jour.

21. Le bureau juge provisoirement les difficultés qui s'élèvent sur les opérations de l'assemblée. Ses décisions sont motivées. — Toutes les réclamations et décisions sont insérées au procès-verbal; les pièces et les bulletins qui s'y rapportent y sont annexés, après avoir été paraphés par le bureau.

22. Pendant toute la durée des opérations, une copie de la liste des électeurs, certifiée par le maire, contenant les nom, domicile, qualification de chacun des inscrits, reste déposée sur la table autour de laquelle siège le bureau.

23. Nul ne peut être admis à voter s'il n'est inscrit sur cette liste. — Toutefois, seront admis à voter, quoique non inscrits, les électeurs porteurs d'une décision du juge de paix ordonnant leur inscription, ou d'un arrêt de la cour de cassation annulant un jugement qui aurait prononcé leur radiation.

24. Nul électeur ne peut entrer dans l'assemblée porteur d'armes quelconques.

25. Les électeurs apportent leurs bulletins préparés en dehors de l'assemblée. — Le papier du bulletin doit être blanc et sans signe extérieur. — L'électeur remet au président son bulletin fermé. — Le président le dépose dans la boîte du scrutin, laquelle doit, avant le commencement du vote, avoir été fermée à deux serrures, dont les clefs restent, l'une entre les mains du président, l'autre entre les mains de l'assesseur le plus âgé. — Le vote de chaque électeur est constaté sur la liste, en marge de son nom, par la signature, ou le parafe avec initiales, de l'un des membres du bureau.

26. Le président doit constater, au commencement de l'opération, l'heure à laquelle le scrutin est ouvert. — Le scrutin ne peut être fermé qu'après avoir été ouvert pendant six heures au moins. — Le président constate l'heure à laquelle il déclare le scrutin clos; après cette déclaration, aucun vote ne peut être reçu.

27. Après la clôture du scrutin, il est procédé au dépouillement de la manière suivante : La boîte du scrutin est ouverte, et le nombre de bulletins vérifié. — Si ce nombre est plus grand ou moindre que celui des votants, il en est fait mention au procès-verbal. — Le président désigne parmi les électeurs présents un certain nombre de scrutateurs. — Le président et les membres du bureau surveillent l'opération du dépouillement. — Ils peuvent y procéder eux-mêmes, s'il y a moins de 300 votants.

28. Les bulletins sont valables bien qu'ils portent plus ou moins de noms qu'il y a de conseillers à élire. — Les derniers noms inscrits au delà de ce nombre ne sont pas comptés. — Les bulletins blancs ou illisibles, ceux qui ne contiennent pas une désignation suffisante, ou dans lesquels les votants se font connaître, n'entrent pas en compte dans le résultat du dépouillement, mais ils sont annexés au procès-verbal.

29. Immédiatement après le dépouillement, le président proclame le résultat du scrutin. — Le procès-verbal des opérations est dressé par le secrétaire; il est signé par lui et les autres membres du bureau. Une copie, également signée du secrétaire et des membres du bureau, en est aussitôt envoyée, par l'intermédiaire du sous-préfet, au préfet, qui en constate la réception sur un registre et en donne récépissé. Extrait en est immédiatement affiché par les soins du maire. — Les bulletins autres que ceux qui doivent être annexés au procès-verbal sont brûlés en présence des électeurs.

30. Nul n'est élu au premier tour de scrutin s'il n'a réuni : 1° la majorité absolue des suffrages exprimés; 2° un nombre de suffrages égal au quart de celui des électeurs inscrits. Au deuxième tour de scrutin, l'élection a lieu à la majorité relative, quel que soit le nombre des votants. Si plusieurs candidats obtiennent le même nombre de suffrages, l'élection est acquise au plus âgé. — En cas de deuxième tour de scrutin, l'assemblée est de droit convoquée pour le dimanche suivant. Le maire fait les publications nécessaires.

31. Sont éligibles au conseil municipal, sauf les restrictions portées au dernier paragraphe du présent article et aux deux articles suivants, tous les électeurs de la commune et les citoyens inscrits au rôle des contributions directes ou justifiant qu'ils devaient y être inscrits au 1er janvier de l'année de l'élection, âgés de vingt-cinq ans accomplis. — Toutefois, le nombre des conseillers qui ne résident pas dans la commune au moment de l'élection ne peut excéder le quart des membres du conseil. S'il dépasse ce chiffre, la préférence est déterminée suivant les règles posées à l'article 49. — Ne sont pas éligibles les militaires et employés des armées de terre et de mer en activité de service.

32. Ne peuvent être conseillers municipaux : — 1° Les individus privés du droit électoral ; — 2° Ceux qui sont pourvus d'un conseil judiciaire ; — 3° Ceux qui sont dispensés de subvenir aux charges communales et ceux qui sont secourus par les bureaux de bienfaisance ; — 4° Les domestiques attachés exclusivement à la personne.

33. Ne sont pas éligibles dans le ressort où ils exercent leurs fonctions : — 1° Les préfets, sous-préfets, secrétaires généraux, conseillers de préfecture ; et, dans les colonies régies par la présente loi, les gouverneurs, directeurs de l'intérieur et les membres du conseil privé ; — 2° Les commissaires et les agents de police ; — 3° Les magistrats des cours d'appel et des tribunaux de première instance, à l'exception des juges suppléants auxquels l'instruction n'est pas confiée ; — 4° Les juges de paix titulaires ; — 5° Les comptables de deniers communaux et les entrepreneurs de services municipaux ; — 6° Les instituteurs publics ; — 7° Les employés de préfecture et de sous-préfecture ; — 8° Les ingénieurs et les conducteurs des ponts et chaussées, chargés du service de la voirie urbaine et vicinale, et les agents voyers ; — 9° Les ministres en exercice d'un culte légalement reconnu ; — 10° Les agents salariés de la commune, parmi lesquels ne sont pas compris ceux qui, étant fonctionnaires publics ou exerçant une profession indépendante, ne reçoivent une indemnité de la commune qu'à raison des services qu'ils lui rendent dans l'exercice de cette profession.

34. Les fonctions de conseiller municipal sont incompatibles avec celles : — 1° De préfet, de sous-préfet et de secrétaire général de préfecture ; — 2° De commissaire et d'agent de police ; — 3° De gouverneur, directeur de l'intérieur et de membre du conseil privé dans les colonies. — Les fonctionnaires désignés au présent article qui seraient élus membres d'un conseil municipal auront, à partir de la proclamation du ré-

sultat du scrutin, un délai de dix jours pour opter entre l'acceptation du mandat et la conservation de leur emploi. A défaut de déclaration adressée dans ce délai à leurs supérieurs hiérarchiques, ils seront réputés avoir opté pour la conservation dudit emploi.

35. Nul ne peut être membre de plusieurs conseils municipaux. — Un délai de dix jours, à partir de la proclamation du résultat du scrutin, est accordé au conseiller municipal nommé dans plusieurs communes pour faire sa déclaration d'option. Cette déclaration est adressée aux préfets des départements intéressés. — Si, dans ce délai, le conseiller élu n'a pas fait connaître son option, il fait partie de droit du conseil de la commune où le nombre des électeurs est le moins élevé. — Dans les communes de 501 habitants et au-dessus, les ascendants et les descendants, les frères et les alliés au même degré ne peuvent être simultanément membres du même conseil municipal. — L'article 49 est applicable aux cas prévus par le paragraphe précédent.

36. Tout conseiller municipal qui, pour une cause survenue postérieurement à sa nomination, se trouve dans un des cas d'exclusion ou d'incompatibilité prévus par la présente loi, est immédiatement déclaré démissionnaire par le préfet, sauf réclamation au conseil de préfecture dans les dix jours de la notification, et sauf recours au Conseil d'État, conformément aux articles 38, 39 et 40 ci-après.

37. Tout électeur et tout éligible a le droit d'arguer de nullité les opérations électorales de la commune. — Les réclamations doivent être consignées au procès-verbal, sinon être déposées, à peine de nullité, dans les cinq jours qui suivent le jour de l'élection, au secrétariat de la mairie, ou à la sous-préfecture, ou à la préfecture. Elles sont immédiatement adressées au préfet, et enregistrées par ses soins au greffe du conseil de préfecture. — Le préfet, s'il estime que les conditions et les formes légalement prescrites n'ont pas été remplies, peut également, dans le délai de quinzaine à dater de la réception du procès-verbal, déférer les opérations électorales au conseil de préfecture. — Dans l'un et l'autre cas, le préfet donne immédiatement connaissance de la réclamation, par la voie administrative, aux conseillers dont l'élection est contestée, les prévenant qu'ils ont cinq jours, pour tout délai, à l'effet de déposer leurs défenses au secrétariat de la mairie, de la sous-préfecture, de la préfecture, et de faire connaître s'ils entendent user du droit de présenter des observations orales. — Il est donné récépissé, soit des réclamations, soit des défenses.

38. Le conseil de préfecture statue, sauf recours au Conseil d'État. — Il prononce sa décision dans le délai d'un mois à compter de l'enregistrement des pièces au greffe de la préfecture, et le préfet la fait notifier dans la huitaine de sa date. En cas de renouvellement général, le délai est porté à deux mois. — S'il intervient une décision ordonnant une preuve, le conseil de préfecture doit statuer définitivement dans le mois à partir de cette décision. — Les délais ci-dessus fixés ne commencent à courir, dans le cas prévu à l'article 39, que du jour où le jugement sur la question préjudicielle est devenu définitif. — Faute par le conseil d'avoir statué dans les délais ci-dessus fixés, la réclamation est considérée comme rejetée. Le conseil de préfecture est dessaisi: le préfet en informe la partie intéressée, qui peut porter sa réclamation devant le Conseil d'Etat. Le recours est notifié dans les cinq jours au secrétariat de la préfecture par le requérant.

39. Dans tous les cas où une réclamation, formée en vertu de la présente loi, implique la solution préjudicielle d'une question d'état, le conseil de préfecture renvoie les parties à se pourvoir devant les juges compétents, et la partie doit justifier de ses diligences dans le délai de quinzaine; à défaut de cette justification, il sera passé outre, et la décision du conseil de préfecture devra intervenir dans le mois à partir de l'expiration de ce délai de quinzaine.

40. Le recours au Conseil d'Etat contre la décision du conseil de préfecture est ouvert soit au préfet, soit aux parties intéressées. — Il doit, à peine de nullité, être déposé au secrétariat de la sous-préfecture ou de la préfecture, dans le délai d'un mois qui court, à l'encontre du préfet à partir de la décision, et à l'encontre des parties à partir de la notification qui leur est faite. — Le préfet donne immédiatement, par la voie administrative, connaissance du recours aux parties intéressées, en les prévenant qu'elles ont quinze jours, pour tout délai, à l'effet de déposer leurs défenses au secrétariat de la sous-préfecture ou de la préfecture. — Aussitôt ce nouveau délai expiré, le préfet transmet au ministre de l'intérieur, qui les adresse au Conseil d'Etat, le recours, les défenses, s'il y a lieu, le procès-verbal des opérations électorales, la liste qui a servi aux émargements, une expédition de l'arrêt attaqué et toutes les autres pièces visées dans ledit arrêté; il y joint son avis motivé. — Les délais pour la constitution d'un avocat et pour la communication au ministre de l'intérieur sont d'un mois pour chacune de ces opérations, et de trois mois en ce qui concerne les colonies. — Le pourvoi est jugé comme affaire urgente et sans frais, et dispensé du timbre et du ministère de l'avocat. — Les conseillers municipaux proclamés restent en fonctions jusqu'à ce qu'il ait été définitivement statué sur les réclamations. — Dans le cas où l'annulation de tout ou partie des élections est devenue définitive, l'assemblée des électeurs est convoquée dans un délai qui ne peut excéder deux mois.

41. Les conseils municipaux sont nommés pour quatre ans. Ils sont renouvelés intégralement, le premier dimanche de mai, dans toute la France, lors même qu'ils ont été élus dans l'intervalle (1).

42. Lorsque le conseil municipal se trouve, par l'effet des vacances survenues, réduit aux trois quarts de ses membres, il est, dans le délai

de deux mois, à dater de la dernière vacance, procédé à des élections complémentaires. — Toutefois, dans les six mois qui précèdent le renouvellement intégral, les élections complémentaires ne sont obligatoires qu'au cas où le conseil municipal aurait perdu plus de la moitié de ses membres. — Dans les communes divisées en sections, il y a toujours lieu à faire des élections partielles, quand la section a perdu la moitié de ses conseillers.

43. Un conseil municipal ne peut être dissous que par décret motivé du Président de la République, rendu en conseil des ministres et publié au *Journal officiel*, et, dans les colonies régies par la présente loi, par arrêté du gouverneur en conseil privé, inséré au *Journal officiel de la colonie*. — S'il y a urgence, il peut être provisoirement suspendu par arrêté motivé du préfet, qui doit en rendre compte immédiatement au ministre de l'intérieur. La durée de la suspension ne peut excéder un mois. Dans les colonies ci-dessus spécifiées, le conseil municipal peut être suspendu par arrêté motivé du gouverneur. La durée de la suspension ne peut excéder un mois. — Le gouverneur rend compte immédiatement de sa décision au ministre de la marine et des colonies.

44. En cas de dissolution d'un conseil municipal ou de démission de tous ses membres en exercice, et lorsqu'aucun conseil municipal ne peut être constitué, une délégation spéciale en remplit les fonctions. — Dans les huit jours qui suivent la dissolution ou l'acceptation de la démission, cette délégation spéciale est nommée par décret du Président de la République, et, dans les colonies, par arrêté du gouverneur. — Le nombre des membres qui la composent est fixé à trois dans les communes où la population ne dépasse pas 35,000 habitants. Ce nombre peut être porté jusqu'à sept dans les villes d'une population supérieure. — Le décret ou l'arrêté qui l'institue en nomme le président, et, au besoin, le vice-président. — Les pouvoirs de cette délégation spéciale sont limités aux actes de pure administration conservatoire et urgente. En aucun cas il ne lui est permis d'engager les finances municipales au delà des ressources disponibles de l'exercice courant. Elle ne peut ni préparer le budget communal, ni recevoir les comptes du maire ou du receveur, ni modifier le personnel ou le régime de l'enseignement public.

45. Toutes les fois que le conseil municipal a été dissous, ou que, par application de l'article précédent, une délégation spéciale a été nommée, il est procédé à la réélection du conseil municipal dans les deux mois, à dater de la dissolution ou de la dernière démission. — Les fonctions de la délégation spéciale expirent de plein droit dès que le conseil municipal est reconstitué.

CHAPITRE II

FONCTIONNEMENT DES CONSEILS MUNICIPAUX

46. Les conseils municipaux se réunissent en session ordinaire quatre fois l'année : en février,

---

(1) Cet article est applicable au conseil municipal de Paris. — Loi 2 avril 1896 (*Supplément à tous les Codes*, n° 1020).

mai, août et novembre. — La durée de chaque session est de quinze jours; elle peut être prolongée avec l'autorisation du sous-préfet. — La session pendant laquelle le budget est discuté peut durer six semaines. — Pendant les sessions ordinaires, le conseil municipal peut s'occuper de toutes les matières qui rentrent dans ses attributions.

47. Le préfet ou le sous-préfet peut prescrire la convocation extraordinaire du conseil municipal. Le maire peut également réunir le conseil municipal chaque fois qu'il le juge utile. Il est tenu de le convoquer quand une demande motivée lui en est faite par la majorité en exercice du conseil municipal. Dans l'un et l'autre cas, en même temps qu'il convoque le conseil, il donne avis au préfet ou au sous-préfet de cette réunion et des motifs qui la rendent nécessaire. — La convocation contient alors l'indication des objets spéciaux et déterminés pour lesquels le conseil doit s'assembler, et le conseil ne peut s'occuper que de ces objets.

48. Toute convocation est faite par le maire. Elle est mentionnée au registre des délibérations, affichée à la porte de la mairie et adressée par écrit et à domicile, trois jours francs au moins avant celui de la réunion. — En cas d'urgence, le délai peut être abrégé par le préfet ou le sous-préfet.

49. Les conseillers municipaux prennent rang dans l'ordre du tableau. — L'ordre du tableau est déterminé, même quand il y a des sections électorales : 1° par la date la plus ancienne des nominations; 2° entre conseillers élus le même jour, par le plus grand nombre de suffrages obtenus; 3° et, à égalité de voix, par la priorité d'âge. — Un double du tableau reste déposé dans les bureaux de la mairie, de la sous-préfecture et de la préfecture, où chacun peut en prendre communication ou copie.

50. Le conseil municipal ne peut délibérer que lorsque la majorité de ses membres en exercice assiste à la séance. — Quand, après deux convocations successives, à trois jours au moins d'intervalle et dûment constatées, le conseil municipal ne s'est pas réuni en nombre suffisant, la délibération prise après la troisième convocation est valable, quel que soit le nombre des membres présents.

51. Les délibérations sont prises à la majorité absolue des votants. En cas de partage, sauf le cas de scrutin secret, la voix du président est prépondérante. Le vote a lieu au scrutin public sur la demande du quart des membres présents; les noms des votants, avec la désignation de leurs votes, sont insérés au procès-verbal. — Il est voté au scrutin secret toutes les fois que le tiers des membres présents le réclame, ou qu'il s'agit de procéder à une nomination ou présentation. — Dans ces derniers cas, après deux tours de scrutin secret, si aucun des candidats n'a obtenu la majorité absolue, il est procédé à un troisième tour de scrutin, et l'élection a lieu à la majorité relative; à égalité de voix, l'élection est acquise au plus âgé.

52. Le maire, et à défaut celui qui le remplace, préside le conseil municipal. — Dans les séances où les comptes d'administration du maire sont débattus, le conseil municipal élit son président. — Dans ce cas, le maire peut, même quand il ne serait plus en fonctions, assister à la discussion; mais il doit se retirer au moment du vote. Le président adresse directement la délibération au sous-préfet.

53. Au début de chaque session et pour sa durée, le conseil municipal nomme un ou plusieurs de ses membres pour remplir les fonctions de secrétaire. — Il peut leur adjoindre des auxiliaires, pris en dehors de ses membres, qui assisteront aux séances, mais sans participer aux délibérations.

54. Les séances des conseils municipaux sont publiques. Néanmoins, sur la demande de trois membres ou du maire, le conseil municipal, par assis et levé, sans débats, décide s'il se formera en comité secret.

55. Le maire a seul la police de l'assemblée. Il peut faire expulser de l'auditoire ou arrêter tout individu qui trouble l'ordre. En cas de crime ou de délit, il en dresse un procès-verbal et le procureur de la République en est immédiatement saisi.

56. Le compte rendu de la séance est, dans la huitaine, affiché par extrait à la porte de la mairie.

57. Les délibérations sont inscrites par ordre de date sur un registre coté et parafé par le préfet ou le sous-préfet. — Elles sont signées par tous les membres présents à la séance, ou mention est faite de la cause qui les a empêchés de signer.

58. Tout habitant ou contribuable a le droit de demander communication sans déplacement, de prendre copie totale ou partielle des procès-verbaux du conseil municipal, des budgets et comptes de la commune, des arrêtés municipaux. — Chacun peut les publier sous sa responsabilité.

59. Le conseil municipal peut former, au cours de chaque session, des commissions chargées d'étudier les questions soumises au conseil soit par l'administration, soit par l'initiative d'un de ses membres. — Les commissions peuvent tenir leurs séances dans l'intervalle des sessions. — Elles sont convoquées par le maire, qui en est président de droit, dans les huit jours qui suivent leur nomination, ou à plus bref délai sur la demande de la majorité des membres qui les composent. Dans cette première réunion, les commissions désignent un vice-président qui peut les convoquer et les présider, si le maire est absent ou empêché.

60. Tout membre du conseil municipal qui, sans motifs reconnus légitimes par le conseil, a manqué à trois convocations successives, peut être, après avoir été admis à fournir ses explications, déclaré démissionnaire par le préfet, sauf recours, dans les dix jours de la notification, devant le conseil de préfecture. — Les démissions sont adressées au sous-préfet ; elles sont définitives à partir de l'accusé de réception par le préfet, et, à défaut de cet accusé de réception, un mois après un nouvel envoi de la démission constaté par lettre recommandée.

CHAPITRE III

ATTRIBUTIONS DES CONSEILS MUNICIPAUX

61. Le conseil municipal règle par ses délibérations les affaires de la commune. — Il donne son avis toutes les fois que cet avis est requis par les lois et règlements, ou qu'il est demandé par l'administration supérieure. — Il réclame, s'il y a lieu, contre le contingent assigné à la commune dans l'établissement des impôts de répartition. — Il émet des vœux sur tous les objets d'intérêt local. — Il dresse chaque année une liste contenant un nombre double de celui des répartiteurs et des répartiteurs suppléants à nommer ; et, sur cette liste, le sous-préfet nomme les cinq répartiteurs visés dans l'article 9 de la loi du 3 frimaire an VII et les cinq répartiteurs suppléants.

62. Expédition de toute délibération est adressée, dans la huitaine, par le maire au sous-préfet, qui en constate la réception sur un registre et en délivre immédiatement récépissé.

63. Sont nulles de plein droit : — 1º Les délibérations d'un conseil municipal portant sur un objet étranger à ses attributions ou prises hors de sa réunion légale. — 2º Les délibérations prises en violation d'une loi ou d'un règlement d'administration publique.

64. Sont annulables les délibérations auxquelles auraient pris part des membres du conseil intéressés, soit en leur nom personnel, soit comme mandataires, à l'affaire qui en fait l'objet.

65. La nullité de droit est déclarée par le préfet en conseil de préfecture. Elle peut être prononcée par le préfet, et proposée ou opposée par les parties intéressées, à toute époque.

66. L'annulation est prononcée par le préfet en conseil de préfecture. — Elle peut être provoquée d'office par le préfet dans un délai de trente jours à partir du dépôt du procès-verbal de la délibération à la sous-préfecture ou à la préfecture. — Elle peut aussi être demandée par toute personne intéressée et par tout contribuable de la commune. — Dans ce dernier cas, la demande en annulation doit être déposée, à peine de déchéance, à la sous-préfecture ou à la préfecture, dans un délai de quinze jours à partir de l'affichage à la porte de la mairie. — Il en est donné récépissé. — Le préfet statuera dans le délai d'un mois. — Passé le délai de quinze jours sans qu'aucune demande ait été produite, le préfet peut déclarer qu'il ne s'oppose pas à la délibération.

67. Le conseil municipal et, en dehors du conseil, toute partie intéressée peut se pourvoir contre l'arrêté du préfet devant le conseil d'Etat. Le pourvoi est introduit et jugé dans les formes du recours pour excès de pouvoir.

68. Ne sont exécutoires qu'après avoir été approuvées par l'autorité supérieure les délibérations portant sur les objets suivants : — 1º Les conditions des baux dont la durée dépasse dix-huit ans ; — 2º Les aliénations et échanges de propriétés communales ; — 3º Les acquisitions d'immeubles, les constructions nouvelles, les reconstructions entières ou partielles, les projets, plans et devis des grosses réparations et d'entretien, quand la dépense totalisée avec les dépenses de même nature pendant l'exercice courant dépasse les limites des ressources ordinaires et extraordinaires que les communes peuvent se créer sans autorisation spéciale ; — 4º Les transactions ; — 5º Le changement d'affectation d'une propriété communale déjà affectée à un service public ; — 6º La vaine pâture ; — 7º Le classement, le déclassement, le redressement ou le prolongement, l'élargissement, la suppression, la dénomination des rues et places publiques, la création et la suppression des promenades, squares ou jardins publics, champs de foire, de tir ou de course, l'établissement des plans d'alignement et de nivellement des voies publiques municipales, les modifications à des plans d'alignement adoptés, le tarif des droits de voirie, le tarif des droits de stationnement et de location sur les dépendances de la grande voirie, et, généralement, les tarifs des droits divers à percevoir au profit des communes en vertu de l'article 133 de la présente loi. — 8º L'acceptation des dons et legs faits à la commune lorsqu'il y a des charges ou conditions, ou lorsqu'ils donnent lieu à des réclamations des familles ; — 9º Le budget communal ; — 10º Les crédits supplémentaires ; — 11º Les contributions extraordinaires et les emprunts, sauf dans le cas prévu par l'article 141 de la présente loi ; — 12º Les octrois, dans les cas prévus aux articles 137 et 138 de la présente loi ; — 13º L'établissement, la suppression ou les changements des foires et marchés autres que les simples marchés d'approvisionnement. — Les délibérations qui ne sont pas soumises à l'approbation préfectorale ne deviendront néanmoins exécutoires qu'un mois après le dépôt qui aura été fait à la préfecture ou à la sous-préfecture. Le préfet pourra, par un arrêté, abréger ce délai.

69. Les délibérations des conseils municipaux sur les objets énoncés à l'article précédent sont exécutoires, sur l'approbation du préfet, sauf les cas où l'approbation par le ministre compétent, par le conseil général, par la commission départementale, par un décret ou par une loi, est prescrite par les lois et règlements. — Le préfet statue en conseil de préfecture dans les cas prévus aux nos 1, 2, 4, 6 de l'article précédent. — Lorsque le préfet refuse son approbation ou qu'il n'a pas fait connaître sa décision dans un délai d'un mois à partir de la date du récépissé, le conseil municipal peut se pourvoir devant le ministre de l'intérieur.

70. Le conseil municipal est toujours appelé à donner son avis sur les objets suivants : — 1º Les circonscriptions relatives aux cultes ; — 2º Les circonscriptions relatives à la distribution des secours publics ; — 3º Les projets d'alignement et de nivellement de grande voirie dans l'intérieur des villes, bourgs et villages ; — 4º La création des bureaux de bienfaisance ; — 5º Les budgets et les comptes des hospices, hôpitaux et autres établissements de charité et de bienfaisance, des fabriques et autres administrations préposées aux cultes dont les mineurs sont salariés par l'État ; les autorisations d'acquérir, d'aliéner, d'emprunter, d'échanger, de plaider ou de transiger, demandées par les mêmes établissements ; l'acceptation des dons et legs qui leur sont faits ; — 6º Enfin, tous les objets sur lesquels les conseils municipaux sont appelés par les lois et règlements à donner leur avis, et ceux sur lesquels ils seront consultés par le préfet. — Lorsque le conseil municipal, à ce régulièrement requis et convoqué, refuse ou néglige de donner son avis, il peut être passé outre.

71. Le conseil municipal délibère sur les comptes d'administration qui lui sont annuellement présentés par le maire, conformément à l'article 151 de la présente loi. — Il entend, débat et arrête les comptes de deniers des receveurs, sauf règlement définitif, conformément à l'article 157 de la présente loi.

72. Il est interdit à tout conseil municipal soit de publier des proclamations et adresses, soit d'émettre des vœux politiques, soit, hors les cas prévus par la loi, de se mettre en communication avec un ou plusieurs conseils municipaux. — La nullité des actes et des délibérations prises en violation de cet article est prononcée dans les formes indiquées aux articles 63 et 65 de la présente loi.

TITRE III

DES MAIRES ET DES ADJOINTS

73. Il y a dans chaque commune un maire et un ou plusieurs adjoints élus parmi les membres du conseil municipal. — Le nombre des adjoints est d'un dans les communes de 2,500 habitants et au-dessous, de deux dans celles de 2,501 à 10,000. Dans les communes d'une population supérieure, il y aura un adjoint de plus par chaque excédent de 25,000 habitants, sans que le nombre des adjoints puisse dépasser douze, sauf en ce qui concerne la ville de Lyon, où le nombre des adjoints sera porté à dix-sept. — La ville de Lyon continue à être divisée en six arrondissements municipaux. Le maire délègue spécialement deux de ses adjoints dans chacun de ces arrondissements. Ils sont chargés de la tenue des registres de l'état civil et des autres attributions déterminées par le règlement d'administration publique du 12 juin 1881, rendu en exécution de la loi du 24 avril 1881.

74. Les fonctions de maires, adjoints, conseillers municipaux sont gratuites. Elles donnent seulement droit au remboursement des frais que nécessite l'exécution de mandats spéciaux. Les conseils municipaux peuvent voter, sur les ressources ordinaires de la commune, des indemnités aux maires pour frais de représentation.

75. Lorsqu'un obstacle quelconque ou l'éloignement rend difficiles, dangereuses ou momentanément impossibles les communications entre le chef-lieu et une fraction de commune, un poste d'adjoint spécial peut être institué, sur la demande du conseil municipal, par un décret rendu en conseil d'État. — Cet adjoint, élu par le conseil, est pris parmi les conseillers et, à défaut d'un conseiller résidant dans cette fraction de commune, ou, s'il est empêché, parmi les habitants de la fraction. Il remplit les fonctions d'officier de l'état civil, et il peut être chargé de l'exécution des lois et des règlements de police dans cette partie de la commune. Il n'a pas d'autres attributions.

76. Le conseil municipal élit le maire et les adjoints parmi ses membres, au scrutin secret et à la majorité absolue. — Si, après deux tours de scrutin, aucun candidat n'a obtenu la majorité absolue, il est procédé à un troisième tour de scrutin et l'élection a lieu à la majorité relative. En cas d'égalité de suffrages, le plus âgé est déclaré élu.

77. La séance dans laquelle il est procédé à l'élection du maire est présidée par le plus âgé des membres du conseil municipal. — Pour toute élection du maire ou des adjoints, les membres du conseil municipal sont convoqués dans les formes et délais prévus par l'article 48 ; la convocation contiendra la mention spéciale de l'élection à laquelle il devra être procédé. — Avant cette convocation, il sera procédé aux élections qui pourraient être nécessaires pour compléter le conseil municipal. Si, après les élections complémentaires, de nouvelles vacances se produisent, le conseil municipal procédera néanmoins à l'élection du maire et des adjoints, à moins qu'il ne soit réduit aux trois quarts de ses membres. En ce cas, il y aura lieu de recourir à de nouvelles élections complémentaires. Il sera procédé dans le délai d'un mois, à dater de la dernière vacance.

78. Les nominations sont rendues publiques dans les vingt-quatre heures de leur date, par voie d'affiche à la porte de la mairie. Elles sont, dans le même délai, notifiées au sous-préfet.

79. L'élection du maire et des adjoints peut être arguée de nullité dans les conditions, formes et délais prescrits pour les réclamations contre les élections du conseil municipal. Le délai de cinq jours court à partir de vingt-quatre heures après l'élection. — Lorsque l'élection est annulée ou que, pour toute autre cause, le maire ou les adjoints ont cessé leurs fonctions, le conseil, s'il est au complet, est convoqué pour procéder au remplacement dans le délai de quinzaine. — S'il y a lieu de compléter le conseil, il sera procédé aux élections complémentaires dans la quinzaine de la vacance, et le nouveau maire sera élu dans la quinzaine qui suivra. Si, après les élections complémentaires, de nouvelles vacances se produisent, l'article 77 sera applicable.

80. Ne peuvent être maires ou adjoints ni en exercer même temporairement les fonctions : — Les agents et employés des administrations financières, les trésoriers-payeurs généraux, les receveurs particuliers et les percepteurs; les agents des forêts, ceux des postes et des télégraphes, ainsi que les gardes des établissements publics et des particuliers. — Les agents salariés du maire ne peuvent être adjoints.

81. Les maires et adjoints sont nommés pour la même durée que le conseil municipal. — Ils continuent l'exercice de leurs fonctions, sauf les dispositions des articles 80, 86, 87 de la présente loi, jusqu'à l'installation de leurs successeurs. — Toutefois, en cas de renouvellement intégral, les fonctions de maire et d'adjoints sont, à partir de l'installation du nouveau conseil jusqu'à l'élection du maire, exercées par les conseillers municipaux dans l'ordre du tableau.

82. Le maire est seul chargé de l'administration ; mais il peut, sous sa surveillance et sa responsabilité, déléguer par arrêté une partie de ses fonctions à un ou plusieurs de ses adjoints, et, en l'absence ou en cas d'empêchement des adjoints, à des membres du conseil municipal. — Ces délégations subsistent tant qu'elles ne sont pas rapportées.

83. Dans les cas où les intérêts du maire se trouvent en opposition avec ceux de la commune, le conseil municipal désigne un autre de ses membres pour représenter la commune soit en justice, soit dans les contrats.

84. En cas d'absence, de suspension, de révocation ou de tout autre empêchement, le maire est provisoirement remplacé, dans la plénitude de ses fonctions, par un adjoint, dans l'ordre des nominations, et, à défaut d'adjoints, par un conseiller municipal désigné par le conseil, sinon pris dans l'ordre du tableau.

85. Dans le cas où le maire refuserait ou négligerait de faire un des actes qui lui sont prescrits par la loi, le préfet peut, après l'en avoir requis, y procéder d'office par lui-même ou par un délégué spécial.

86. Les maires et adjoints peuvent être suspendus par arrêté du préfet pour un temps qui n'excédera pas un mois et qui peut être porté à trois mois par le ministre de l'intérieur. — Ils ne peuvent être révoqués que par décret du Président de la République. — La révocation emporte de plein droit l'inéligibilité aux fonctions de maire et à celles d'adjoint pendant une année à dater du décret de révocation, à moins qu'il ne soit procédé auparavant au renouvellement général des conseils municipaux. — Dans les colonies régies par la présente loi, la suspension peut être prononcée par arrêté du gouverneur pour une durée de trois mois. Cette durée ne peut être prolongée par le ministre. — Le gouverneur rend compte immédiatement de sa décision au ministre de la marine et des colonies.

87. Au cas prévu et réglé par l'article 44, le président et, à son défaut, le vice-président de la délégation spéciale remplit les fonctions de maire. — Ses pouvoirs prennent fin dès l'installation du nouveau conseil.

88. Le maire nomme à tous les emplois communaux pour lesquels les lois, décrets et ordonnances actuellement en vigueur ne fixent pas un droit spécial de nomination. — Il suspend et révoque les titulaires de ces emplois. — Il peut faire assermenter et commissionner les agents nommés par lui, mais à la condition qu'ils soient agréés par le préfet ou le sous-préfet.

89. Lorsque le maire procède à une adjudication publique pour le compte de la commune, il est assisté de deux membres du conseil municipal désignés d'avance par le conseil ou, à défaut de cette désignation, appelés dans l'ordre du tableau. Le receveur municipal est appelé à toutes les adjudications. Toutes les difficultés qui peuvent s'élever sur les opérations préparatoires de l'adjudication sont résolues, séance tenante, par le maire et les deux assistants, à la majorité des voix, sauf le recours de droit. — Il n'est pas dérogé aux prescriptions du décret du 17 mai 1809 relatives à la mise en ferme des octrois.

90. Le maire est chargé, sous le contrôle du conseil municipal et la surveillance de l'administration supérieure : — 1° de conserver et d'administrer les propriétés de la commune et de faire, en conséquence, tous actes conservatoires de ses droits ; — 2° de gérer les revenus, de surveiller les établissements communaux et la comptabilité communale ; — 3° de préparer et proposer le budget et ordonnancer les dépenses ; — 4° de diriger les travaux communaux ; — 5° de pourvoir aux mesures relatives à la voirie municipale ; — 6° de souscrire les marchés, de passer les baux des biens et les adjudications des travaux communaux dans les formes établies par les lois et règlements et par les articles 68 et 69 de la présente loi ; — 7° de passer dans les mêmes formes les actes de vente, échange, partage, acceptation de dons ou legs, acquisition, transaction, lorsque ces actes ont été autorisés conformément à la présente loi ; — 8° de représenter la commune en justice, soit en demandant, soit en défendant ; — 9° de prendre, de concert avec les propriétaires ou les détenteurs du droit de chasse dans les buissons, bois et forêts, toutes les mesures nécessaires à la destruction des animaux nuisibles désignés dans l'arrêté du préfet pris en vertu de l'article 9 de la loi du 3 mai 1844 ; de faire, pendant le temps de neige, à défaut des détenteurs du droit de chasse, à ce dûment invités, détourner les loups et sangliers remis sur le territoire; de requérir, à l'effet de les détruire, les habitants avec armes et chiens propres à la chasse de ces animaux ; de surveiller et d'assurer l'exécution des mesures ci-dessus et d'en dresser procès-verbal ; — 10° et, d'une manière générale, d'exécuter les décisions du conseil municipal.

91. Le maire est chargé, sous la surveillance de l'administration supérieure, de la police municipale, de la police rurale et de l'exécution des actes de l'autorité supérieure qui y sont relatifs.

92. Le maire est chargé, sous l'autorité de l'administration supérieure : — 1º de la publication et de l'exécution des lois et règlements; — 2º de l'exécution des mesures de sûreté générale; — 3º des fonctions spéciales qui lui sont attribuées par les lois.

93. Le maire ou, à son défaut, le sous-préfet pourvoit d'urgence à ce que toute personne décédée soit ensevelie et inhumée décemment, sans distinction de culte ni de croyance.

94. Le maire prend des arrêtés à l'effet : — 1º d'ordonner les mesures locales sur les objets confiés par les lois à sa vigilance et à son autorité; — 2º de publier de nouveau les lois et les règlements de police et de rappeler les citoyens à leur observation.

95. Les arrêtés pris par le maire sont immédiatement adressés au sous-préfet ou, dans l'arrondissement du chef-lieu du département, au préfet. Le préfet peut les annuler ou en suspendre l'exécution. Ceux de ces arrêtés qui portent règlement permanent ne sont exécutoires qu'un mois après la remise de l'ampliation constatée par les récépissés délivrés par le sous-préfet ou le préfet. Néanmoins, en cas d'urgence, le préfet peut en autoriser l'exécution immédiate.

96. Les arrêtés du maire ne sont obligatoires qu'après avoir été portés à la connaissance des intéressés, par voie de publications et d'affiches, toutes les fois qu'ils contiennent des dispositions générales, et, dans les autres cas, par voie de notification individuelle. La publication est constatée par une déclaration certifiée par le maire. La notification est établie par le récépissé de la partie intéressée, ou, à son défaut, par l'original de la notification conservé dans les archives de la mairie. Les arrêtés, actes de publication et de notification sont inscrits à leur date sur le registre de la mairie.

97. La police municipale a pour objet d'assurer le bon ordre, la sûreté et la salubrité publiques. Elle comprend notamment : — 1º tout ce qui intéresse la sûreté et la commodité du passage dans les rues, quais, places et voies publiques, ce qui comprend le nettoiement, l'éclairage, l'enlèvement des encombrements, la démolition ou la réparation des édifices menaçant ruine, l'interdiction de rien exposer aux fenêtres ou aux autres parties des édifices qui puisse nuire par sa chute ou celle de rien jeter qui puisse endommager les passants ou causer des exhalaisons nuisibles; — 2º le soin de réprimer les atteintes à la tranquillité publique, telles que les rixes et disputes accompagnées d'ameutement dans les rues, le tumulte excité dans les lieux d'assemblée publique, les attroupements, les bruits et rassemblements nocturnes qui troublent le repos des habitants, et tous actes de nature à compromettre la tranquillité publique; — 3º le maintien du bon ordre dans les endroits où il se fait de grands rassemblements d'hommes, tels que les foires, marchés, réjouissances et cérémonies publiques, spectacles, jeux, cafés, églises et autres lieux publics; — 4º le mode de transport des personnes décédées, les inhumations et exhuma-

tions, le maintien du bon ordre et de la décence dans les cimetières, sans qu'il soit permis d'établir des distinctions ou des prescriptions particulières à raison des croyances ou du culte du défunt ou des circonstances qui ont accompagné sa mort; — 5º l'inspection sur la fidélité du débit des denrées qui se vendent au poids ou à la mesure, et sur la salubrité des comestibles exposés en vente; — 6º le soin de prévenir, par des précautions convenables, et celui de faire cesser, par la distribution des secours nécessaires, les accidents et les fléaux calamiteux, tels que les incendies, les inondations, les maladies épidémiques ou contagieuses, les épizooties, en provoquant, s'il y a lieu, l'intervention de l'administration supérieure; — 7º le soin de prendre provisoirement les mesures nécessaires contre les aliénés dont l'état pourrait compromettre la morale publique, la sécurité des personnes ou la conservation des propriétés; — 8º le soin d'obvier ou de remédier aux événements fâcheux qui pourraient être occasionnés par la divagation des animaux malfaisants ou féroces.

98. Le maire a la police des routes nationales et départementales, et des voies de communication dans l'intérieur des agglomérations, mais seulement en ce qui touche à la circulation sur lesdites voies. — Il peut, moyennant le paiement des droits fixés par un tarif dûment établi, sous les réserves imposées par l'article 7 de la loi du 11 frimaire an VII, donner des permis de stationnement ou de dépôt temporaire sur la voie publique, sur les rivières, ports et quais fluviaux et autres lieux publics. — Les alignements individuels, les autorisations de bâtir, les autres permissions de voirie sont délivrés par l'autorité compétente, après que le maire aura donné son avis, dans le cas où il ne lui appartient pas de les délivrer lui-même. — Les permissions de voirie à titre précaire ou essentiellement révocable, sur les voies publiques qui sont placées dans les attributions du maire et ayant pour objet, notamment, l'établissement dans le sol de la voie publique des canalisations destinées au passage ou à la conduite soit de l'eau, soit du gaz, peuvent, en cas de refus du maire non justifié par l'intérêt général, être accordées par le préfet.

99. Les pouvoirs qui appartiennent au maire, en vertu de l'article 91, ne font pas obstacle au droit du préfet de prendre, pour toutes les communes du département ou plusieurs d'entre elles, et dans tous les cas où il n'y aurait pas été pourvu par les autorités municipales, toutes mesures relatives au maintien de la salubrité, de la sûreté et de la tranquillité publiques. — Ce droit ne pourra être exercé par le préfet à l'égard d'une seule commune qu'après une mise en demeure au maire restée sans résultats.

100. Les cloches des églises sont spécialement affectées aux cérémonies du culte. Néanmoins, elles peuvent être employées dans les cas de péril commun qui exigent un prompt secours et dans les circonstances où cet emploi est prescrit par des dispositions de lois ou règlements, ou autorisé par les usages locaux. — Les sonneries religieuses, comme les sonneries civiles, seront l'objet d'un règlement concerté entre l'évêque et le préfet ou entre le préfet et les consistoires, et arrêté, en cas de désaccord, par le ministre des cultes.

101. Une clef du clocher sera déposée entre les mains des titulaires ecclésiastiques, une autre entre les mains du maire, qui ne pourra en faire usage que dans les circonstances prévues par les lois ou règlements. Si l'entrée du clocher n'est pas indépendante de celle de l'église, une clef de la porte de l'église sera déposée entre les mains du maire.

102. Toute commune peut avoir un ou plusieurs gardes champêtres. Les gardes champêtres sont nommés par le maire; ils doivent être agréés et commissionnés par le sous-préfet ou par le préfet dans l'arrondissement du chef-lieu. Le préfet ou le sous-préfet devra faire connaître son agrément ou son refus d'agréer dans le délai d'un mois. Ils doivent être assermentés. Ils peuvent être suspendus par le maire. La suspension ne pourra durer plus d'un mois; le préfet peut seul les révoquer. En dehors de leurs fonctions relatives à la police rurale, les gardes champêtres sont chargés de rechercher, chacun dans le territoire pour lequel il est assermenté, les contraventions aux règlements et arrêtés de police municipale. Ils dressent des procès-verbaux pour constater ces contraventions.

103. Dans les villes ayant plus de 40,000 habitants, l'organisation du personnel chargé du service de la police est réglée, sur l'avis du conseil municipal, par décret du Président de la République. Si un conseil municipal n'allouait pas les fonds exigés pour la dépense, ou n'allouait qu'une somme insuffisante, l'allocation nécessaire serait inscrite au budget par décret du Président de la République, le conseil d'État entendu. Dans toutes les communes, les inspecteurs de police, les brigadiers et sous-brigadiers et les agents de police nommés par le maire doivent être agréés par le sous-préfet ou par le préfet. Ils peuvent être suspendus par le maire, mais le préfet seul peut les révoquer.

104. Le préfet du Rhône exerce dans les communes de Lyon, Caluire et Cuire, — Oullins, Sainte-Foy, — Saint-Rambert, Villeurbanne, — Vaux-en-Velin, — Bron, Vénissieux et Pierre-Bénite, du département du Rhône, et dans celle de Sathonay du département de l'Ain, les mêmes attributions que celles qu'exerce le préfet de police dans les communes suburbaines de la Seine.

105. Dans les communes dénommées à l'article 104, les maires restent investis de tous les pouvoirs de police conférés aux administrations municipales par les paragraphes 1, 4, 5, 6, 7 et 8 de l'article 97. Ils sont, en outre, chargés du maintien du bon ordre dans les foires, marchés, réjouissances et cérémonies publiques, spectacles, jeux, cafés, églises et autres lieux publics.

106. Les communes sont civilement responsables des dégâts et dommages résultant des crimes ou délits commis à force ouverte ou par violence sur leur territoire par des attroupe-

ments ou rassemblements armés, ou non armés, soit envers les personnes, soit contre les propriétés publiques ou privées. Les dommages-intérêts dont la commune est responsable sont répartis entre tous les habitants domiciliés dans ladite commune, en vertu d'un rôle spécial comprenant les quatre contributions directes.

107. Si les attroupements ou rassemblements ont été formés d'habitants de plusieurs communes, chacune d'elles est responsable des dégâts et dommages causés, dans la proportion qui sera fixée par les tribunaux.

108. Les dispositions des articles 106 et 107 ne sont pas applicables : — 1° lorsque la commune peut prouver que toutes les mesures qui étaient en son pouvoir ont été prises à l'effet de prévenir les attroupements ou rassemblements, et d'en faire connaître les auteurs ; — 2° dans les communes où la municipalité n'a pas la disposition de la police locale ni de la force armée ; — 3° lorsque les dommages causés sont le résultat d'un fait de guerre.

109. La commune déclarée responsable peut exercer son recours contre les auteurs et complices du désordre.

TITRE IV

DE L'ADMINISTRATION DES COMMUNES

CHAPITRE Ier

DES BIENS, TRAVAUX ET ÉTABLISSEMENTS COMMUNAUX

110. La vente des biens mobiliers et immobiliers des communes, autres que ceux servant à un usage public, peut être autorisée, sur la demande de tout créancier porteur de titre exécutoire, par un décret du Président de la République qui détermine les formes de la vente.

111. Les délibérations du conseil municipal ayant pour objet l'acceptation de dons et legs, lorsqu'il y a des charges ou conditions, sont exécutoires sur arrêté du préfet, pris en conseil de préfecture. — S'il y a réclamation des prétendants droit à la succession, quelles que soient la quotité et la nature de la donation ou du legs, l'autorisation ne peut être accordée que par décret rendu en conseil d'État. — Si la donation ou le legs ont été faits à un hameau ou quartier d'une commune qui n'est pas encore à l'état de section ayant la personnalité civile, les habitants du hameau ou quartier seront appelés à élire une commission syndicale, conformément à l'article 129 ci-dessous. La commission syndicale délibérera sur l'acceptation de la libéralité, et, dans aucun cas, l'autorisation d'accepter ne pourra être accordée que par un décret rendu dans la forme des règlements d'administration publique.

112. Lorsque la délibération porte refus de dons ou legs, le préfet peut, par un arrêté motivé, inviter le conseil municipal à revenir sur sa première délibération. Le refus n'est définitif que si, par une seconde délibération, le conseil municipal déclare y persister. — Si le don ou le legs a été fait à une section de commune et que le conseil municipal soit d'avis de refuser la libéralité, il sera procédé comme il est dit au paragraphe 3 de l'article 111.

113. Le maire peut toujours, à titre conservatoire, accepter les dons ou legs et former avant l'autorisation toute demande en délivrance. — — Le décret du Président de la République, l'arrêté du préfet ou la délibération du conseil municipal, qui interviennent ultérieurement, ont effet du jour de cette acceptation.

114. Aucune construction nouvelle ou reconstruction ne peut être faite que sur la production des plans et devis approuvés par le conseil municipal, sauf les exceptions prévues par des lois spéciales. — Les plans et devis sont, en outre, approuvés par le préfet dans les cas prévus par l'article 68, paragraphe 3.

115. Les traités de gré à gré à passer dans les conditions prévues par l'ordonnance du 14 novembre 1837, et qui ont pour objet l'exécution par entreprise des travaux d'ouverture des nouvelles voies publiques et de tous autres travaux communaux, sont approuvés par le préfet, ou par décret, dans le cas prévu par l'article 145, paragraphe 3. — Il en est de même des traités portant concession à titre exclusif, ou pour une durée de plus de trente années, des grands services municipaux, ainsi que des tarifs et traités relatifs aux pompes funèbres.

116. Deux ou plusieurs conseils municipaux peuvent provoquer entre eux, par l'entremise de leurs présidents, et après en avoir averti les préfets, une entente sur les objets d'utilité communale compris dans leurs attributions et qui intéressent à la fois leurs communes respectives. — Ils peuvent faire des conventions à l'effet d'entreprendre ou de conserver à frais communs des ouvrages ou des institutions d'utilité commune.

117. Les questions d'intérêt commun seront débattues dans des conférences où chaque conseil municipal sera représenté par une commission spéciale nommée à cet effet et composée de trois membres nommés au scrutin secret. — Les préfets et les sous-préfets des départements et arrondissements comprenant les communes intéressées pourront toujours assister à ces conférences. Les décisions qui y seront prises ne seront exécutoires qu'après avoir été ratifiées par tous les conseils municipaux intéressés et sous les réserves énoncées au chapitre 3 du titre IV de la présente loi.

118. Si des questions autres que celles que prévoit l'article 116 étaient mises en discussion, le préfet du département où la conférence a lieu déclarerait la réunion dissoute. — Toute délibération prise après cette déclaration donnerait lieu à l'application des dispositions et pénalités énoncées à l'article 34 de la loi du 10 août 1871.

119. Les délibérations des commissions administratives des hospices, hôpitaux et autres établissements charitables communaux concernant un emprunt sont exécutoires en vertu d'un arrêté du préfet, sur avis conforme du conseil municipal, lorsque la somme à emprunter ne dépasse pas le chiffre des revenus ordinaires de l'établissement et que le remboursement doit être effectué dans un délai de douze années. Si la somme à emprunter dépasse ledit chiffre ou si le délai de remboursement excède douze années, l'emprunt ne peut être autorisé que par un décret du Président de la République. — Le décret est rendu en conseil d'État si l'avis du conseil municipal est contraire, ou s'il s'agit d'un établissement ayant plus de 100,000 francs de revenu. — L'emprunt ne peut être autorisé que par une loi, lorsque la somme à emprunter dépasse 500,000 francs, ou lorsque ladite somme, réunie aux chiffres d'autres emprunts non encore remboursés, dépasse 500,000 francs.

120. Les délibérations par lesquelles les commissions administratives chargées de la gestion des établissements publics communaux changeraient en totalité ou en partie l'affectation des locaux ou objets immobiliers ou mobiliers appartenant à ces établissements, dans l'intérêt d'un service public ou privé quelconque, ou mettraient à la disposition, soit d'un autre établissement public ou privé, soit d'un particulier, lesdits locaux et objets, ne sont exécutoires qu'après avis du conseil municipal et en vertu d'un décret rendu sur la proposition du ministre de l'intérieur.

CHAPITRE II

DES ACTIONS JUDICIAIRES

121. Nulle commune ou section de commune ne peut ester en justice sans y être autorisée par le conseil de préfecture, sauf les cas prévus aux articles 122 et 154 de la présente loi. — Après tout jugement intervenu, la commune ne peut se pourvoir devant un autre degré de juridiction qu'en vertu d'une nouvelle autorisation du conseil de préfecture. — Dans les cas prévus par les deux paragraphes précédents, la décision du conseil de préfecture doit être rendue dans les deux mois, à compter du jour de la demande en autorisation. A défaut de décision rendue dans ledit délai, la commune est autorisée à plaider.

122. Le maire peut toujours, sans autorisation préalable, intenter toute action possessoire ou y défendre et faire tous actes conservatoires ou interruptifs des déchéances. — Il peut, sans autre autorisation, interjeter appel de tout jugement et se pourvoir en cassation; mais il ne peut ni suivre sur son appel, ni suivre sur le pourvoi qu'en vertu d'une nouvelle autorisation.

123. Tout contribuable inscrit au rôle de la commune a le droit d'exercer, à ses frais et risques, avec l'autorisation du conseil de préfecture, les actions qu'il croit appartenir à la commune ou section, et que celle-ci, préalablement appelée à en délibérer, a refusé ou négligé d'exercer. — La commune ou section est mise en cause et la décision qui intervient a effet à son égard.

124. Aucune action judiciaire autre que les actions possessoires ne peut, à peine de nullité, être intentée contre une commune qu'autant que le demandeur a préalablement adressé au préfet ou au sous-préfet un mémoire exposant l'objet et les motifs de sa réclamation. Il lui en est donné récépissé. — L'action ne peut être portée devant les tribunaux que deux mois après la date du récépissé, sans préjudice des actes conservatoires. — La présentation du mémoire interrompt toute prescription ou déchéance, si elle est suivie d'une demande en justice dans le délai de trois mois.

125. Le préfet ou sous-préfet adresse immédiatement le mémoire au maire, avec l'invitation de convoquer le conseil municipal dans le plus bref délai, pour en délibérer. — La délibération du conseil municipal est transmise au conseil de préfecture, qui décide si la commune doit être autorisée à ester en justice. — La décision du conseil de préfecture doit être rendue dans le délai de deux mois, à dater du dépôt du mémoire.

126. Toute décision du conseil de préfecture portant refus d'autorisation doit être motivée. — La commune, la section de commune ou le contribuable auquel l'autorisation a été refusée peut se pourvoir devant le conseil d'État. — Le pourvoi est introduit et jugé en la forme administrative. Il doit, à peine de déchéance, être formé dans le délai de deux mois à dater de la notification de l'arrêté du conseil de préfecture. — Il doit être statué sur le pourvoi dans le délai de deux mois à partir du jour de son enregistrement au secrétariat général du conseil d'État.

127. En cas de pourvoi de la commune ou section contre la décision du conseil de préfecture, le demandeur peut néanmoins introduire l'action; mais l'instance est suspendue jusqu'à ce qu'il ait été statué par le conseil d'État ou jusqu'à l'expiration du délai dans lequel le conseil d'État doit statuer. A défaut de décision rendue dans les délais ci-dessus impartis, la commune est autorisée à ester en justice. Mais, en cas d'appel ou de pourvoi en cassation, il doit être procédé comme il est dit à l'article 121.

128. Lorsqu'une section se propose d'intenter ou de soutenir une action judiciaire soit contre la commune dont elle dépend, soit contre une autre section de la même commune, il est formé, pour la section et pour chacune des sections intéressées, une commission syndicale distincte.

129. Les membres de la commission syndicale sont choisis parmi les éligibles de la commune et nommés par les électeurs de la section qui l'habitent et par les personnes qui, sans être portées sur la liste électorale, y sont propriétaires fonciers. — Le préfet est tenu de convoquer les électeurs dans le délai d'un mois pour nommer une commission syndicale, toutes les fois qu'un tiers des habitants ou propriétaires de la section lui adresse à cet effet une demande motivée sur l'existence d'un droit litigieux à exercer au profit de la section contre la commune ou une autre section de la commune. — Le nombre des membres de la commission est fixé par l'arrêté qui convoque les électeurs. — Ils élisent parmi eux un président chargé de suivre l'action.

130. Lorsque le conseil municipal se trouve réduit à moins du tiers de ses membres, par suite de l'abstention, prescrite par l'article 64, des conseillers municipaux qui sont intéressés à la jouissance des biens et droits revendiqués par une section, le préfet convoque les électeurs de la commune, déduction faite de ceux qui habitent ou sont propriétaires sur le territoire de la section, à l'effet d'élire ceux d'entre eux qui doivent prendre part aux délibérations aux lieu et place des conseillers municipaux obligés de s'abstenir.

131. La section qui a obtenu une condamnation contre la commune ou une autre section n'est point passible des charges ou contributions imposées pour l'acquittement des frais et dommages-intérêts qui résultent du procès. — Il en est de même à l'égard de toute partie qui plaide contre une commune ou section de commune.

CHAPITRE III

DU BUDGET COMMUNAL

1re SECTION. — **Recettes et dépenses**

132. Le budget communal se divise en budget ordinaire et en budget extraordinaire.

133. Les recettes du budget ordinaire se composent : — 1º Des revenus de tous les biens dont les habitants n'ont pas la jouissance en nature; — 2º Des cotisations imposées annuellement sur les ayants droit aux fruits qui se perçoivent en nature; — 3º Du produit des centimes ordinaires et spéciaux affectés aux communes par les lois de finances; — 4º Du produit de la portion accordée aux communes dans certains des impôts et droits perçus pour le compte de l'État; — 5º Du produit des octrois municipaux affecté aux dépenses ordinaires; — 6º Du produit des droits de place perçus dans les halles, foires, marchés, abattoirs, d'après les tarifs dûment établis; — 7º Du produit des permis de stationnement et de location sur la voie publique, sur les rivières, ports et quais fluviaux et autres lieux publics; — 8º Du produit des péages communaux, des droits de pesage, mesurage et jaugeage, des droits de voirie et autres droits légalement établis; — 9º Du produit des terrains communaux affectés aux inhumations et de la part revenant aux communes dans le prix des concessions dans les cimetières; — 10º Du produit des concessions d'eau et de l'enlèvement des boues et immondices de la voie publique et autres concessions autorisées pour les services communaux; — 11º Du produit des expéditions des actes administratifs et des actes de l'état civil; — 12º De la portion que les lois accordent aux communes dans les produits des amendes prononcées par les tribunaux de police correctionnelle et de simple police ; — 13º Du produit de la taxe de balayage dans les communes de France et d'Algérie où elle sera établie, sur leur demande, conformément aux dispositions de la loi du 26 mars 1873, en vertu d'un décret rendu dans la forme des règlements d'administration publique ; — 14º Et généralement du produit des contributions, taxes et droits dont la perception est autorisée par les lois dans l'intérêt des communes, et de toutes les ressources annuelles et permanentes ; en Algérie et dans les colonies, des ressources dont la perception est autorisée par les lois et décrets. — L'établissement des centimes pour insuffisance de revenus est autorisé par arrêté du préfet lorsqu'il s'agit de dépenses obligatoires. — Il est approuvé par décret dans les autres cas.

134. Les recettes du budget extraordinaire se composent : — 1º Des contributions extraordinaires dûment autorisées ; — 2º Du prix des biens aliénés ; — 3º Des dons et legs ; — 4º Du remboursement des capitaux exigibles et des rentes rachetées ; — 5º Du produit des coupes extraordinaires de bois ; — 6º Du produit des emprunts ; — 7º Du produit des taxes ou des surtaxes d'octroi spécialement affectées à des dépenses extraordinaires et à des remboursements d'emprunts ; — 8º Et de toutes autres recettes accidentelles.

135. Les dépenses du budget ordinaire comprennent les dépenses annuelles et permanentes d'utilité communale. — Les dépenses du budget extraordinaire comprennent les dépenses accidentelles ou temporaires qui sont imputées sur des recettes énumérées à l'article 134 ou sur l'excédent des recettes ordinaires.

136. Sont obligatoires pour les communes les dépenses suivantes : — 1º L'entretien de l'hôtel de ville, ou, si la commune n'en possède pas, la location d'une maison ou d'une salle pour en tenir lieu ; — 2º Les frais de bureau et d'impression pour le service de la commune, de conservation des archives communales et du recueil des actes administratifs du département ; les frais d'abonnement au *Bulletin des communes* et, pour les communes chefs-lieux de canton, les frais d'abonnement et de conservation du *Bulletin des lois* ; — 3º Les frais de recensement de la population ; ceux des assemblées électorales qui se tiennent dans les communes et ceux des cartes électorales ; — 4º Les frais des registres de l'état civil et des livrets de famille et la portion de la table décennale des actes de l'état civil à la charge des communes ; — 5º Le traitement du receveur municipal, du préposé en chef de l'octroi et les frais de perception ; — 6º Les traitements et autres frais du personnel de la police municipale et rurale et des gardes des bois de la commune ; — 7º Les pensions à la charge de la commune, lorsqu'elles ont été régulièrement liquidées et approuvées ; — 8º Les frais de loyer et de réparation du local de la justice de paix, ainsi que ceux d'achat et d'entretien de son mobilier dans les communes chefs-lieux de canton ; — 9º Les dépenses relatives à l'instruction publique, conformément aux lois ; — 10º Le contingent assigné à la commune, conformément aux lois, dans la dépense des enfants assistés et des aliénés ; — 11º L'indemnité de logement aux curés et desservants et ministres des autres cultes salariés par l'État, lorsqu'il n'existe pas de bâtiment affecté à leur logement et lorsque les fabriques ou autres administrations préposées aux cultes ne pourront pourvoir elles-mêmes au paiement de cette indemnité ; — 12º Les grosses réparations aux édifices communaux, sauf, lorsqu'ils sont consacrés aux cultes, l'application préalable des revenus et ressources disponibles des fabriques à ces réparations, et sauf l'exécution des lois spéciales concernant les bâtiments affectés à un service militaire. — S'il y a désaccord entre la fabrique et la commune, quand le concours financier de cette dernière est réclamé par la fabrique dans les cas prévus aux paragraphes 11º et 12º, il est statué par décret sur les propositions des ministres de l'intérieur et des cultes ; — 13º La clôture des cimetières, leur entretien et leur translation dans les cas déterminés par les lois et règlements d'administration publique ; — 14º Les frais d'établissement et de conservation des plans d'alignement et de nivellement ; — 15º Les frais et dépenses des conseils de prud'hommes pour les communes comprises dans le territoire de leur juridiction et proportionnellement au nombre des électeurs inscrits sur les listes électorales spéciales à l'élection et les menus frais des chambres consultatives des arts et manufactures pour les communes où elles existent ; — 16º Les prélèvements et contributions établis par les lois sur les biens et revenus communaux ; — 17º L'acquittement des dettes exigibles ; — 18º Les dépenses des chemins vicinaux dans les limites fixées par la loi ; — 19º Dans les colonies régies par la présente loi, le traitement du secrétaire et des employés de la mairie ; les contributions assises sur les biens communaux ; les dépenses pour le service de la milice qui ne sont pas à la charge du Trésor ; — 20º Les dépenses occasionnées par l'application de l'article 85 de la présente loi, et généralement toutes les dépenses mises à la charge des communes par une disposition de loi.

137. L'établissement des taxes d'octroi votées par les conseils municipaux, ainsi que les règlements relatifs à leur perception, sont autorisés par des décrets du Président de la République rendus en conseil d'État, après avis du conseil général ou de la commission départementale dans l'intervalle des sessions. — Il en sera de même de toute délibération portant augmentation ou prorogation de taxe pour une période de plus de cinq ans. — Les délibérations concernant : — 1º Les modifications aux règlements ou aux périmètres existants ; — 2º L'assujettissement à la taxe d'objets non encore imposés au tarif local ; — 3º L'établissement ou le renouvellement d'une taxe non comprise dans le tarif général ; 4º L'établissement ou le renouvellement d'une taxe excédant le maximum fixé par ledit tarif général, doivent être pareillement approuvées par décret du Président de la République rendu en conseil d'État, après avis du conseil général ou de la commission départementale dans l'intervalle des sessions. — Les surtaxes d'octroi sur

2

les vins, cidres, poirés, hydromels et alcools, au delà des proportions déterminées par les lois spéciales concernant les droits d'entrée du Trésor, ne peuvent être autorisées que par une loi.

138. Sont exécutoires, sur l'approbation du préfet, conformément aux dispositions de l'article 69 de la présente loi, mais toutefois après avis du conseil général, ou de la commission départementale dans l'intervalle des sessions, les délibérations prises par les conseils municipaux concernant la suppression ou la diminution des taxes d'octroi.

139. Sont exécutoires par elles-mêmes les délibérations prises par les conseils municipaux prononçant la prorogation ou l'augmentation des taxes d'octroi pour une période de cinq ans au plus, sous la réserve toutefois qu'aucune des taxes ainsi maintenues ou modifiées n'excédera le maximum déterminé par le tarif général et ne portera que sur des objets compris dans ce tarif.

140. Les taxes particulières dues par les habitants ou propriétaires en vertu des lois et des usages locaux sont réparties par une délibération du conseil municipal approuvée par le préfet. — Ces taxes sont perçues suivant les formes établies pour le recouvrement des contributions publiques.

141. Les conseils municipaux peuvent voter, dans la limite du maximum fixé chaque année par le conseil général, des contributions extraordinaires n'excédant pas cinq centimes pendant cinq années, pour en affecter le produit à des dépenses extraordinaires d'utilité communale. — Ils peuvent aussi voter 3 centimes extraordinaires exclusivement affectés aux chemins vicinaux ordinaires, et 3 centimes extraordinaires exclusivement affectés aux chemins ruraux reconnus. — Ils votent et règlent les emprunts communaux remboursables sur les centimes extraordinaires comme il vient d'être dit au premier paragraphe du présent article, ou sur les ressources ordinaires, quand l'amortissement, en ce dernier cas, ne dépasse pas trente ans.

142. Les conseils municipaux votent, sauf approbation du préfet : 1° Les contributions extraordinaires qui dépasseraient cinq centimes sans excéder le maximum fixé par le conseil général, et dont la durée excédant cinq années ne serait pas supérieure à trente ans ; — 2° Les emprunts remboursables sur les mêmes contributions extraordinaires ou sur les revenus ordinaires dans un délai excédant, pour ce dernier cas, trente ans.

143. Toute contribution extraordinaire dépassant le maximum fixé par le conseil général, et tout emprunt remboursable sur cette contribution sont autorisés par décret du Président de la République. — Si la contribution est établie pour une durée de plus de trente ans, ou si l'emprunt remboursable sur ressources extraordinaires doit excéder cette durée, le décret est rendu en conseil d'État. — Il est statué par une loi si la somme à emprunter dépasse un million,

ou si, réunie aux chiffres d'autres emprunts non encore remboursés, elle dépasse un million.

144. Les forêts et les bois de l'État acquittent les centimes additionnels ordinaires et extraordinaires affectés aux dépenses des communes dans la même proportion que les propriétés privées.

145. Le budget de chaque commune est proposé par le maire, voté par le conseil municipal et réglé par le préfet. — Lorsqu'il pourvoit à toutes les dépenses obligatoires et qu'il n'applique aucune recette extraordinaire aux dépenses soit obligatoires, soit facultatives, ordinaires ou extraordinaires, les allocations portées audit budget pour les dépenses facultatives ne peuvent être modifiées par l'autorité supérieure. — Le budget des villes dont le revenu est de 3 millions de francs au moins est toujours soumis à l'approbation du Président de la République, sur la proposition du ministre de l'intérieur. — Le revenu d'une ville est réputé atteindre 3 millions de francs lorsque les recettes ordinaires constatées dans les comptes se sont élevées à cette somme pendant les trois dernières années. — Il n'est réputé être descendu au-dessous de 3 millions de francs que lorsque, pendant les trois dernières années, les recettes ordinaires sont restées inférieures à cette somme.

146. Les crédits qui seront reconnus nécessaires après le règlement du budget seront votés et autorisés conformément à l'article précédent.

147. Les conseils municipaux peuvent porter au budget un crédit pour les dépenses imprévues. — La somme inscrite pour ce crédit ne peut être réduite ou rejetée qu'autant que les revenus ordinaires, après avoir satisfait à toutes les dépenses obligatoires, ne permettraient pas d'y faire face. — Le crédit pour dépenses imprévues est employé par le maire. — Dans la première session qui suivra l'ordonnancement de chaque dépense, le maire rendra compte au conseil municipal, avec pièces justificatives à l'appui, de l'emploi de ce crédit. Ces pièces demeureront annexées à la délibération.

148. Le décret du Président de la République ou l'arrêté du préfet qui règle le budget d'une commune peut rejeter ou réduire les dépenses qui y sont portées, sauf dans les cas prévus par le paragraphe 2 de l'article 145 et par le paragraphe 2 de l'article 147 ; mais il ne peut les augmenter ni en introduire de nouvelles qu'autant qu'elles sont obligatoires.

149. Si un conseil municipal n'allouait pas les fonds exigés par une dépense obligatoire, ou n'allouait qu'une somme insuffisante, l'allocation serait inscrite au budget par décret du Président de la République, pour les communes dont le revenu est de 3 millions et au-dessus, et par arrêté du préfet en conseil de préfecture pour celles dont le revenu est inférieur. Aucune inscription d'office ne peut être opérée sans que le conseil municipal ait été, au préalable, appelé à prendre une délibération spéciale à ce sujet. — S'il s'agit d'une dépense annuelle et variable, le chiffre en est fixé sur sa quotité moyenne pendant les trois dernières années. — S'il s'agit d'une dépense annuelle et fixe de sa nature ou d'une dépense extraordinaire, elle est inscrite pour sa quotité réelle. — Si les ressources de la commune sont insuffisantes pour subvenir aux dépenses obligatoires inscrites d'office, en vertu du présent article, il y est pourvu par le conseil municipal, ou, en cas de refus de sa part, au moyen d'une contribution extraordinaire établie d'office par un décret, si la contribution extraordinaire n'excède pas le maximum à fixer annuellement par la loi de finances, et par une loi spéciale, si la contribution doit excéder ce maximum.

150. Dans le cas où, pour une cause quelconque, le budget d'une commune n'aurait pas été définitivement réglé avant le commencement de l'exercice, les recettes et les dépenses ordinaires continuent, jusqu'à l'approbation de ce budget, à être faites conformément à celui de l'année précédente. Dans le cas où il n'y aurait eu aucun budget antérieurement voté, le budget serait établi par le préfet en conseil de préfecture.

CHAPITRE IV

DE LA COMPTABILITÉ DES COMMUNES

151. Les comptes du maire, pour l'exercice clos, sont présentés au conseil municipal avant la délibération du budget. — Ils sont définitivement approuvés par le préfet.

152. Le maire peut seul délivrer des mandats. — S'il refusait d'ordonnancer une dépense régulièrement autorisée et liquide, il serait prononcé par le préfet en conseil de préfecture, et l'arrêté du préfet tiendrait lieu du mandat du maire.

153. Les recettes et dépenses communales s'effectuent par un comptable, chargé seul et sous sa responsabilité de poursuivre la rentrée de tous revenus de la commune et de toutes sommes qui lui seraient dues, ainsi que d'acquitter les dépenses ordonnancées par le maire, jusqu'à concurrence des crédits régulièrement accordés. — Tous les rôles de taxe, de sous-répartitions et de prestations locales doivent être remis à ce comptable.

154. Toutes les recettes municipales pour lesquelles les lois et règlements n'ont pas prescrit un mode spécial de recouvrement s'effectuent sur les états dressés par le maire. Ces états sont exécutoires après qu'ils ont été visés par le préfet ou le sous-préfet. — Les oppositions, lorsque la matière est de la compétence des tribunaux ordinaires, sont jugées comme affaires sommaires, et la commune peut y défendre sans autorisation du conseil de préfecture.

155. Toute personne autre que le receveur municipal qui, sans autorisation légale, se serait ingérée dans le maniement des deniers de la commune, sera par ce seul fait constituée comptable et pourra, en outre, être poursuivie, en vertu du Code pénal, comme s'étant immiscée sans titre dans les fonctions publiques.

156. Le percepteur remplit les fonctions de receveur municipal. — Néanmoins, dans les communes dont les revenus ordinaires excèdent 30,000 francs, ces fonctions peuvent être confiées, sur la demande du conseil municipal, à un receveur municipal spécial. — Ce receveur spécial est nommé sur une liste de trois noms présentée par le conseil municipal. — Il est nommé par le préfet dans les communes dont le revenu ne dépasse pas 300,000 francs, et par le Président de la République, sur la proposition du ministre des finances, dans les communes dont le revenu est supérieur. — En cas de refus, le conseil municipal doit faire de nouvelles présentations.

157. Les comptes du receveur municipal sont apurés par le conseil de préfecture, sauf recours à la cour des comptes pour les communes dont les revenus ordinaires dans les trois dernières années n'excèdent pas 30,000 francs. — Ils sont apurés et définitivement réglés par la cour des comptes pour les communes le revenu dont est supérieur. — Ces distinctions sont applicables aux comptes des trésoriers des hôpitaux et autres établissements de bienfaisance.

158. La responsabilité des receveurs municipaux et les formes de la comptabilité des communes sont déterminées par des règlements d'administration publique. — Les receveurs municipaux sont assujettis, pour l'exécution de ces règlements, à la surveillance des receveurs des finances. — Dans les communes où les fonctions de receveur municipal et de percepteur sont réunies, la gestion du comptable est placée sous la responsabilité du receveur des finances, d'après les conditions déterminées par un règlement d'administration publique.

159. Les comptables qui n'ont pas présenté leurs comptes dans les délais prescrits par les règlements peuvent être condamnés, par l'autorité chargée de juger lesdits comptes, à une amende de 10 fr. à 100 fr. par chaque mois de retard pour les receveurs et trésoriers justiciables des conseils de préfecture, et de 50 fr. à 500 fr., également par mois de retard, pour ceux qui sont justiciables de la cour des comptes. — Ces amendes sont attribuées aux communes ou établissements que concernent les comptes en retard. — Elles sont assimilées, quant au mode de recouvrement et de poursuites, aux débets de comptables des deniers de l'État, et la remise n'en peut être accordée que d'après les mêmes règles.

160. Les budgets et les comptes des communes restent déposés à la mairie; ils sont rendus publics dans les communes dont le revenu est de 100,000 fr. et au-dessus et dans les autres quand le conseil municipal a voté la dépense de l'impression.

————

TITRE V

DES BIENS ET DROITS INDIVIS ENTRE PLUSIEURS COMMUNES

161. Lorsque plusieurs communes possèdent des biens ou des droits indivis, un décret du Président de la République instituera, si l'une d'elles le réclame, une commission syndicale composée de délégués des conseils municipaux des communes intéressées. — Chacun des conseils élira dans son sein, au scrutin secret, le nombre de délégués qui aura été déterminé par le décret du Président de la République. — La commission syndicale sera présidée par un syndic élu par les délégués et pris parmi eux. Elle sera renouvelée après chaque renouvellement des conseils municipaux. — Les délibérations sont soumises à toutes les règles établies pour les délibérations des conseils municipaux.

162. Les attributions de la commission syndicale et de son président comprennent l'administration des biens et droits indivis et l'exécution des travaux qui s'y rattachent. — Ces attributions sont les mêmes que celles des conseils municipaux et des maires en pareille matière. — Mais les ventes, échanges, partages, acquisitions, transactions, demeurent réservés aux conseils municipaux, qui pourront autoriser le président de la commission à passer les actes qui y sont relatifs.

163. La répartition des dépenses votées par la commission syndicale est faite entre les communes intéressées par les conseils municipaux. — Leurs délibérations seront soumises à l'approbation du préfet. — En cas de désaccord entre les conseils municipaux, le préfet prononcera, sur l'avis du conseil général ou, dans l'intervalle des sessions, de la commission départementale. Si les conseils municipaux appartiennent à des départements différents, il sera statué par décret. — La part de la dépense définitivement assignée à chaque commune sera portée d'office aux budgets respectifs, conformément à l'art. 149 de la présente loi.

TITRE VI

DISPOSITIONS RELATIVES A L'ALGÉRIE ET AUX COLONIES

164. La présente loi est applicable aux communes de plein exercice de l'Algérie, sous réserve des dispositions actuellement en vigueur concernant la constitution de la propriété communale, les formes et conditions des acquisitions, échanges, aliénations et partages, et sous réserve des dispositions concernant la représentation des musulmans indigènes. — Par dérogation aux articles 5 et 6 de la présente loi, les érections de communes, les changements projetés à la circonscription territoriale des communes, quand ils devront avoir pour effet de modifier les limites d'un arrondisse-

ment, seront décidés par décret pris après avis du conseil général. — Par dérogation à l'art. 74, les conseils municipaux peuvent allouer aux maires des indemnités de fonctions, sauf approbation du gouverneur général.

165. La présente loi est également applicable aux colonies de la Martinique, de la Guadeloupe et de la Réunion, sous les réserves suivantes : — Un arrêté du gouverneur en conseil privé tiendra lieu du décret du Président de la République, dans les cas prévus aux articles 110, 145, 148 et 149 et dans le cas prévu à l'article 133, § 15 (*L. 12 mai 1889*). — Les attributions dévolues au ministre de l'intérieur par les articles 40, 69 et 120; au ministre des cultes par l'article 100, et au ministre des finances par l'article 156 de la présente loi, sont conférées au ministre de la marine et des colonies. — Les attributions conférées au ministre de l'intérieur et aux préfets par les articles 4, 13, 15, 36, 40, paragraphe 4; 46, paragraphe 2; 47, 48, 60, paragraphe 1; 65, 66, 67, 69, 70, 85, 95, paragraphes 2 et 4; 98, paragraphe 4; 100, 111, 112, 113, 114, 115, 116, 117, 118, 119, 124, 129, 130, 133, paragraphe 15; 140, 142, 145, paragraphe 1er; 146, 148, 149, 150, 151, 152 et 156 de la présente loi sont dévolues au gouverneur. — Les attributions dévolues aux préfets et aux sous-préfets par les articles 12, 29, 37, 38, 40, paragraphes 1, 2 et 3; 49, paragraphe 3; 52, 57, 60, paragraphe 2; 61, 62, 78, 88, 93, 95, paragraphes 1 et 3; 102, 103, 125 et 154 sont remplies par le directeur de l'intérieur. — Les attributions conférées aux conseils de préfecture par les articles 36, 37, 38, 39, 40 et 60 sont dévolues au conseil du contentieux administratif. — Les attributions dévolues aux conseils de préfecture par les articles 65, 66, 111, 121, 123, 125, 126, 127, 152, 154, 157 et 159 sont conférées au conseil privé. — Les attributions dévolues à la cour des comptes par les articles 157, paragraphe 2, et 159 sont conférées au conseil privé, sauf recours à la cour des comptes. — Les recours au Conseil d'État formés par l'administration contre les décisions du conseil du contentieux administratif sont transmis par le gouverneur au ministre de la marine et des colonies, qui en saisit le Conseil d'État. — Les dispositions du décret du 12 décembre 1882, sur le régime financier des colonies, restent applicables à la comptabilité communale en tout ce qui n'est pas contraire à la présente loi.

166. Les dispositions de la présente loi relatives aux octrois municipaux ne sont pas applicables à l'octroi de mer, qui reste assujetti aux règlements en vigueur en Algérie et dans les colonies.

TITRE VII

DISPOSITIONS GÉNÉRALES

167. Les conseils municipaux pourront prononcer la désaffectation totale ou partielle d'immeubles consacrés, en dehors des prescriptions de la loi organique des cultes du 18 germinal an X et des dispositions relatives au culte israélite, soit aux cultes, soit à des services religieux ou à des établissements quelconques, ecclésiastiques et civils. — Ces désaffectations seront prononcées dans la même forme que les affectations.

168. Sont abrogés : — 1° Le titre XI, article 3, de la loi des 16-24 août 1790; — 2° Les articles 1, 2, 3 et 5 de la loi du 20 messidor an III ; — 3° Les titres I, IV et V de la loi du 10 vendémiaire an IV; — 4° La loi du 29 vendémiaire an V, la loi du 17 vendémiaire an X, l'arrêté du 21 frimaire an XII ; — 5° Les articles 36, nos 4, 39, 49, 92 à 103, du décret du 30 décembre 1809; la loi du 14 février 1810; — 6° La loi du 18 juillet 1837; — 7° L'ordonnance du 18 décembre 1838; — 8° L'ordonnance du 15 juillet 1840; — 9° L'ordonnance du 7 août 1842; — 10° La loi du 19 juin 1851, à l'exception de l'article 5; — 11° Le décret des 4-11 septembre 1851; — 12° L'article 5, nos 13 et 21, du décret du 25 mars 1852; — 13° La loi du 5 mai 1855; — 14° Le décret du 13 avril 1861, tableau A, nos 42, 48, 50, 51, 56, 59; — 15° La loi du 24 juillet 1867, à l'exception de la disposition de l'article 9, relative à l'établissement du tarif général, et de l'article 17, lequel reste en vigueur provisoirement, mais seulement en ce qui concerne la ville de Paris; — 16° La loi du 22 juillet 1870; — 17° Les articles 1, 2, 3, 4, 5, 6, 8, 9, 18, 19, 20 de la loi du 14 avril 1871, le paragraphe 25 de l'article 46 et le paragraphe 4 de l'article 48 de la loi du 10 août 1871; — 18° La loi du 4 avril 1873; — 19° la loi du 20 janvier 1874; — 20° La loi du 12 août 1876; — 21° La loi du 21 avril 1881; — 22° La loi du 28 mars 1882. — Sont abrogés également pour les colonies, en ce qu'ils ont de contraire à la présente loi : — 23° Le décret colonial du 12 juin 1827 (Martinique); — 24° Le décret colonial du 20 septembre 1837 (Guadeloupe); — 25° L'arrêté du 12 novembre 1848 (Réunion); — 26° Le décret du 29 juin 1882 (Saint-Barthélemy); — 27° L'article 116 du décret du 20 novembre 1882 sur le régime financier des colonies, pour les colonies soumises à la présente loi; — 28° Et, en outre, toutes dispositions contraires à la présente loi, sauf celles qui concernent la ville de Paris.

DISPOSITION TRANSITOIRE

Les sectionnements votés par les conseils généraux, dans leur session du mois d'août 1883, recevront leur application dans toutes les communes qui en ont été l'objet à l'occasion des élections municipales du 4 mai 1884.

TITRE VIII
DES SYNDICATS DE COMMUNES (1)

169. Lorsque les conseils municipaux de deux ou de plusieurs communes d'un même départe-

---

(1) Le titre VIII a été ajouté par la loi du 22 mars 1890.

ment ou de départements limitrophes ont fait connaître, par des délibérations concordantes, leur volonté d'associer les communes qu'ils représentent en vue d'une œuvre d'utilité intercommunale et qu'ils ont décidé de consacrer à cette œuvre des ressources suffisantes, les délibérations prises sont transmises par le préfet au ministre de l'intérieur, et, s'il y a lieu, un décret rendu en Conseil d'Etat autorise la création de l'association, qui prend le nom de syndicat de communes. — D'autres communes que celles primitivement associées peuvent être admises, avec le consentement de celles-ci, à faire partie de l'association. Les délibérations prises à cet effet par les conseils municipaux de ces communes et des communes déjà syndiquées sont approuvées par décret simple.

170. Les syndicats de communes sont des établissements publics investis de la personnalité civile. — Les lois et règlements concernant la tutelle des communes leur sont applicables. — Dans le cas où les communes syndiquées font partie de plusieurs départements, le syndicat ressortit à la préfecture du département auquel appartient la commune siège de l'association.

171. Le syndicat est administré par un comité. — A moins de dispositions contraires confirmées par le décret d'institution, ce comité est constitué d'après les règles suivantes : — Les membres sont élus par les conseils municipaux des communes intéressées. — Chaque commune est représentée dans le comité par deux délégués. — Le choix du conseil municipal peut porter sur tout citoyen réunissant les conditions requises pour faire partie d'un conseil municipal. — Les délégués sont élus au scrutin secret et à la majorité absolue; si, après deux tours de scrutin, aucun candidat n'a obtenu la majorité absolue, il est procédé à un troisième tour, et l'élection a lieu à la majorité relative. En cas d'égalité de suffrages, le plus âgé est déclaré élu. — Les délégués du conseil municipal suivent le sort de cette assemblée quant à la durée de leur mandat; mais, en cas de suspension, de dissolution du conseil municipal ou de démission de tous les membres en exercice, ce mandat est continué jusqu'à la nomination des délégués par le nouveau conseil. — Les délégués sortants sont rééligibles. — En cas de vacance parmi les délégués, par suite de décès, démission ou toute autre cause, le conseil municipal pourvoit au remplacement dans le délai d'un mois. — Si un conseil, après mise en demeure du préfet, néglige ou refuse de nommer les délégués, le maire et le premier adjoint représentent la commune dans le comité du syndicat.

172. La commune siège du syndicat est fixée par le décret d'institution, sur la proposition des communes syndiquées. — Les règles de la comptabilité des communes s'appliquent à la comptabilité des syndicats. — A moins de dispositions contraires confirmées par le décret d'institution, les fonctions de receveur du syndicat sont exercées par le receveur municipal de la commune siège du syndicat.

173. Le comité tient chaque année deux sessions ordinaires, un mois avant la session ordinaire du conseil général. — Il peut être convoqué extraordinairement par son président, qui devra avertir le préfet trois jours au moins avant la réunion. — Le président est obligé de convoquer le comité, soit sur l'invitation du préfet, soit sur la demande de la moitié au moins des membres du comité. — Le comité élit annuellement, parmi ses membres, les membres de son bureau. — Pour l'exécution de ses décisions et pour ester en justice, le comité est représenté par son président, sous réserve des délégations facultatives autorisées par l'article 175. — Le préfet et le sous-préfet ont entrée dans le comité et sont toujours entendus quand ils le demandent. Ils peuvent se faire représenter par un délégué.

174. Les conditions de validité des délibérations du comité, de l'ordre et de la tenue des séances (sauf en ce qui concerne la publicité), les conditions d'annulation de ses délibérations, de nullité de droit et de recours, sont celles que fixe la loi du 5 avril 1884 pour les conseils municipaux.

175. Le comité du syndicat peut choisir, soit parmi ses membres, soit en dehors, une commission de surveillance et un ou plusieurs gérants. Il détermine l'étendue des mandats qu'il leur confère. — Les décisions prises en vertu du précédent paragraphe ne sont exécutoires qu'après approbation du préfet. — La durée des pouvoirs de la commission de surveillance et des gérants ne peut dépasser celle des pouvoirs du comité. — Les gérants peuvent être révoqués dans les formes où ils ont été nommés.

176. L'administration des établissements faisant l'objet des syndicats est soumise aux règles du droit commun. Leur sont notamment applicables les lois qui fixent, pour les établissements analogues, la constitution des commissions consultatives ou de surveillance, la composition ou la nomination du personnel, la formation et l'approbation des budgets, l'approbation des comptes, les règles d'administration intérieure et de comptabilité. Le comité exerce, à l'égard de ces établissements, les droits qui appartiennent aux conseils municipaux à l'égard des établissements communaux de même nature. — Toutefois, si le syndicat a pour objet de secourir des malades, des vieillards, des enfants ou des incurables, le comité pourra décider qu'une même commission administrera les secours, d'une part à domicile, et d'autre part à l'hôpital ou à l'hospice.

177. Le budget du syndicat pourvoit aux dépenses de création et d'entretien des établissements ou services pour lesquels le syndicat est constitué. — Les recettes de ce budget comprennent : — 1o La contribution des communes associées. Cette contribution est obligatoire pour lesdites communes pendant la durée de l'association, et dans la limite des nécessités du service telle que les délibérations initiales des conseils municipaux l'ont déterminée. — Les communes associées pourront affecter à cette dépense leurs ressources ordinaires ou extraordinaires disponibles. — Elles sont, en outre, autorisées à voter, à cet effet, cinq centimes spéciaux ; — 2o Le revenu des biens, meubles ou immeubles de l'association ; — 3o Les sommes qu'elles reçoivent des administrations publiques, des associations, des particuliers, en échange d'un service rendu ; — 4o Les subventions de l'État, du département et des communes ; — 5o Les produits des dons ou legs. — Copie de ce budget et des comptes du syndicat sera adressée chaque année aux conseils municipaux des communes syndiquées. — Les conseillers municipaux de ces communes pourront prendre communication des procès-verbaux des délibérations du comité et de la commission de surveillance.

178. Le syndicat peut organiser des services intercommunaux autres que ceux prévus au décret d'institution, lorsque les conseils municipaux des communes associées sont d'accord pour ajouter ces services aux objets de l'association primitive. L'extension des attributions du syndicat doit être autorisée par décret rendu dans la même forme que le décret d'institution.

179. Le syndicat est formé, soit à perpétuité, soit pour une durée déterminée par le décret d'institution. — Il est dissous, soit de plein droit par l'expiration du temps pour lequel il a été formé ou par la consommation de l'opération qu'il avait pour objet, soit par le consentement de tous les conseils municipaux intéressés. Il peut être dissous, soit par décret sur la demande motivée de la majorité desdits conseils, soit d'office par un décret rendu sur l'avis conforme du conseil d'État. — Le décret de dissolution détermine, sous la réserve du droit des tiers, les conditions dans lesquelles s'opère la liquidation du syndicat.

180. Les dispositions du présent titre sont applicables dans les conditions et sous les réserves contenues dans les articles 164, 165 et 166 de la loi du 5 avril 1884 : — 1o Aux communes de plein exercice de l'Algérie ; — 2o Aux colonies de la Réunion, de la Martinique et de la Guadeloupe.

CIRCULAIRE

CONCERNANT LA LOI DU 5 AVRIL 1884

ADRESSÉE LE 15 MAI 1884

AUX PRÉFETS PAR LE MINISTRE DE L'INTÉRIEUR

SOMMAIRE ALPHABÉTIQUE

Paris, 15 mai 1884.

Monsieur le Préfet,

Je vous ai transmis, le 10 avril 1884, le texte de la nouvelle loi municipale. Je l'ai accompagné d'instructions relatives aux élections des conseils municipaux, des maires et des adjoints. Je crois devoir aujourd'hui appeler votre attention d'une manière toute spéciale sur les dispositions de la loi du 5 avril 1884, ayant pour objet la création et la suppression des communes, les modifica- tions apportées à leurs circonscriptions territoriales, la formation et le fonctionnement des conseils municipaux, leurs attributions, celles des maires et adjoints, l'administration des communes, les biens et les droits indivis entre elles, la responsabilité civile qu'elles peuvent encourir.

La loi du 5 avril 1884, Monsieur le Préfet, reproduit, sans les modifier, de nombreuses dispositions de la législation antérieure. Le sens et la portée de celles de ces dispositions sur lesquelles des doutes pouvaient s'élever ont été déterminés par une longue pratique et par la jurisprudence soit de l'administration centrale, soit du Conseil d'État ou de la Cour de cassation. Il ne me paraît utile, par suite, d'entrer dans des explications ou éclaircissements qu'à l'égard des dispositions édictant de nouvelles règles, complétant ou modifiant les anciennes.

TITRE Ier

DES COMMUNES

Art. 1er.

Composition du corps municipal.

L'article 1er de la nouvelle loi reproduit l'article 1er, paragraphe 1er de la loi du 5 mai 1855, avec cette différence que, dans l'énumération des membres du corps municipal, il donne la première place au conseil municipal. Il ne faut voir dans ce changement qu'un hommage rendu aux représentants directs du suffrage universel, dont le maire lui-même tient ses pouvoirs (art. 76); le maire, en qualité de président du conseil municipal, marchera toujours en tête du conseil.

Art. 2 et 8.

Changement de nom des communes.

L'article 2 contient une innovation. La législation antérieure n'avait pas déterminé les règles de procédure à suivre pour les changements de dénomination des communes. Dans la pratique, il était statué sur ces changements par des décrets rendus dans la forme des règlements d'administration publique, après avis du conseil municipal, du conseil d'arrondissement et du conseil général. La loi nouvelle consacre cette jurisprudence ; mais elle supprime l'intervention obligatoire du conseil d'arrondissement et décide que, dans tous les cas, l'initiative du projet doit émaner du conseil municipal.

Il faut entendre par changement de nom non seulement la substitution d'un nom à un autre, mais aussi les additions de noms ou les simples rectifications d'orthographe.

Je vous rappelle que vous devrez considérer comme seule officielle l'orthographe que donnent les tableaux de la population des communes de France, publiés par le ministère de l'intérieur à la suite de chaque dénombrement quinquennal.

Les dossiers des projets de cette nature devront comprendre les pièces suivantes :

1° Demande du conseil municipal ;
2° Avis du sous-préfet ;
3° Avis du conseil général ;
4° Rapport détaillé du préfet.

Quant aux nouvelles dénominations qui résultent soit des transfèrements de chefs-lieux, soit des créations de communes ou d'autres changements aux circonscriptions territoriales, elles sont, pour la procédure et la compétence, soumises aux règles fixées pour les changements dont elles sont la conséquence (art. 8).

Art. 3 et 4.

Instruction des projets tendant soit au transfèrement des chefs-lieux de communes, soit aux changements dans la limite des communes.

Comblant une lacune de la législation antérieure, l'article 3 met sur la même ligne, au point de vue de l'introduction des demandes et de l'instruction préalable des projets, les transfèrements de chefs-lieux et les modifications à la limite des communes.

L'initiative de ces divers projets peut être prise par vous, Monsieur le Préfet, soit d'office, soit sur la demande de tout intéressé. Ce droit vous appartenait autrefois ; il vous est maintenu. Mais, tandis que précédemment vous aviez la faculté, si la demande ne vous paraissait pas suffisamment justifiée, de vous refuser à ouvrir l'instruction réglementaire (avis du Conseil d'État du 26 avril 1877), l'article 3 vous oblige, dorénavant, à faire cette instruction toutes les fois que la demande émane soit du conseil municipal d'une des communes intéressées, soit du tiers des électeurs inscrits dans la commune ou section intéressée.

L'instruction réglementaire comprend, comme autrefois, les formalités suivantes :

1° Enquête ;
2° Institution de commissions syndicales ;
3° Avis des conseils municipaux ;
4° Production de plans et de tableaux de renseignements statistiques ;
5° Avis du Conseil d'arrondissement ;
6° Avis du Conseil général.

1° Enquête.

La première formalité exigée est l'enquête de *commodo* et *incommodo*. La circulaire du 20 août 1825 a déterminé la forme dans laquelle il doit y être procédé ; je crois utile d'en rappeler les principales dispositions en tenant compte des modifications que la jurisprudence y a apportées.

Il appartient à vous seul de désigner le commissaire enquêteur, et vous ne pouvez déléguer ce droit au sous-préfet. Cette prohibition a été consacrée par un avis du comité de l'intérieur du Conseil d'État, du 17 mars 1840, dont la doctrine a été, depuis, constamment suivie par l'administration.

Votre choix devra porter sur une personne présentant les plus grandes garanties d'indépendance et d'impartialité. Je n'ai pas besoin de vous faire sentir l'inconvénient qui s'attache au choix du maire ou d'un habitant de la commune ou des communes intéressées ; je veux seulement vous rappeler que des instructions de la chancellerie ont recommandé aux juges de paix de refuser toute mission qui serait de nature à les distraire de leurs fonctions judiciaires ; vous devrez donc vous abstenir de désigner ces magistrats comme commissaires enquêteurs.

L'enquête devra être annoncée à l'avance, à son de tambour ou de trompe, et par voie d'affiches. Au jour désigné, le commissaire enquêteur se rendra à la maison commune pour y recevoir les déclarations des intéressés. L'enquête pourra durer plusieurs jours si l'importance de la population l'exige. Tous les habitants, hommes ou femmes, peuvent être admis à émettre leur vœu sur le projet ; les déclarations sont individuelles ; elles sont signées des déclarants et du commissaire enquêteur ; celui-ci certifie les dépositions orales des comparants qui ne savent pas signer. Le commissaire enquêteur joint au procès-verbal les dires qui lui sont remis par les intéressés, et il clôt l'enquête en rédigeant son avis sur le projet ; il transmet dans la huitaine ce procès-verbal et ses annexes à la sous-préfecture ou à la préfecture.

2° Nomination des commissions syndicales.

La seconde formalité prescrite par la loi est la nomination d'une commission syndicale appelée à donner son avis sur le projet.

La commission syndicale est destinée à représenter le ou les groupes d'habitants ayant des intérêts opposés à ceux que représente la majorité du conseil municipal.

L'arrêté préfectoral qui convoque les électeurs détermine le nombre de membres dont la commission doit se composer et qui varie, en général, de 3 à 5, mais qui peut être plus élevé, suivant les circonstances.

S'il existe plusieurs groupes d'habitants ayant un intérêt distinct dans le projet, il convient d'instituer plusieurs commissions syndicales.

Les règles à suivre pour les élections de ces commissions sont celles qui sont exposées dans le titre II de la loi pour les élections des conseils municipaux.

Les réclamations auxquelles peuvent donner lieu ces élections sont également jugées dans la même forme et par les mêmes autorités que les réclamations relatives à l'élection des conseillers municipaux ou des maires.

Les commissions syndicales, une fois nommées, élisent dans leur sein un président et, s'il y a lieu, un secrétaire.

Elles délibèrent sur le projet et donnent un avis motivé.

3° Avis du conseil municipal.

En même temps que les commissions syndicales, le conseil municipal ou les conseils municipaux intéressés doivent délibérer tant sur le projet en lui-même que sur ses conditions.

4° Plans et tableaux statistiques.

S'il n'a pas été fourni de plan à l'appui de la demande, et si vous n'avez pas jugé indispensable d'en réclamer avant l'enquête et les délibérations des commissions syndicales et des conseils municipaux, il y aura lieu, avant de pousser l'instruction plus loin, d'en exiger la confection. Ces plans, dressés d'après les documents cadastraux et complétés, au besoin, par les soins de MM. les agents voyers, au point de vue des voies de communication, doivent toujours porter votre visa et celui de M. le directeur des contributions directes, appelé à apprécier si les limites proposées sont conformes aux règles du cadastre et si elles seront facilement reportées sur le terrain. Dans la plupart des cas, une copie du plan d'assemblage suffira ; mais elle devra être complétée par des extraits du plan parcellaire si, sur certains points, la limite n'est déterminée que par la limite même des parcelles cadastrales.

Tous les plans produits doivent être sur toile.

Comme annexe du plan, vous ferez établir un tableau de renseignements statistiques conforme aux modèles joints à la présente circulaire.

5° et 6° Avis du conseil d'arrondissement et du conseil général.

Le dossier ainsi composé sera soumis, par vos soins, au conseil d'arrondissement et au conseil général.

Je vous rappelle que, non seulement vous devez veiller à ce que toutes les formalités ci-dessus énumérées soient exactement remplies, mais encore à ce qu'elles le soient dans l'ordre que la loi elle-même a fixé ; le Conseil d'Etat a souvent fait observer qu'il n'est pas permis à l'administration de changer cet ordre.

Les dossiers que vous aurez à me transmettre, lorsque la décision n'appartiendra pas au conseil général, devront donc comprendre, indépendamment des documents relatifs au règlement des conditions de la séparation ou de la réunion, et dont je parlerai plus loin, les pièces ci-après :

1° Pétition ou délibération du conseil municipal demandant la modification ;

2° Arrêté de nomination du commissaire enquêteur ;

3° Procès-verbal de l'enquête et avis du commissaire ;

4° Arrêté créant la commission ou les commissions syndicales ;

5° Procès-verbaux des opérations électorales relatives à la nomination de ces commissions ;

6° Délibération des conseils municipaux et des commissions syndicales ;

7° Plan, — en simple exemplaire, lorsqu'il s'agira d'un transfèrement de chef-lieu ; en triple expédition, lorsqu'il s'agira d'un projet de modification de limites sur lequel un décret doit statuer ; en quadruple expédition, lorsqu'une loi devra intervenir ;

8° Tableau de renseignements statistiques, — modèle A, lorsqu'il s'agira d'un transfèrement de chef-lieu ; modèle B, lorsqu'il s'agira de la création d'une commune nouvelle ou d'une réunion de communes ; modèle C, lorsqu'il s'agira d'un simple échange de territoire entre deux ou plusieurs communes ;

9° Budget et compte du dernier exercice de la commune ou des communes intéressées ;

10° Avis du sous-préfet ;

11° Avis du conseil d'arrondissement ;

12° Avis du conseil général ;

13° Rapport du directeur des contributions directes portant non seulement, ainsi que je l'ai dit plus haut, sur les limites proposées, examinées au point de vue du cadastre, mais encore sur les conséquences du projet en ce qui concerne l'assiette de l'impôt et les forces contributives des diverses communes intéressées ;

14° Avis de l'inspecteur d'académie en ce qui concerne le service de l'instruction primaire et les modifications que le projet peut amener dans l'organisation et les dépenses du service ;

15° Avis du préfet, sous forme d'exposé détaillé et complet et non sous forme d'arrêté.

Art 5 et 6.

*Autorités compétentes pour statuer sur le transfère-
ment des chefs-lieux de communes ou sur les changements dans la limite des communes.*

Les articles 5 et 6 de la loi nouvelle modifient,
en les simplifiant, les règles de compétence résultant des lois des 18 juillet 1837, 24 juillet
1867, 10 août 1871 et des avis du Conseil d'Etat
en date des 17 octobre 1872 et 18 février 1873.

A. — *Il est statué par une loi :*
1º Lorsqu'il s'agit de créer une commune nouvelle.

Les Chambres, préoccupées du nombre toujours croissant des demandes de séparation et des
inconvénients que présente le morcellement ex-
cessif de notre territoire, ont pensé que la création de nouvelles municipalités ne devait être
autorisée que sous le contrôle du pouvoir législatif ;
2º Lorsque le projet modifie les limites d'un
département, d'un arrondissement ou d'un canton.

B. — *Il est statué par le conseil général :*

Lorsqu'il s'agit soit d'un transfèrement de chef-
lieu, soit d'une suppression de commune, soit
d'un changement à la limite des communes déjà
existantes et sous la triple condition : 1º que le
projet ne touche pas aux limites des cantons;
2º qu'il y ait accord complet entre les conseils
municipaux et les commissions syndicales, tant
sur le projet en lui-même que sur les conditions
auxquelles il doit être réalisé ; 3º que le conseil
général approuve purement et simplement le
projet. Il ne peut, en effet, en modifier aucune
des conditions.

C. — *Il est statué par décret rendu en la forme
des règlements d'administration publique :*
Dans tous les autres cas.

Art. 7.

*Règlement des conditions de la réunion ou de la
séparation.*

L'article 7 concerne le règlement des conditions de réunion ou de séparation de communes
ou sections. Il reproduit les principales dispositions des articles 6 et 7 de la loi du 18 juillet 1837.
Aux termes des trois premiers paragraphes, la
commune réunie à une autre commune conserve
la propriété des biens qui lui appartenaient ; les
habitants de cette commune gardent la jouissance de ces mêmes biens, dont les fruits sont
perçus en nature. Il en est de même de la section réunie à une autre commune, pour les biens
qui appartenaient à cette commune.

Le législateur suppose que la propriété des
biens que la commune ou la section considère
comme lui appartenant au moment où elle est
réunie à une autre commune n'est pas contestée.
Les difficultés qui s'élèveraient à ce sujet seraient
de la compétence exclusive des tribunaux judiciaires.

Le paragraphe 4 de l'article 7 de la loi du
5 avril 1884 est emprunté au paragraphe 2 de
l'article 6 de la loi du 18 juillet 1837. Il le complète et le précise en décidant que les édifices et
autres immeubles servant à un usage public et

situés sur le territoire de la commune, ou de la
section de commune réunie à une autre commune, ou de la section érigée en commune séparée, deviennent la propriété de la commune à
laquelle est faite la réunion, ou de la nouvelle
commune.

Comme dans le cas où il s'agit de biens non
affectés à un usage public, il appartiendrait, en
principe, aux tribunaux judiciaires seuls de statuer sur la question de savoir si, au moment de la réunion,
la commune ou la section de commune réunie
était réellement propriétaire des édifices ou immeubles qui servaient à un usage public sur son
territoire.

D'après le paragraphe 5 de l'article 7 de la
loi du 5 avril 1884, les actes qui prononcent des
réunions ou des distractions de communes en
déterminent expressément toutes les autres conditions (1)

L'article 7 de la loi du 18 juillet 1837, tout en
édictant une disposition analogue à celle de la
nouvelle loi, en différait néanmoins sur un point
essentiel. Sous l'empire de l'ancienne législation,
lorsque la réunion ou la distraction était prononcée par une loi, la fixation des conditions
pouvait être renvoyée à un décret ultérieur.
Aujourd'hui, toute décision relative à des réunions ou des séparations de communes ou sections doit statuer en même temps sur les conditions autres que celles déterminées aux paragraphes 1, 2, 3 et 4 de l'article 7.

Vous devrez donc faire instruire simultanément les projets de modifications aux circonscriptions territoriales des communes et les conditions auxquelles ces modifications doivent être
opérées.

Vous provoquerez à ce sujet les délibérations
des conseils municipaux et commissions syndicales intéressées. Les principales questions à
résoudre sont celles relatives aux biens indivis,
au partage des dettes et à leur acquittement,
ainsi qu'aux compensations à accorder, dans
quelques circonstances extraordinaires, en raison
de l'abandon forcé des immeubles servant à un
usage public.

La circulaire d'un de mes prédécesseurs, en
date du 29 janvier 1848, insérée au *Bulletin
officiel du ministère de l'intérieur* de la même
année, trace la marche à suivre en pareil cas et
les bases sur lesquelles peuvent ou doivent être
réglées les diverses opérations de partage ; je
vous invite à vous y référer.

Lorsqu'il devra être statué par un décret ou
par une loi, vous aurez à transmettre vos propositions en y joignant : 1º les délibérations des
conseils municipaux et commissions syndicales ;
2º des documents établissant la contenance et
l'évaluation des biens indivis immobiliers, si le
partage en est demandé ; 3º un certificat du receveur municipal faisant connaître la nature, la
provenance et la quotité des biens actifs mobiliers
à partager. Vous indiquerez d'une manière précise la part à attribuer à chacune des communes
et sections intéressées dans ces différents biens
indivis, en suivant les règles énoncées dans la
circulaire du 29 janvier 1848.

(1) Cette disposition s'applique aussi bien au cas où la décision appartient au conseil général qu'au cas où il doit être
statué par une loi ou un décret.

Quant aux dettes, il y aura lieu d'en faire connaître les causes en même temps que le montant, la part afférente à chacune des communes ou sections, ainsi que le mode de paiement à employer. Enfin, vous aurez à indiquer le chiffre des indemnités à accorder, s'il y a lieu, par l'une des parties à l'autre pour la privation des édifices servant à un usage public.

Le paragraphe 6 de l'article 7 de la nouvelle loi municipale porte qu'en cas de division la commune ou section de commune réunie à une autre commune ou érigée en commune distincte reprend la pleine propriété de tous les biens qu'elle avait apportés.

Ce paragraphe est le complément des quatre premiers.

Quoique les biens des indigents, administrés soit par un bureau de bienfaisance, soit, à défaut d'établissement spécial, par la municipalité, ne constituent pas, à proprement parler, des biens communaux et que, par suite, l'article 7 de la loi du 5 avril ne leur soit pas directement applicable, il y a lieu de maintenir la jurisprudence antérieure d'après laquelle on étendait, par analogie et à défaut de dispositions spéciales, aux biens des pauvres les règles posées par la loi du 18 juillet 1837 pour les partages résultant des modifications apportées dans la circonscription des communes.

Il conviendra donc de faire instruire, en même temps que les projets de modifications territoriales, les conditions concernant le patrimoine charitable. Les commissions administratives des bureaux de bienfaisance, quand il en existera, seront appelées à délibérer et, dans ce cas, les conseils municipaux n'auront qu'un avis à émettre. Dans l'hypothèse contraire, il appartiendra aux conseils municipaux et aux commissions syndicales de délibérer sur cette question comme sur les autres.

Lorsqu'il s'agira d'ériger une section en commune distincte et que le chiffre de sa population, ainsi que l'importance de la part qui reviendra à ses pauvres dans la dotation charitable, permettra la création d'un bureau de bienfaisance, vous devrez en proposer la constitution.

Je vous rappelle qu'en principe les biens des pauvres doivent être partagés au prorata de la population des circonscriptions intéressées, conformément à la règle posée par la loi du 10 juin 1793.

Art. 9.

Dissolution des conseils municipaux en cas de réunion ou de fractionnement de communes.

D'après l'article 8 de la loi du 18 juillet 1837, en cas de réunion ou de fractionnement de communes, les conseils municipaux devaient être dissous.

On avait interprété cette disposition en ce sens qu'un décret de dissolution devait intervenir pour être suivi de la convocation des électeurs.

D'après le texte de la nouvelle loi, le décret de dissolution n'est plus nécessaire. Les conseils municipaux sont dissous de plein droit. Ils ne pourront donc plus fonctionner après la réunion ou le fractionnement de la commune. Mais, pour éviter que l'interrègne municipal se prolonge,

vous devrez, Monsieur le Préfet, convoquer immédiatement les électeurs.

TITRE II

DES CONSEILS MUNICIPAUX

CHAPITRE Iᵉʳ

FORMATION DES CONSEILS MUNICIPAUX

Ma circulaire du 10 avril dernier a déjà porté à votre connaissance les instructions qu'il m'a paru utile de vous adresser avant le renouvellement des assemblées municipales.

Je n'ai donc que peu d'indications à vous donner aujourd'hui en ce qui concerne la formation des conseils municipaux, car je crois devoir réserver pour une circulaire spéciale, que vous recevrez à la fin de l'année, tout ce qui touche à la revision des listes électorales.

Je ne m'occuperai ici que des points suivants :

1° Établissement des sections électorales;
2° Démissions d'office;
3° Durée des pouvoirs des conseils municipaux; — cas dans lesquels ils doivent être complétés;
4° Suspension et dissolution des conseils municipaux.

Art. 11 et 12.

Sections électorales.

La loi du 5 avril 1884, de même que la législation antérieure, pose en principe que l'élection des membres du conseil municipal a lieu au scrutin de liste. Mais elle maintient aux conseils généraux la faculté d'établir des sections dans certaines communes.

Aux termes de l'article 11, le sectionnement ne peut plus avoir lieu que dans deux cas. Il faut :

1° Ou que la commune se compose de plusieurs agglomérations distinctes et séparées;
2° Ou que la population agglomérée soit supérieure à 10,000 habitants (1).

Dans le premier cas, aucune section ne peut avoir moins de deux conseillers à élire, ce qui est conforme à la règle posée par la loi du 14 avril 1871; dans le second cas, chaque section élit au moins quatre conseillers.

Mais vous remarquerez, Monsieur le Préfet, que la base de la répartition proportionnelle des conseillers entre les sections n'est plus, comme autrefois, la population, mais le nombre des électeurs inscrits.

Si la ville comprend plusieurs cantons, aucune section ne peut être formée de fractions de terri-

---

(1) Le nombre des habitants se détermine d'après le chiffre de la population municipale totale constatée par le dernier recensement officiel, c'est-à-dire actuellement par le dénombrement auquel il a été procédé en exécution du décret du 3 novembre 1881, et dont les résultats ont été déclarés authentiques par le décret du 7 août 1882.

toire appartenant à des cantons différents. Cette disposition maintient la règle tracée par la loi du 7 juillet 1874.

Dans les villes divisées en arrondissements municipaux, c'est-à-dire à Lyon (la loi du 5 avril ne s'appliquant pas à Paris), les sections ne peuvent non plus comprendre des fractions appartenant à des arrondissements différents. Il en est de même des fractions de territoire possédant des biens propres : elles ne peuvent être divisées en plusieurs sections électorales.

Enfin, dans tous les cas où le sectionnement est autorisé, chaque section doit être composée de territoires contigus.

Il pourrait se faire qu'une commune ayant une population agglomérée de plus de 10,000 habitants et possédant en même temps des dépendances rurales ou des faubourgs formant des agglomérations distinctes soit sectionnée par application des deux règles posées dans l'article 11.

Dans ce cas, elle pourra être divisée en sections nommant seulement deux conseillers et en sections en ayant quatre au plus à élire.

Qui fait le sectionnement ?

Le sectionnement est fait par le conseil général, sur l'initiative soit d'un de ses membres, soit du préfet, du conseil municipal ou d'électeurs de la commune intéressée.

D'après la législation antérieure, le sectionnement devait être demandé par le préfet, par un membre du conseil général ou par le conseil municipal intéressé (loi du 14 avril 1871, art. 3). La loi nouvelle étend donc aux simples électeurs de la commune le droit de réclamer le sectionnement.

Il n'existait autrefois aucune règle pour l'introduction et l'instruction des demandes. Je crois devoir appeler votre attention sur les innovations qu'apporte à cet égard la loi du 5 avril.

Désormais, aucune décision en matière de sectionnement ne pourra être prise qu'après avoir été demandée avant la session d'avril ou au cours de cette session au plus tard.

Vous déposerez donc sur le bureau du conseil général, à sa session d'avril, toutes les demandes qui vous seraient parvenues soit avant l'ouverture de la session, soit au cours de cette session, et vous ferez mentionner ce dépôt au procès-verbal.

Dans l'intervalle de la session d'avril à la session d'août, une enquête devra être ouverte dans la commune intéressée.

Le procès-verbal de cette enquête sera, avec la demande, soumis au conseil municipal, qui en délibérera.

Vous verrez plus loin qu'un plan du sectionnement adopté devra être joint à la délibération du conseil général. Il serait à désirer, bien que la loi ne l'exige pas, que ce plan fût dressé avant l'enquête et placé sous les yeux du conseil municipal. Il devra, en tout cas, être joint au dossier déposé sur le bureau du conseil général à la session d'août.

Toutes les demandes instruites comme il vient d'être expliqué ci-dessus seront soumises, par vos soins, à l'assemblée départementale dans cette session.

Le conseil général statuera sur chacune d'elles.

Le tableau des sections ainsi arrêté pour toutes les élections intégrales à faire dans l'année, c'est-à-dire qu'il devra être suivi, si pour une cause quelconque (démission collective, dissolution, annulation de l'ensemble des élections) il y a lieu de procéder au renouvellement complet du conseil municipal. (Pour les élections partielles, voir plus loin, article 16.)

La composition et la limite des sections devront être nettement indiquées tant dans la délibération du conseil général que sur le plan qui restera annexé à la délibération avec le visa du bureau du conseil.

Sous l'empire de l'ancienne législation, qui prescrivait la confection d'un tableau annuel (loi du 14 avril 1871, art. 3, § 3) pour servir à toutes les élections municipales à faire dans l'année, on s'était demandé si la valeur du tableau était périmée à la fin de l'année, lorsque le conseil général avait omis de le reviser.

Une disposition spéciale de la nouvelle loi a tranché la difficulté en décidant que les sectionnements, une fois opérés, subsistent jusqu'à une nouvelle décision.

Mais cette disposition ne s'applique qu'au tableau des sectionnements que les conseils généraux dresseront à partir du mois d'août prochain, conformément à la loi nouvelle.

Ainsi que vous l'a fait connaître ma circulaire télégraphique du 23 avril, les communes qui ne figureraient pas dans le tableau dressé en août 1884 devront, en cas de renouvellement intégral du conseil municipal, procéder aux élections par scrutin de liste, alors même qu'elles auraient été précédemment sectionnées. La disposition transitoire qui figure à l'article final de la loi du 5 avril n'a prorogé l'effet des sectionnements antérieurs que jusqu'à ce qu'ils aient pu être revisés.

Vous remarquerez, Monsieur le Préfet, que le paragraphe 4 de l'article 12 vous charge de déterminer, d'après le chiffre des électeurs inscrits dans chaque section, le nombre des conseillers à élire. C'est là une opération purement mathématique que le législateur vous a réservée avec raison, pour éviter les erreurs de calcul que pourraient commettre les assemblées départementales, faute de renseignements suffisants, et pour permettre de tenir compte des modifications qui surviendraient dans l'intervalle d'une session d'août à l'autre, par suite de la revision des listes électorales.

Le conseil général n'aura donc plus à indiquer dans sa délibération le nombre des conseillers attribués à chaque section; mais, comme il doit délimiter les sections de manière à ce qu'elles aient droit, suivant les cas, à 2 ou 4 conseillers au moins, vous aurez soin de joindre au dossier de chaque affaire un état indiquant le nombre des électeurs inscrits dans chaque groupe d'habitations.

Le sectionnement adopté par le conseil général sera notifié aux maires des communes intéressées au plus tard avant la convocation des électeurs. Il sera publié par les soins du maire, qui recevra, avec l'ampliation de la délibération, une copie certifiée du plan y annexé. L'affiche apposée dans la commune avertira les habitants du dépôt du plan au secrétariat de la mairie, où tout électeur pourra en prendre communication et copie.

Voies de recours contre les sectionnements.

Rien n'est changé à la législation antérieure en ce qui concerne les voies de recours contre les opérations du sectionnement. Les Chambres ont rejeté tous les amendements tendant à accorder un recours direct soit aux membres du conseil général, soit aux conseillers municipaux, soit aux électeurs de la commune sectionnée.

Vous conservez seul, Monsieur le Préfet, le droit de former, en vertu de la loi du 10 août 1871, un recours au conseil d'Etat contre les délibérations du conseil général prononçant des sectionnements irréguliers; j'appelle tout spécialement votre attention sur les devoirs qui découlent pour vous de cette attribution exclusive que vous confère la loi du 5 avril.

Les particuliers ne pourront réclamer que sous forme de protestation contre les opérations électorales.

Art. 16.

Elections partielles dans les communes sectionnées.

La disposition de l'article 12 portant que le tableau des sections sert pour les opérations intégrales à faire dans l'année est complétée par l'article 16, ainsi conçu :

« Lorsqu'il y a lieu de remplacer des conseillers municipaux élus par des sections, conformément à l'article 11 de la présente loi, ces remplacements seront faits par les sections auxquelles appartiennent ces conseillers. »

Il résulte de la combinaison des deux articles que, si, au cours de la durée du mandat d'un conseil municipal, des sections viennent à être établies, modifiées ou supprimées dans la commune, la décision du conseil général n'aura pas d'effet immédiat. Elle ne sera appliquée qu'en cas de renouvellement intégral. Jusque-là, les vacances qui viendraient à se produire dans le conseil municipal seront comblées par des élections faites de la même manière que les premières, afin qu'il n'y ait point dans le même conseil de membres élus par des collèges différents.

Art. 36.

Démissions d'office.

Ma circulaire du 10 avril relative aux élections des conseils municipaux et des maires et adjoints vous a fait connaître les cas d'indignité, d'incapacité et d'incompatibilité résultant de la loi du 5 avril 1884. Ces causes d'exclusion, lorsqu'elles sont antérieures à l'élection, ne peuvent être appréciées que par le conseil de préfecture.

Mais vous conservez le droit, que vous accordait la législation antérieure, de déclarer d'office démissionnaires les conseillers qui, par une cause postérieure à l'élection, se trouvent dans un des cas d'exclusion prévus par la loi.

Le conseiller déclaré démissionnaire peut déférer au conseil de préfecture l'arrêté qui le frappe. La loi de 1855 ne fixait aucun délai pour la présentation de ce recours; aujourd'hui,

d'après l'article 36 de la loi du 5 avril 1884, la décision préfectorale doit être notifiée à l'intéressé, qui a un délai de dix jours, à partir de cette notification, pour saisir le conseil de préfecture.

La décision du conseil de préfecture peut, à son tour, être déférée en appel au conseil d'Etat, soit par le préfet, soit par l'intéressé, dans les formes et délais tracés par l'article 40.

L'article 60 prévoit un autre cas dans lequel un conseiller municipal peut être déclaré d'office démissionnaire : l'absence à trois convocations successives; j'en parlerai plus loin.

Art. 41 et 42.

Durée des pouvoirs des conseils municipaux — Cas dans lesquels ils doivent être complétés.

La loi du 14 avril 1871 portait que les pouvoirs des assemblées communales ne pourraient excéder trois ans. L'article 41 de la loi nouvelle dispose qu'ils sont élus pour quatre ans.

Tous les conseils municipaux seront renouvelés à une date fixe, le premier dimanche de mai.

Les conseils nommés dans l'intervalle d'un renouvellement à l'autre ne seront donc élus que pour la période restant à courir.

Dans quels cas et dans quels délais l'administration est-elle tenue de pourvoir aux vacances qui viennent à se produire pendant la période quaternale?

1º Ma circulaire du 10 avril 1884 vous a déjà fait connaître que, si l'annulation de tout ou partie des élections est devenue définitive, l'assemblée des électeurs doit être convoquée dans le délai de deux mois (art. 40).

2º Lorsque, pour toute autre cause que l'annulation des élections, le conseil municipal se trouve réduit aux trois quarts de ses membres, il est, dans le délai de deux mois à dater de la dernière vacance, procédé à des élections complémentaires (art. 42).

La loi du 14 avril 1871 n'obligeait à procéder à des élections complémentaires que si le nombre des vacances excédait le quart des membres du conseil.

Désormais, vous devrez convoquer les électeurs si le conseil municipal est réduit aux trois quarts de ses membres.

Toutefois, afin d'éviter la multiplicité des opérations électorales, des élections complémentaires ne seront obligatoires, dans les six mois qui précéderont le renouvellement intégral, que si le conseil municipal a perdu la moitié de ses membres au lieu du quart (art. 42).

Il est bien entendu, du reste, que l'autorité conserve toujours le droit de faire compléter le conseil municipal, alors même que le nombre des vacances est inférieur au quart.

3º Dans les communes divisées en sections, il y a toujours lieu de faire des élections partielles quand la section a perdu la moitié de ses conseillers (art. 42).

4º Enfin, le conseil municipal doit être complété, quel que soit le nombre des vacances, lorsqu'il y a lieu de remplacer le maire ou l'adjoint (art. 77).

La convocation doit être faite dans la quinzaine qui suit la vacance du poste de maire ou d'adjoint (art. 79).

Je reviendrai plus loin sur ce point.

Art. 43.

Suspension et dissolution des conseils municipaux.

L'article 13 de la loi du 5 mai 1885 vous accordait le droit de suspendre pour deux mois les conseils municipaux. La durée de la suspension pouvait être prolongée jusqu'à une année par le ministre.

La nouvelle loi (art. 43) a restreint ce pouvoir dans des limites étroites. La durée de la suspension ne sera plus que d'un mois; la suspension devra être justifiée par un cas d'urgence et sera prononcée par un arrêté motivé.

Dans l'esprit du législateur la suspension doit être aujourd'hui considérée moins comme une mesure répressive que comme une mesure conservatoire destinée à parer à des nécessités urgentes et à vous laisser le temps de provoquer la dissolution du conseil.

Mais, comme votre décision peut engager jusqu'à un certain point la liberté d'action du gouvernement, je désire que vous ne publiiez votre arrêté de suspension qu'après m'en avoir communiqué le texte.

Vous ne perdrez pas, d'ailleurs, de vue que la dissolution d'un conseil municipal ne peut plus être prononcée que par décret rendu en conseil des ministres et publié au *Journal officiel*, et qu'aux termes de l'article 45 il doit être procédé à la réélection du conseil municipal dissous dans le délai de deux mois à dater de la dissolution.

Art. 44 et 45.

Délégation spéciale remplaçant le conseil municipal en cas de dissolution ou d'absence du conseil.

En cas de suspension ou de dissolution d'un conseil municipal, l'ancienne législation autorisait le gouvernement à nommer une commission municipale dont les membres ne pouvaient être en nombre inférieur à la moitié de l'effectif du conseil. Cette commission pouvait, en cas de dissolution, rester en fonctions jusqu'au renouvellement intégral, et possédait exactement les mêmes attributions que l'assemblée municipale élue.

La commission municipale est remplacée, en cas de dissolution, par une délégation nommée par décret du Président de la République.

Le nombre des membres qui composent cette délégation est fixée à trois dans les communes où la population ne dépasse pas 35,000 habitants et peut être porté jusqu'à sept dans les villes d'une population supérieure.

Le décret qui l'institue en nomme le président et, au besoin, le vice-président, qui remplissent les fonctions de maire (art. 84 et 87).

Le décret instituant la délégation doit être rendu dans les huit jours qui suivent la dissolution.

Vous devrez donc, avant de m'adresser vos propositions de dissolution, vous préoccuper du choix des délégués et m'en adresser la liste en même temps que votre rapport tendant à la dissolution.

En cas de suspension, le conseil municipal n'est pas suppléé.

Les pouvoirs de la délégation qui remplace le conseil municipal dissous sont limités aux actes de pure administration conservatoires et urgents. Elle ne peut engager les finances municipales au delà des ressources disponibles de l'exercice courant. Elle ne peut ni préparer le budget communal, ni recevoir les comptes du maire ou du receveur, ni modifier le personnel ou le régime de l'enseignement public.

Mais le président ou le vice-président, qui fait fonction de maire, a, notamment en ce qui concerne la présidence des bureaux de vote, les mêmes droits que les maires et adjoints élus. Il pourra aussi nommer et révoquer les employés communaux. Toutefois, en raison de la durée fort courte de ses pouvoirs, il ne devra user de son droit qu'avec une grande réserve.

Vous remarquerez, Monsieur le Préfet, que l'article 44 de la loi autorise la nomination d'une délégation non seulement en cas de dissolution d'un conseil municipal, mais encore en cas de démission de tous ses membres et lorsqu'un conseil ne peut être institué. Si donc, comme cela s'est présenté quelquefois, les électeurs d'une commune refusaient d'élire une assemblée municipale, il pourra désormais, grâce à l'institution des délégués, être pourvu à l'expédition des affaires courantes.

Les pouvoirs de la délégation n'auront, en général, qu'une très courte durée, puisqu'aux termes de l'article 45, paragraphe 1, l'administration est tenue de faire procéder à de nouvelles élections dans le délai de deux mois.

Toutefois, si les électeurs ne se rendent pas à la convocation, la délégation continuera de fonctionner jusqu'à ce qu'il soit possible de constituer le nouveau conseil (art. 45, § 2).

CHAPITRE II

FONCTIONNEMENT DES CONSEILS MUNICIPAUX

Les principales innovations que consacre ce chapitre ont trait : 1° à la publicité des séances; 2° au droit accordé au maire de convoquer le conseil municipal chaque fois que l'intérêt de la commune l'exige; 3° à la faculté légalement reconnue aux conseils de former dans leur sein des commissions pour l'étude des questions sur lesquelles ils ont à délibérer.

Je parlerai d'abord de la publicité des séances.

Art. 54.

Publicité des séances des conseils municipaux.

Le Parlement ne s'est pas décidé sans quelque hésitation à proclamer le principe de la publicité des séances; mais il s'y est rallié par un sentiment de confiance dans la sagesse des populations. J'estime, en effet, qu'il est avantageux de leur permettre d'assister aux délibérations des assemblées municipales et de s'initier ainsi à la gestion des affaires publiques, en voyant traiter celles qui les touchent de plus près.

Mais il importe, au plus haut point, d'éviter tous désordres, et le maire, qui a la police de l'assemblée, est suffisamment armé pour les réprimer. La loi lui confère le droit de faire expulser de l'auditoire et même arrêter tout individu dont la présence serait une cause de trouble, et de dresser procès-verbal en cas de crime ou de délit (art. 55).

Afin d'assurer le bon ordre et la liberté des délibérations, vous recommanderez aux maires de prendre, dans la mesure que comporteront les installations et les ressources locales, les dispositions nécessaires pour que la partie de la salle des séances destinée au public soit séparée de l'enceinte réservée au conseil.

Je crois, d'ailleurs, devoir vous faire remarquer que le principe de la publicité des séances ne confère pas à tout individu le droit de pénétrer dans la salle du conseil. Comme pour les autres assemblées délibérantes dont les séances sont publiques (Sénat, Chambre des députés, conseils généraux), ce droit est subordonné à la place qui peut être affectée au public.

Dans les communes où la salle des séances a des dimensions restreintes, on n'admettra que le nombre de personnes qui pourront se placer sans amener d'encombrement.

Mais je compte sur le bon esprit qui anime les conseils municipaux pour que le principe nouveau inscrit dans la loi du 5 avril soit, malgré les restrictions qu'on sera peut-être obligé d'y apporter dans quelques communes, sincèrement et libéralement appliqué partout où il n'existera pas d'obstacles matériels insurmontables.

Les conseils municipaux ne recourront pas sans nécessité à la faculté que la loi leur reconnaît d'écarter le public, en se constituant en comité secret.

Certaines questions ne peuvent évidemment, sans danger pour les intérêts communaux, être discutées en public, si, par exemple, le conseil délibère sur des projets de concession, sur un procès à intenter, et plus généralement sur des questions où l'intérêt privé se trouve en opposition avec l'intérêt communal. La discussion des titres des candidats, s'il s'agit d'une désignation à faire par le conseil, et plus généralement les questions personnelles, demandent également à être traitées à huis clos. Il pourra être également nécessaire d'ajourner l'admission du public jusqu'à ce que les appropriations matérielles de la salle des séances aient été terminées.

Mais ce sont là des cas exceptionnels, et le conseil municipal irait contre les intentions du législateur s'il écartait le public, d'une manière générale et permanente, en décrétant à chaque séance le comité secret.

Le comité secret, lorsqu'il est demandé soit par le maire, soit par trois membres au moins du conseil, doit être mis aux voix sans aucune discussion. « L'assemblée, dit la loi, se prononce par assis et levé, sans débats. »

Mais le procès-verbal des délibérations prises en comité secret doit, comme les procès-verbaux des autres séances, être transcrit sur le registre et communiqué au public dans les formes tracées par les articles 57 et 58 de la loi.

SESSIONS

Art. 46.

Sessions ordinaires.

La nouvelle loi maintient les quatre sessions ordinaires des conseils municipaux et la règle d'après laquelle le conseil municipal peut s'occuper, pendant les sessions ordinaires, de toutes les matières qui rentrent dans ses attributions.

Mais elle a modifié la durée des sessions et l'époque de leur ouverture. Les trois sessions de février, août et novembre durent quinze jours ; celle de mai, appelée session budgétaire, six semaines, au lieu de l'ancienne durée uniforme de dix jours. De plus, aucune date n'est fixée pour l'ouverture des sessions qui peuvent avoir lieu à une époque quelconque du mois.

Vous continuerez, Monsieur le Préfet, à fixer une date générale pour l'ouverture des sessions ordinaires. Cette faculté ne vous est pas enlevée par la loi nouvelle et elle présente des avantages incontestables, notamment dans le cas très fréquent où l'administration préfectorale a des communications à faire à tous les conseils du département.

La durée des sessions ordinaires peut être prolongée au delà de quinze jours ou six semaines, en vertu d'une autorisation du sous-préfet.

Art. 47.

Sessions extraordinaires.

D'après la loi de 1855, toute réunion extraordinaire du conseil municipal devait être autorisée.

Le préfet et le sous-préfet conservent, d'après la législation nouvelle, le droit de prescrire les convocations extraordinaires. Mais — j'appelle votre attention sur cette grave innovation — le maire peut également réunir le conseil municipal chaque fois qu'il le juge utile. Il est tenu de le convoquer quand une demande motivée lui est faite par la majorité des membres du conseil municipal en exercice. Dans l'un ou l'autre cas, en même temps qu'il convoque le conseil, il donne avis au préfet ou au sous-préfet de cette réunion et des motifs qui la rendent nécessaire.

La convocation contient alors l'indication des objets spéciaux et déterminés pour lesquels le conseil doit s'assembler, et le conseil ne peut s'occuper que de ces objets (art. 47).

La loi du 5 avril ne fixant pas la durée des sessions extraordinaires, on doit en conclure que cette durée n'est limitée que par l'épuisement de l'ordre du jour spécial et déterminé qui doit être porté à la connaissance du préfet et des conseillers.

Art. 48.

Délai et forme des convocations.

La loi nouvelle ne fait plus de distinction entre les sessions ordinaires et les sessions extraordinaires pour le délai qui doit s'écouler entre la convocation et la réunion du conseil municipal. Ce délai est de trois jours francs dans tous les cas.

3

Le préfet et le sous-préfet conservent le droit d'abréger ce délai, en cas d'urgence.

Le délai de trois jours étant un délai franc, ni le jour de la convocation, ni celui de la réunion n'y sont compris.

Toutes les convocations sont faites par le maire. Elles sont mentionnées au registre des délibérations, affichées à la porte de la mairie et adressées par écrit et à domicile à tous les conseillers en exercice (art. 48).

La mention au registre et l'affichage à la porte de la mairie sont deux innovations qui ont pour but d'augmenter la publicité de la convocation.

Art. 49.

Rang des conseillers municipaux.

Les conseillers municipaux prennent rang entre eux dans l'ordre du tableau. Cet ordre est déterminé, même quand il y a des sections électorales :

1º Par la date la plus ancienne des nominations ;

2º Entre conseillers élus le même jour, par le plus grand nombre de suffrages ;

3º À égalité de voix, par la priorité d'âge.

Je vous rappelle qu'une copie du tableau du conseil municipal doit être, d'une manière permanente, déposée dans les bureaux de la mairie, de la sous-préfecture et de la préfecture, où chacun peut en prendre communication ou copie.

Ma circulaire du 10 avril dernier vous a invité à faire dresser ces tableaux aussitôt après les élections des 4 et 11 mai et à donner des instructions aux maires pour qu'ils soient constamment tenus à jour.

Si ces recommandations n'avaient pas encore été suivies dans quelques communes de votre département, vous devriez faire en sorte qu'il soit immédiatement satisfait aux prescriptions impératives de la loi.

Art. 50.

Nombre de conseillers dont la présence est nécessaire pour délibérer.

Le conseil municipal ne peut valablement délibérer que lorsque la majorité des membres en exercice assiste à la séance.

Quand, après deux convocations successives à trois jours d'intervalle et dûment constatées, le conseil municipal ne s'est pas réuni en nombre suffisant, la délibération prise après la troisième convocation est valable, quel que soit le nombre des membres présents (art. 50).

Je n'ai pas d'indications particulières à vous donner sur cet article, qui ne fait que reproduire les dispositions des lois anciennes. Je me borne à vous faire remarquer que le délai de trois jours entre les convocations successives est un délai franc comme celui dont parle l'article 48. Mais, à la différence de celui-ci, le délai dont il est question à l'article 50 ne peut être abrogé par le préfet ou le sous-préfet.

Art. 52.

Président.

Le maire ou, à défaut, celui qui le remplace,

c'est-à-dire les adjoints dans l'ordre des nominations et les conseillers municipaux dans l'ordre du tableau, préside le conseil municipal.

Il n'est fait à cette règle que deux exceptions :

1º Quand il s'agit d'élire le maire ou les adjoints, la présidence est dévolue au plus âgé des conseillers municipaux (art. 77);

2º Dans les séances où les comptes d'administration du maire sont débattus, le conseil municipal élit son président. — Dans ce cas, le maire peut, même quand il ne serait plus en fonctions, assister à la discussion; mais il doit se retirer au moment du vote. Le président adresse directement la délibération au sous-préfet (art. 52).

Art. 53.

Secrétaire.

Au début de chaque session et pour sa durée, le conseil municipal nomme un ou plusieurs de ses membres pour remplir les fonctions de secrétaire.

Il peut leur adjoindre des auxiliaires pris hors de son sein, qui assistent aux séances, mais sans participer aux délibérations (art. 53).

Cette disposition consacre un usage assez généralement suivi dans la pratique antérieure, mais dont la régularité était contestée; l'adjonction au secrétaire d'auxiliaires pris en dehors du conseil est donc aujourd'hui légale. Mais si ces auxiliaires peuvent assister aux délibérations, ils n'ont pas le droit d'y participer; leur rôle se borne à tenir la plume, sous la surveillance et l'autorité du ou des secrétaires élus.

Art. 51.

Majorité. — Modes de scrutin.

Les délibérations sont prises à la majorité absolue des votants.

Le scrutin peut avoir lieu : 1º par assis et levé; 2º au scrutin public; 3º au scrutin secret.

Le premier mode est le plus ordinaire. Mais, si un quart des membres présents le demande, le vote a lieu au scrutin public et les noms des votants sont insérés au procès-verbal avec la mention de leur vote.

Voix prépondérante du président.

En cas de partage, la voix du président est prépondérante, soit que le vote ait lieu par assis et levé, soit qu'il soit procédé au scrutin public.

Le bénéfice de la voix prépondérante appartient au président, que ce soit le maire, l'adjoint ou même un conseiller municipal qui occupe le fauteuil.

La voix du président était autrefois prépondérante dans tous les modes de votation. La loi nouvelle fait une exception quand le scrutin est secret.

Scrutin secret.

Le scrutin secret est obligatoire dans deux cas :

1º Lorsqu'il s'agit de procéder à une nomination ou présentation. — Dans ce cas, après deux tours de scrutin, si aucun des candidats n'a obtenu la majorité absolue, il est procédé à un troisième tour de scrutin, et l'élection a lieu à la majorité relative ; à égalité de voix, l'élection est acquise au plus âgé. Je me suis déjà expliqué sur ce point dans les instructions que je vous ai adressées le 10 avril au sujet de l'élection des maires et adjoints ;

2° Toutes les fois que le tiers des membres demande le scrutin secret, même quand cette demande se trouve en concurrence avec une demande de scrutin public.

Art. 57.

Procès-verbal.

Les délibérations sont inscrites par ordre de date sur un registre coté et parafé par le préfet et le sous-préfet.

Elles sont signées par tous les membres présents à la séance, ou mention est faite de la cause qui les a empêchés de signer.

Cette disposition est la reproduction de la loi de 1855.

Je crois devoir vous rappeler qu'en principe les procès-verbaux de chaque séance doivent être, pendant le cours d'une session, arrêtés au commencement de la séance suivante ; à la fin de la session, le procès-verbal de la dernière séance est arrêté sur-le-champ ou dans une dernière réunion tenue spécialement à cet effet.

Si l'ordre du jour était trop chargé pour qu'il fût matériellement possible de rédiger immédiatement le procès-verbal de la dernière séance, le plus long délai accordé par la loi serait celui de huitaine, puisqu'aux termes de l'article 62, toute délibération doit être, dans ce délai, adressée au sous-préfet.

En aucun cas, on ne peut considérer comme régulier l'usage suivi dans un trop grand nombre de communes et qui consiste à faire signer les conseillers individuellement et à domicile.

Art. 56.

Affichage du compte rendu.

Indépendamment du procès-verbal, il doit être rédigé un compte rendu sommaire de chaque séance du conseil municipal qui est affiché, dans la huitaine, à la porte de la mairie.

L'affichage n'était autrefois prescrit que pour les délibérations par lesquelles les conseils municipaux désignent leurs délégués aux élections sénatoriales (loi du 2 août 1875, art. 5).

Cette mesure exceptionnelle devient aujourd'hui la règle.

La loi n'exige l'affichage que d'un compte rendu sommaire (par extrait, dit l'article 52). Mais si, pour éviter un nouveau travail de rédaction, on préférait, dans certaines circonstances, afficher la copie même du procès-verbal, il n'y aurait pas lieu de s'y opposer.

La loi ne dit pas par qui sera fait le compte rendu. Il appartient donc au maire, chargé de la publication, de le faire rédiger. En tous cas, l'affichage ne pourra avoir lieu qu'avec son visa.

Le délai accordé par l'article 66 pour provoquer l'annulation des délibérations courant à partir de l'affichage, le maire devra constater cette date par un procès-verbal ou la mentionner au registre de la mairie.

Art. 58.

Communication des procès-verbaux et des autres actes de la mairie.

D'après l'ancienne législation, les habitants et les contribuables de la commune ne pouvaient demander communication et prendre copie que des délibérations du conseil municipal. La loi du 5 avril étend cette faculté aux budgets et comptes de la commune et aux arrêtés municipaux.

Mais, aux termes de la loi du 7 messidor an II (art. 37), la communication des pièces renfermées dans les dépôts publics doit avoir lieu avec « les précautions convenables de surveillance. » Ces précautions pourront résulter de la présence d'un employé de la mairie et de la fixation des moments pendant lesquels le public sera admis, de manière à ne pas nuire au service.

Dans les communes où les bureaux de la mairie ne sont pas ouverts d'une manière permanente, le maire fixera les jours et heures pendant lesquels le secrétaire devra se tenir à la disposition du public.

Les copies prises par les électeurs ou les habitants pourront être publiées sous leur responsabilité.

Art. 59.

Commissions.

Il était d'usage, dans un assez grand nombre de conseils municipaux, comme dans la plupart des assemblées délibérantes, de former des commissions d'étude chargées de l'examen préalable des affaires mises en délibération. Cet usage est consacré aujourd'hui par l'article 59 de la loi du 5 avril.

Le conseil municipal peut former, au cours de chaque session, des commissions chargées d'étudier les questions soumises au conseil soit par l'administration, soit par l'initiative d'un de ses membres.

Les commissions peuvent même tenir leurs séances dans l'intervalle des sessions, droit qui leur avait été contesté autrefois.

Elles sont convoquées par le maire, qui en est le président de droit, dans les huit jours qui suivent leur nomination, ou à plus bref délai, sur la demande de la majorité des membres qui les composent. Dans cette première réunion, les commissions désignent un vice-président qui peut les convoquer et présider, si le maire est absent ou empêché.

La désignation d'un vice-président faite par la commission n'empêche pas le maire de se faire suppléer dans la présidence, s'il le juge convenable, par un de ses adjoints.

Les commissions formées au sein du conseil municipal ne peuvent être que de simples commissions d'études ; elles n'ont pas de pouvoir propre et ne peuvent exercer, même en vertu de délégations, aucune des attributions réservées par la loi au conseil municipal. Elles devront se borner à préparer et à instruire les affaires qui leur auront été renvoyées.

Art. 60.

Démission des conseillers municipaux.

Démissions d'office.

Tout membre du conseil municipal qui, sans motifs reconnus légitimes par le conseil, a manqué à trois convocations successives, peut, après avoir été admis à fournir ses explications, être déclaré démissionnaire par le préfet.

Les convocations successives dont parle l'article 60 se rapportent à des sessions ordinaires ou extraordinaires et non pas à des séances de la même session. C'est ainsi que l'ancienne législation a toujours été interprétée, et rien n'indique que le législateur ait entendu innover à cet égard.

Mais l'absence à trois convocations ne suffit pas pour entraîner la démission d'office ; il faut, en outre, et ce point est une innovation (1) sur laquelle j'appelle votre attention, que le conseil municipal n'ait pas admis comme légitimes les motifs d'absence invoqués par le conseiller.

A défaut d'excuses admises par le conseil, il vous appartient d'examiner, Monsieur le Préfet, si vous devez prononcer la démission d'office ; mais vous aurez, avant de statuer, à mettre l'intéressé en demeure de vous fournir ses explications. C'est là une formalité essentielle et dont l'omission entacherait de nullité votre décision.

Enfin, le conseiller déclaré démissionnaire peut, dans les dix jours de la notification de votre arrêté, se pourvoir devant le conseil de préfecture et, si sa réclamation n'est pas accueillie, déférer l'arrêté qui l'a rejetée au conseil d'Etat.

Démissions volontaires.

On ne regardait, avant la loi de 1884, les démissions volontaires comme définitives que lorsqu'elles avaient été acceptées par le préfet, et l'on tirait de ce principe la conséquence que la démission pouvait être retirée tant qu'elle n'avait pas été acceptée.

La loi du 5 avril dispose que les démissions volontaires, qui doivent être adressées au sous-préfet, sont définitives dès que le préfet en a accusé réception, et, à défaut de cet accusé de réception, un mois après un nouvel envoi de la démission constaté par lettre recommandée ; une acceptation expresse n'est donc plus nécessaire.

CHAPITRE III

ATTRIBUTIONS DES CONSEILS MUNICIPAUX

Art. 61.

Différents genres d'attributions exercées par le conseil municipal de toute commune.

Le conseil municipal de toute commune exerce, avec un pouvoir plus ou moins étendu, les attributions dont il est investi.

1º Il statue sur les affaires de la commune par des délibérations qui, en règle générale, sont

exécutoires sans avoir besoin de l'approbation de l'autorité supérieure et qui, dans les cas exceptionnels limitativement déterminés, ne peuvent être mises à exécution qu'après avoir reçu cette approbation.

2º Il donne son avis, toutes les fois que cet avis est requis par les lois ou qu'il est demandé par l'administration supérieure.

3º Il réclame, s'il y a lieu, contre le contingent assigné à la commune dans l'établissement des impôts de répartition.

4º Il émet des vœux sur tous les objets d'intérêt local.

5º Il procède à diverses nominations, telles que celles du maire, de l'adjoint ou des adjoints de la commune, des conseillers qui remplissent les fonctions de secrétaire dans le cours de ses délibérations, des auxiliaires qu'il juge convenable de leur donner, des commissions chargées d'étudier les affaires qu'il doit examiner, des commissions spéciales instituées pour débattre les questions intéressant la commune et une ou plusieurs communes voisines, des délégués appelés à participer aux élections sénatoriales, des conseillers qui font partie des commissions administratives des hospices et des bureaux de bienfaisance.

6º Il désigne les candidats soit à certaines fonctions, comme celles de receveur municipal ou de répartiteur, soit à certains bénéfices, par exemple à la dispense provisoire du service militaire à titre de soutien de famille.

Ces différents genres d'attributions sont énumérées dans l'article 61 de la loi du 5 avril 1884, à l'exception des nominations qui forment l'objet d'autres dispositions de la nouvelle loi municipale ou de lois spéciales.

Les paragraphes de l'article 61 de la loi du 5 avril 1884 sur les avis, les réclamations ou les vœux du conseil municipal sont empruntés à la loi du 18 juillet 1837 (art. 21, 22 et 24). De sérieuses difficultés ne peuvent s'élever sur l'interprétation ou l'application de ces paragraphes.

Il en est de même du dernier paragraphe qui, dans le but d'assurer plus de garanties d'impartialité aux contribuables, substitue le conseil municipal au maire pour la présentation des candidats, parmi lesquels le préfet ou le sous-préfet doit choisir les membres de la commission des répartiteurs qui n'en font pas partie de droit.

Le premier paragraphe de l'article 61, Monsieur le Préfet, a une importance toute particulière.

Sous l'empire de la législation antérieure, les délibérations prises par le conseil municipal sur les affaires de la commune devaient généralement être soumises à l'approbation de l'administration supérieure. Elles n'étaient exécutoires par elles-mêmes qu'exceptionnellement. Les principaux cas où elles avaient ce caractère étaient déterminés par la loi du 18 juillet 1837 (art. 17) et celle du 24 juillet 1867 (art. 1er, 3 et 9). Actuellement, au contraire, d'après la disposition essentiellement libérale du paragraphe 1er de l'article 61 de la loi du 5 avril 1884, elles sont, en règle générale, exécutoires sans avoir besoin de l'approbation de l'autorité supérieure. Elles ne sont subordonnées à cette approbation qu'à titre exceptionnel, dans les cas prévus, soit par la nouvelle loi, soit par des lois spéciales.

(1) Ou plutôt un retour à la législation qui a précédé la loi de 1855 (Voir art. 36 de la loi du 21 mars 1831).

Art. 62.

Transmission d'une expédition de toute délibération du conseil municipal à la sous-préfecture ou à la préfecture. — Récépissé.

L'article 62 de la loi du 5 avril 1884 exige qu'une expédition de toute délibération soit adressée, dans la huitaine, par le maire au sous-préfet, qui doit en constater la réception sur un registre et en délivrer immédiatement récépissé.

Le sous-préfet devra vous transmettre le plus tôt possible cette expédition avec ses observations, s'il y a lieu. Dans l'arrondissement chef-lieu, l'expédition vous sera adressée directement par le maire. Vous aurez à remplir les mêmes formalités que les sous-préfets en ce qui concerne la réception de l'expédition et la délivrance du récépissé.

Les dispositions de l'article 62 de la loi du 5 avril 1884 sont empruntées à la loi du 18 juillet 1837. Elles en diffèrent néanmoins sur certains points. L'article 18 de la loi du 18 juillet 1837 voulait que toute délibération réglementaire fût adressée immédiatement au sous-préfet.

L'article 20 prescrivait la même formalité, mais sans fixer de délai à l'égard des délibérations subordonnées à l'approbation de l'autorité supérieure. L'article 62 de la nouvelle loi édicte un délai de huitaine pour la transmission au sous-préfet de toutes les délibérations, sans distinguer entre les délibérations réglementaires et celles qui ne le sont pas. Il impose, en outre, une nouvelle obligation au sous-préfet en décidant que la réception des délibérations sera constatée sur un registre (1). Cette innovation et celle qui concerne le délai s'expliquent d'elles-mêmes. Il était souvent difficile, sinon impossible, que le maire fît immédiatement la transmission d'une ampliation des délibérations réglementaires. D'un autre côté, il y avait de graves inconvénients à ce que le maire pût retarder indéfiniment l'approbation des délibérations qui ont besoin de la sanction de l'autorité supérieure. Enfin, il importait d'établir, indépendamment du récépissé, un moyen de preuve de l'envoi des délibérations.

Les formalités prescrites par l'article 61, Monsieur le Préfet, ne présentent pas seulement d'intérêt au point de vue de la constatation authentique ou officielle des délibérations intervenues; elles sont, en outre, le moyen le plus efficace d'exercer en temps utile ou opportun vos pouvoirs de contrôle, d'approbation ou d'annulation. Vous veillerez à ce qu'elles soient remplies rigoureusement dans l'arrondissement chef-lieu de département comme dans les autres arrondissements.

Art. 63.

Délibérations nulles de plein droit.

Aux termes de l'article 63, sont nulles de plein droit :

1º Les délibérations du conseil municipal por-

(1) Quelques-uns de vos collègues m'ont demandé s'il y avait lieu d'établir un registre à souche pour les délibérations transmises en vertu de l'article 62. Un registre spécial ne me paraît pas indispensable. Les délibérations pourront être mentionnées aux registres d'ordre ordinaires de la préfecture ou de la sous-préfecture et les récépissés, dont la formule sera des plus simples, pourront être donnés sur feuilles séparées.

tant sur un objet étranger à ses attributions ou prises hors de ses réunions légales ;

2º Les délibérations prises en violation d'une loi ou d'un règlement d'administration publique.

Le premier paragraphe reproduit les dispositions des articles 28 et 29 de la loi du 21 mars 1831, 23 et 24 de la loi du 5 mai 1855.

Le second paragraphe est une innovation. Au lieu de charger l'administration supérieure d'annuler les délibérations violant une loi ou un règlement d'administration publique, le législateur veut que, comme celles prévues au premier paragraphe, elles soient réputées nulles parce qu'il n'y a également aucun doute sur leur nullité. Toutefois, d'après l'article 65, les délibérations nulles de plein droit subsistent tant que la nullité n'a pas été déclarée ou prononcée par l'autorité compétente.

Art. 64.

Délibérations annulables.

L'article 21 de la loi du 5 mai 1855 interdisait formellement aux membres du conseil municipal de prendre part aux délibérations concernant les affaires dans lesquelles ils ont un intérêt, soit en leur nom personnel, soit comme mandataires.

La loi du 5 avril 1884 n'a pas reproduit cette disposition ; mais elle édicte implicitement la même prohibition dans l'article 64, déclarant annulables les délibérations auxquelles auraient pris part des membres du conseil municipal intéressés, en leur nom personnel ou comme mandataires, à l'affaire qui en fait l'objet. Le législateur de 1884, tout en maintenant la prohibition, laisse à l'autorité à laquelle il appartient de prononcer l'annulation le pouvoir d'apprécier si la participation irrégulière d'un ou de plusieurs conseillers aux résolutions de l'assemblée a exercé une influence suffisante pour déplacer la majorité et, par suite, pour faire mettre à néant ces résolutions.

Art. 65.

Déclaration de la nullité de droit dont les délibérations sont entachées.

Les lois des 24 mars 1831 (art. 28 et 29) et 5 mai 1855 (art. 23 et 24) attribuaient au préfet le pouvoir de prononcer, en conseil de préfecture, la nullité de droit des délibérations municipales. La même attribution est donnée au préfet par l'article 65 de la loi du 5 avril 1884. Cet article veut que la nullité de droit puisse être déclarée par le préfet et proposée ou opposée par les parties intéressées, à toute époque. Les délibérations, en pareil cas, étant entachées d'un vice radical, le législateur n'a pas cru devoir admettre qu'il fût permis, en principe, de les invoquer valablement, à une époque quelconque, contre l'autorité supérieure ou les particuliers refusant de s'y conformer. L'article 65 ne fixe pas le délai dans lequel vous avez à prendre votre décision lorsque vous êtes saisi d'une demande en déclaration de nullité ; mais il semble que, par analogie avec l'obligation qui vous est imposée par l'article 66 en ce qui touche la demande en annulation, vous devez statuer avant l'expiration du mois qui suit la délivrance du récépissé.

Art. 66.

Annulation des délibérations annulables.

Quand la délibération est seulement annulable, il y aurait de graves inconvénients à ce que l'éventualité de l'annulation se prolongeât un laps de temps considérable. De là le délai de trente jours imparti au préfet par l'article 66 pour annuler la délibération en conseil de préfecture, soit d'office, soit sur la demande déposée à la sous-préfecture ou à la préfecture par toute personne intéressée ou tout contribuable de la commune dans les quinze jours qui suivent l'affichage de la délibération à la porte de la mairie. Le législateur veut, en outre, que si aucune demande n'a été produite pendant les quinze jours à partir de l'affichage, le préfet puisse déclarer immédiatement qu'il ne s'oppose pas à la délibération.

Le délai de trente jours pour l'annulation part du dépôt du procès-verbal de la délibération à la sous-préfecture ou à la préfecture, lorsque le préfet statue d'office, et de la date du récépissé de la demande en annulation, lorsque sa décision intervient sur une demande de cette nature.

Il ne vous appartient plus, Monsieur le Préfet, en dehors du cas prévu par l'article 65 de la loi du 5 avril 1884, d'annuler les délibérations du conseil municipal comme vous en aviez le droit sous la législation antérieure, soit lorsque les délibérations, réglementaires ou autres, violaient une disposition de loi ou de règlement d'administration publique, soit lorsqu'elles étaient réglementaires et que les parties intéressées vous les avaient déférées pour cause d'inopportunité ou fausse application des faits, en vertu de l'article 18 de la loi du 18 juillet 1837.

Aujourd'hui vous devez vous borner à déclarer la nullité des délibérations nulles de plein droit d'après l'article 63 de la nouvelle loi. Quant aux délibérations exécutoires par elles-mêmes qui ne seraient critiquables qu'au point de vue de l'opportunité ou de l'application des faits, il vous appartiendrait seulement d'inviter le conseil municipal à les rapporter. J'ajouterai, à l'égard des délibérations subordonnées à votre sanction ou à une sanction supérieure, que l'autorité compétente a toujours la faculté de refuser son approbation et, par conséquent, d'empêcher l'exécution des délibérations dont les effets entraîneraient de graves inconvénients.

Art. 67.

Recours contre l'arrêté préfectoral déclarant la nullité du droit ou prononçant l'annulation d'une délibération.

Lorsque le conseil municipal réclamait contre l'arrêté du préfet déclarant la nullité d'une délibération, il devait, aux termes de l'article 23 de la loi du 5 mai 1855, être statué par décret rendu après avis du conseil d'État. Le législateur de 1855 n'admettait pas les recours des particuliers.

L'article 67 de la loi du 5 avril 1884 veut, en pareil cas, ou quand il s'agit de l'annulation prévue à l'article 66, que non seulement le conseil municipal, mais encore toute partie intéressée puisse se pourvoir devant le conseil d'État

et que le pourvoi soit introduit et jugé dans la forme des recours pour excès de pouvoir. Le but de cette innovation est de protéger plus efficacement les attributions du conseil municipal et les droits ou les intérêts privés qui pourraient être lésés.

Art. 68.

Principaux objets sur lesquels les délibérations du conseil municipal ne sont exécutoires qu'après avoir été approuvées par l'autorité supérieure.

L'article 68 contient l'énumération du plus grand nombre d'affaires de la commune sur lesquelles le conseil municipal prend des délibérations qui ne sont pas exécutoires par elles-mêmes, mais qui ne le deviennent qu'après avoir été approuvées par l'autorité supérieure.

Baux.

§ 1. Ce paragraphe concerne les baux dont la durée dépasse dix-huit ans.

Aux termes de l'article 19 de la loi du 18 juillet 1837, les délibérations des conseils municipaux portant sur les conditions des baux des biens pris à loyer par la commune, quelle qu'en fût la durée, n'étaient exécutoires qu'après approbation de l'autorité supérieure.

Sous l'empire de la nouvelle loi, qu'il s'agisse de biens ruraux ou de maisons et bâtiments donnés à ferme par les communes, ou de biens pris à loyer par elles, lorsque la durée du bail n'excède pas dix-huit années, les conseils municipaux en règlent les conditions. C'est seulement lorsque cette durée sera plus longue que la délibération devra être approuvée par vous en conseil de préfecture (art. 68 et 69) ou par décret (art. 115 et 145, paragraphe 3, combinés).

Le but du législateur a été d'appeler l'attention particulière de l'administration supérieure sur les baux qui, par leur durée prolongée, peuvent être de nature à compromettre, dans certains cas, les intérêts des communes.

Sous la loi du 18 juillet 1837 (art. 47), quelle que dût être la durée du bail, l'acte passé par le maire n'était exécutoire qu'après l'approbation préfectorale. La loi du 18 juillet 1837 étant abrogée, cette formalité n'est plus à remplir; mais comme elle constituait une garantie qui disparaît, vous devrez examiner avec d'autant plus de soin les délibérations qui seront soumises à votre approbation.

Aliénations et échanges.

§ 2. L'article 68, § 2, soumet à l'approbation de l'autorité supérieure les aliénations et échanges de propriétés communales.

La nouvelle loi maintient à cet égard l'ancienne législation.

Acquisitions, constructions, réparations.

§ 3. Le paragraphe 3 subordonne également à la sanction de l'autorité supérieure les délibérations portant sur les acquisitions d'immeubles, les constructions nouvelles, les reconstructions entières ou partielles, les projets, plans et devis de grosses réparations et d'entretien, quand la dépense, totalisée avec les dépenses de même nature pendant l'exercice courant, dépasse les limites des ressources ordinaires et extraordinaires que les communes peuvent se créer sans autorisation spéciale.

La loi du 24 juillet 1867 (art. 1) disposait que les conseils municipaux règlent par leurs délibérations :

1° Les acquisitions d'immeubles, lorsque la dépense, totalisée avec celle des autres acquisitions déjà votées dans le même exercice, ne dépassait pas le dixième des revenus ordinaires de la commune ; 2° les projets, plans et devis de grosses réparations et d'entretien, lorsque la dépense totale afférente à ces projets et aux autres projets de même nature, adoptés dans le même exercice, ne dépassait pas le cinquième des revenus ordinaires de la commune ni, en aucun cas, une somme de 50,000 francs.

Ces dispositions sont modifiées dans un sens très libéral par la loi du 5 avril 1884.

Elle donne pouvoir aux conseils municipaux de régler par leurs délibérations les diverses opérations indiquées au paragraphe 3 de l'article 68, lorsque la dépense totalisée avec les dépenses de même nature pendant l'exercice courant ne dépasse pas les limites des ressources ordinaires et extraordinaires que les communes peuvent se créer sans autorisation spéciale, dans les cas prévus notamment par les articles 139 et 141.

Ce n'est, en principe, que lorsque cette proportion est dépassée que les délibérations sont subordonnées à l'approbation de l'autorité supérieure ; mais dans tous les cas, quand il y a lieu de recourir à la voie de l'expropriation, une déclaration d'utilité publique, émanée de l'autorité compétente, est indispensable.

Transactions.

§ 4. Le paragraphe 4 est relatif aux transactions. Les délibérations les concernant étaient, en règle générale, soumises à votre approbation d'après le décret du 25 mars 1852, tableau A, n° 43. Sous ce rapport, la loi nouvelle n'apporte aucune modification à la législation antérieure, sauf l'abrogation expresse, par l'article 168, de l'arrêté du 21 frimaire an XII qui indiquait une procédure spéciale à suivre en cette matière. La consultation des jurisconsultes qu'il prescrivait n'est plus, dès lors, obligatoire. Vous apprécierez, selon les circonstances, s'il convient d'inviter les communes à y recourir.

Vous devrez statuer en conseil de préfecture lorsque vous aurez à approuver des conventions de cette nature (art. 69).

Changement d'affectation de propriétés communales.

§ 5. Le paragraphe 5 vise le changement d'affectation d'une propriété communale déjà affectée à un service public.

Cette disposition reproduit celle qui était édictée implicitement par l'article 19, § 3, de la loi du 18 juillet 1837.

La loi du 24 juillet 1867 (art. 1er, § 8) donnait aux conseils municipaux le droit de régler, par leurs délibérations, l'affectation d'une propriété communale à un service communal, lorsque cette propriété n'était encore affectée à aucun service

public, sauf les règles prescrites par des lois particulières.

Ils conservent le même droit sous la nouvelle loi, d'après les articles 61 et 68 combinés.

Vaine pâture.

§ 6. Le paragraphe 6 exige que les délibérations relatives à la vaine pâture soient soumises à l'approbation de l'autorité supérieure.

La loi du 18 juillet (art. 19, § 8) subordonnait à cette sanction non seulement les délibérations ayant pour objet la vaine pâture, mais encore celles concernant le parcours. La loi du 5 avril 1884 n'ayant pas maintenu sur ce dernier point la législation ancienne, on doit en inférer que les conseils municipaux prennent des délibérations réglementaires relativement au parcours.

Vous devez statuer en conseil de préfecture dans le cas prévu au paragraphe 6 (art. 69).

Voirie et taxes municipales.

§ 7. En présence des intérêts nombreux ou considérables et des questions souvent délicates qui se rattachent aux objets énoncés dans le paragraphe 7 de l'article 68, le législateur a pensé que les délibérations du conseil municipal sur ces objets devaient être subordonnées à l'approbation de l'administration supérieure. Il ne fait, au surplus, que maintenir la législation précédente en ce qui touche le classement, le déclassement, le redressement ou le prolongement, l'élargissement, la suppression des rues et places publiques, la création et la suppression des promenades, squares ou jardins publics, champs de foire, de tir ou de course, l'établissement des plans d'alignement, les modifications à ces plans, le tarif des droits de voirie. Mais il apporte des changements aux règles antérieures concernant la dénomination des rues et places publiques, le nivellement des voies municipales, le tarif des droits de stationnement et de location sur les dépendances de la grande voirie, les tarifs de divers droits, c'est-à-dire des droits de stationnement, de place ou de location à percevoir soit dans les halles, foires et marchés, soit sur les dépendances de la petite voirie ou autres lieux compris dans le domaine communal, soit pour les concessions de terrains dans les cimetières.

Dénomination des rues.

La loi du 18 juillet 1837 réservait implicitement au maire, comme mesure d'ordre ou de police municipale, la dénomination des rues et places publiques. L'article 68 (§ 7) de la loi du 5 avril 1884 la lui retire en la rangeant dans les attributions du conseil municipal. Désormais, par conséquent, c'est le conseil municipal qui désignera le nom des rues ou places situées sur le territoire de la commune. La délibération qu'il prendra à cet effet devra être soumise à votre sanction, conformément aux dispositions combinées du décret du 25 mars 1852 sur la décentralisation administrative (art. 1er, tableau A, n° 55) et de la nouvelle loi municipale (art. 68 et 69).

Toutefois la loi du 5 avril 1884 ne porte aucune atteinte aux principes posés par l'ordonnance du 10 juillet 1816 relativement aux dénominations

-ayant le caractère d'un hommage public. Ces dénominations continueront, dès lors, d'être soumises à l'autorisation du chef de l'Etat.

Je me réfère à ce sujet, Monsieur le Préfet, aux instructions de mes prédécesseurs, notamment à celles des 10 février 1856 et 20 octobre 1876 qui recommandent à chaque préfet de s'abstenir de soumettre à l'administration centrale de l'intérieur les propositions tendant à décerner des hommages de reconnaissance publique à des personnages vivants, ou sur la vie desquels l'histoire ne s'est pas encore prononcée.

J'examinerai sous les articles 133 et 136 les autres innovations résultant du paragraphe 7 de l'article 68.

Dons et legs.

§ 8. Je réunis sous les articles 111 et 112 mes observations sur les attributions du conseil municipal en matière de dons et legs faits à la commune.

Budget communal, crédits supplémentaires, contributions extraordinaires et emprunts.

§ 9, 10, 11 et 12. Je crois également devoir reporter sous les articles 132 à 150 les observations auxquelles peuvent donner lieu les paragraphes 9, 10, 11 et 12 de l'article 68.

Foires et marchés.

§ 13. La loi du 5 avril 1884 (art. 68, § 13) laisse subordonnée à l'approbation du conseil général, conformément à l'article 46 (no 24) de la loi du 10 août 1871, et aux dispositions de la loi du 26 septembre 1879, les délibérations des conseils municipaux ayant pour objet l'établissement, la suppression ou le changement des foires et marchés autres que les simples marchés d'approvisionnement.

Les délibérations relatives à ces derniers marchés seront désormais exécutoires par elles-mêmes. Sous l'empire de la loi du 24 juillet 1867 (art. 11), elles devaient être soumises à l'approbation du préfet. Le législateur de 1884 les a considérées comme pouvant en être dispensées sans inconvénient.

Délai pendant lequel est suspendue l'exécution des délibérations réglementaires.

Vous remarquerez, Monsieur le Préfet, qu'aux termes des dispositions finales de l'article 68, les délibérations qui n'ont besoin d'aucune approbation ne deviennent néanmoins exécutoires qu'un mois après le dépôt du procès-verbal à la préfecture ou à la sous-préfecture.

La loi du 18 juillet 1837 (art. 18) édictait une disposition analogue. Elle permettait, en outre, au préfet de suspendre l'exécution des délibérations pendant un autre délai de trente jours. La nouvelle loi ne vous donne plus ce pouvoir. Elle ne veut pas que le délai pendant lequel l'exécution des délibérations réglementaires est suspendu soit prolongé au delà d'un mois. Vous devez, dès lors, faire toute diligence pour examiner si les délibérations sont régulières et

prendre, quand il y a lieu, avant qu'elles puissent être mises à exécution, votre décision en prononçant la nullité ou les annulant en vertu de l'article 65 ou de l'article 66. Il vous appartient, d'ailleurs, d'abréger le délai suspensif lorsque vous aurez reconnu la régularité et l'opportunité des délibérations. Il conviendra de le faire, dans ce cas, toutes les fois que l'exécution sera vivement désirée par les habitants ou présentera un caractère d'urgence.

Sous la législation précédente, dès qu'une délibération réglementaire était prise, le maire devait, avant d'en adresser une expédition à la sous-préfecture ou à la préfecture, avertir les habitants qu'ils pouvaient prendre connaissance de la délibération. Cette formalité, dont le but était de permettre aux parties intéressées de provoquer l'annulation de la délibération pendant le délai de trente jours qui précédait le moment d'exécution, n'est plus imposée au maire, l'ordonnance du 18 décembre 1838, qui la prescrivait, étant abrogée par l'article 168 de la loi du 5 avril 1884. Il est suppléé à l'avertissement qu'exigeait cette ordonnance par la publicité des séances du conseil municipal et le compte rendu qui doit être affiché, conformément à l'article 56 de la nouvelle loi.

Art. 69.

Autorités auxquelles il appartient de rendre exécutoires les délibérations subordonnées à une sanction supérieure. — Compétence générale du préfet. — Délai dans lequel il doit statuer. — Voie de recours.

Généralement, c'est au préfet lui-même qu'il appartient de rendre exécutoires, par son approbation, les délibérations des conseils municipaux sur les objets énoncés en l'article 68. La sanction d'une autre autorité supérieure n'est indispensable que dans des cas exceptionnels déterminés par les lois ou règlements. Elle doit, dans ce cas, émaner, selon les distinctions édictées législativement ou réglementairement, soit du Parlement ou du Président de la République, soit d'un ministre, du conseil général ou de la commission départementale.

Le préfet est tenu de statuer en conseil de préfecture lorsqu'il s'agit de délibérations concernant les baux dont la durée dépasse dix-huit ans, les aliénations ou échanges de propriétés communales, les transactions sur la vaine pâture. Ces matières présentant, parfois, des questions délicates, le législateur veut que le préfet, avant de prendre sa décision, s'éclaire des lumières ou de l'expérience de fonctionnaires appelés souvent à se prononcer sur des difficultés analogues. La loi du 18 juillet 1837 exigeait déjà la même garantie pour les aliénations, les échanges et les transactions intéressant les communes. L'article 69 de la loi l'étend à la vaine pâture.

Lorsque le préfet refuse son approbation ou qu'il ne fait pas connaître sa décision dans le délai d'un mois à partir de la date du récépissé, le conseil municipal peut se pourvoir devant le ministre de l'intérieur.

Le délai d'un mois est considéré par le législateur comme suffisant pour que vous puissiez vous prononcer, en pleine connaissance de cause, sur les diverses délibérations soumises à votre approbation.

La décision que vous avez à prendre doit, dès lors, en principe, intervenir avant l'expiration de ce délai.

Il importe qu'elle la précède le plus souvent possible, surtout dans les cas d'urgence. Quand une délibération est incomplète ou irrégulière, le conseil municipal doit être appelé, dès que vous l'avez examinée, à la compléter ou à la régulariser. En ce cas, vous avez, d'après l'esprit, sinon le texte de l'article 69, un nouveau délai de trente jours substitué au premier, pour statuer à partir de la délivrance du récépissé du procès-verbal de la seconde délibération. Il est d'ailleurs de votre devoir, en pareille circonstance comme en toute autre, de veiller à ce que la décision à intervenir ne subisse pas de longs retards.

La disposition de l'article 69 ouvrant une voie de recours devant le ministre de l'intérieur n'est que la consécration d'une règle hiérarchique depuis longtemps admise et qu'avait édictée formellement l'article 6 du décret du 25 mars 1852 sur la décentralisation administrative.

Art. 70.

Avis que le conseil municipal est appelé à donner.

Le conseil municipal doit nécessairement être appelé à donner son avis sur divers objets intéressant plus ou moins la commune. Ceux de ces objets les plus importants sont indiqués dans l'article 70 de la loi du 5 avril 1884, qui reproduit, sauf quelques modifications, l'article 21 de la loi du 18 juillet 1837. Il a été fait dans le paragraphe 3 une addition relative aux projets de nivellement de grande voirie. Cette addition est justifiée par l'intérêt que présentent pour les communes de semblables projets.

Les paragraphes 2, 4 et 5 concernent :

Les circonscriptions relatives à la distribution des secours publics;

La création des bureaux de bienfaisance;

Les budgets et comptes des hospices, hôpitaux et autres établissements de bienfaisance, des fabriques et autres administrations préposées aux cultes dont les ministres sont salariés par l'État;

Les autorisations d'acquérir, d'aliéner, d'emprunter, d'échanger, de plaider, de transiger, demandées par ces mêmes établissements;

L'acceptation des dons et legs qui leur sont faits.

Déjà l'ordonnance du 31 octobre 1821 (art. 12) avait appelé le conseil municipal à donner son avis sur les emprunts, acquisitions, ventes ou échanges d'immeubles des bureaux de bienfaisance, et sur le règlement de leurs comptes et budgets; mais elle restreignait cette intervention aux établissements qui recevaient des subventions sur les revenus communaux.

Cette distinction, supprimée implicitement par l'article 21 de la loi du 18 juillet 1837, n'existe plus.

Les comptes des établissements ecclésiastiques étaient rarement communiqués pour contrôle aux assemblées municipales, qui, aux termes de l'article 89 du décret du 30 décembre 1809, pou-

vaient seulement en exiger une copie pour leurs archives. Elles ne pouvaient réclamer la production des budgets fabriciens et consistoriaux et critiquer ces documents que lorsque les fabriques et consistoires formaient des demandes de subventions.

A l'avenir, une copie des budgets et des comptes des fabriques et consistoires, dressés conformément à la circulaire du 21 novembre 1879, devra être transmise, chaque année, au conseil municipal, qui, après avoir examiné les budgets et comptes à la session de mai, pourra toujours faire parvenir à la préfecture telles observations qu'il jugera convenables, touchant les articles portés en recettes ou en dépenses.

Il convient de ne pas perdre de vue que le conseil municipal, dans toutes les affaires ci-dessus énumérées, n'est appelé qu'à donner un simple avis. Cet avis n'impose aucune obligation, soit à l'administration supérieure, soit aux établissements mentionnés à l'article 70.

Sans doute, quand le conseil municipal alloue une subvention qui lui est demandée pour un établissement ou un service en dépendant, il peut indiquer ses vues sur le meilleur emploi à donner à la subvention ; il ne lui appartient pas d'arrêter le détail des dépenses, ni de dicter des conditions. L'autorité qui approuve le budget conserve en principe le droit de régler les crédits, selon qu'elle le juge utile.

Les objets non mentionnés dans l'article 70 de la loi du 5 avril 1884, sur lesquels il est indispensable de prendre l'avis du conseil municipal, sont spécifiés dans plusieurs lois et règlements. En dehors des cas ainsi déterminés, le préfet peut toujours consulter le conseil municipal.

De même que l'autorité supérieure a toujours la faculté de ne pas suivre l'avis du conseil municipal, de même celui-ci ne saurait jamais être contraint à le donner, lors même qu'une loi ou un règlement impose à l'administration l'obligation de le provoquer. Si, régulièrement convoqué et requis, il refuse ou néglige de se prononcer, la mesure sur laquelle il devrait être consulté peut être prise valablement.

Art. 71.

Attributions du conseil municipal en ce qui touche les comptes d'administration du maire et les comptes de deniers des receveurs de la commune.

L'article 71 consacre un droit qui appartient, par la nature même des choses, au conseil municipal. Il décide que le conseil délibère sur les comptes d'administration qui lui sont présentés annuellement par les maires avant d'être soumis à la sanction de l'autorité supérieure, conformément à l'article 151. Cette disposition est empruntée à l'article 23 de la loi du 18 juillet 1837. L'article 71 de la loi du 5 avril 1884 veut, en outre, comme le prescrivait également l'article 23 de la loi du 18 juillet 1837, que le conseil municipal soit appelé à entendre, débattre et arrêter les comptes de deniers du receveur municipal, préalablement au règlement et à l'apurement définitif, qui émanent du conseil de préfecture ou de la cour des comptes, selon les prescriptions de l'article 157.

Art. 72.

Actes interdits spécialement au conseil municipal.

L'article 61 de la nouvelle loi municipale a reproduit la disposition de la loi du 18 juillet 1837 (art. 24), reconnaissant au conseil municipal la faculté d'émettre des vœux sur tous les objets d'intérêt local.

L'article 72 de la loi du 5 avril 1884 lui interdit formellement, comme le faisait implicitement la législation antérieure, de formuler des vœux politiques.

Il lui défend également de publier des proclamations et adresses. Les lois des 18 juillet 1837 (art. 24) et 5 mai 1855 (art. 25) édictaient déjà cette prohibition.

Enfin, l'article 72 interdit au conseil municipal de se mettre en communication avec un ou plusieurs conseils municipaux, hors les cas prévus par les lois et notamment par les articles 116, 117 et 118 de la nouvelle loi municipale. Vous veillerez avec le plus grand soin à ce qu'elles soient rigoureusement observées.

Les actes et délibérations intervenus contrairement aux prescriptions de l'article 72 sont nuls de plein droit d'après l'article 63. La nullité est prononcée par le préfet, conformément aux dispositions de l'article 65.

Les prohibitions édictées par l'article 72 de la loi du 5 avril 1884 ont pour but de maintenir le conseil municipal dans le rôle que le législateur lui assigne et d'où il ne pourrait sortir sans porter atteinte à des intérêts d'ordre supérieur. Vous veillerez avec le plus grand soin à ce qu'elles soient rigoureusement observées.

La violation de ces prohibitions ne peut être réprimée que par l'application de l'article 65 ou par la suspension et la dissolution du conseil.

L'article 26 de la loi du 5 mai 1855, qui déclarait passibles de la peine de l'emprisonnement tout éditeur, imprimeur, journaliste ou autre ayant rendu publics les actes interdits au conseil municipal, se trouve abrogé par l'article 168 de la nouvelle loi.

TITRE III

DES MAIRES ET DES ADJOINTS

Ma circulaire du 10 avril dernier vous a entretenu des dispositions de la loi nouvelle relatives à l'élection des maires et adjoints (art. 73, 76, 77, 78, 79 et 80). Je n'y reviendrai pas ici et me bornerai à vous donner quelques explications sur les autres articles du titre III.

Art. 74.

Gratuité des fonctions municipales.

Les fonctions de maire, d'adjoint et de conseiller municipal sont gratuites. Tel est le principe de l'ancienne législation, qui a été maintenu d'une façon expresse par la loi du 5 avril 1884 (art. 74). Mais, en même temps, on a jugé nécessaire d'inscrire dans la loi certains tempéraments qui étaient, d'ailleurs, précédemment passés en usage et qui ne sont pas en contradiction avec le principe même de la gratuité.

Ainsi les maires, adjoints et conseillers municipaux ont droit au remboursement des frais que nécessite l'exécution des mandats spéciaux qui peuvent leur être confiés, tels que les frais de voyage et autres du même genre qu'ils exposent pour les affaires municipales.

Ce que la loi a entendu interdire, c'est que les personnes dénommées à l'article 74 retirent de leurs fonctions municipales un profit personnel et soient indemnisées du temps et du travail qu'elles consacrent aux affaires de la commune. Mais il ne leur est pas interdit de réclamer le remboursement de leurs avances, sur pièces justificatives, sans qu'aucune allocation de ce genre puisse leur être accordée par voie d'abonnement.

Un traitement plus favorable a cependant été fait aux maires. Le conseil municipal est autorisé à leur voter, sur les ressources ordinaires de la commune, des frais de représentation. La nécessité de ces allocations ne se rencontrera que dans quelques grandes villes, où les fonctions municipales sont très onéreuses et où il paraîtra équitable d'indemniser le maire des dépenses exceptionnelles qu'entraîne sa situation.

Mais il ne faut pas perdre de vue que le législateur n'a entendu ouvrir aux conseils municipaux qu'une simple faculté dont ils sont toujours libres de ne pas user et, en second lieu, que l'indemnité accordée au maire ne doit pas être un traitement déguisé et ne peut être accordée que sur les fonds du budget ordinaire.

Il vous appartiendra, Monsieur le Préfet, en vertu de votre droit de contrôle, de refuser votre approbation aux projets de budgets qui seraient dressés contrairement à ces principes.

Art. 75.

Adjoints spéciaux.

L'article 75 de la nouvelle loi prévoit la création d'adjoints spéciaux lorsqu'un obstacle quelconque ou l'éloignement rend difficiles, dangereuses ou momentanément impossibles les communications entre le chef-lieu et une fraction de la commune.

La création d'un poste d'adjoint spécial ne peut avoir lieu, désormais, que sur la demande du conseil municipal; mais il vous est toujours loisible, Monsieur le Préfet, de provoquer cette demande.

La création d'un poste d'adjoint spécial peut être utilement proposée pour éviter une demande de création de commune nouvelle, lorsque la difficulté des communications est le principal motif invoqué à l'appui de la séparation.

Vous ferez procéder à une enquête de *commodo* et *incommodo* sur les demandes qui vous seront adressées, et vous aurez soin de joindre au dossier un plan, en double expédition, sur lequel seront marquées les limites de la section qui devra former à l'avenir une circonscription d'état civil.

Une fois le poste créé, les adjoints spéciaux sont nommés par le conseil municipal dans les mêmes formes que les autres adjoints (voir circ. du 10 avril 1884). Ils ne comptent pas dans le nombre des adjoints fixé par l'article 73.

La loi du 5 avril 1884 limite expressément leurs attributions à l'exercice des fonctions d'officier de l'état civil; mais elle ajoute qu'ils peuvent être chargés de l'exécution des lois et règlements de police, dans la section.

Art. 81.

Durée des pouvoirs des maires et adjoints.

Les maires et adjoints sont nommés pour la même durée que le conseil municipal (art. 81), c'est-à-dire pour quatre ans.

Mais si le conseil qui a élu le maire et les adjoints vient à être renouvelé intégralement, soit par suite du renouvellement général des conseils municipaux, soit par suite de démission collective, soit par suite de dissolution ou de l'annulation totale des opérations électorales, les pouvoirs du maire et des adjoints cessent en même temps que ceux de l'assemblée qui les a élus.

Toutefois, les officiers municipaux conservent, sous la réserve dont je parlerai tout à l'heure, pour le cas où une délégation spéciale a été nommée, l'exercice de leurs fonctions jusqu'aux élections (voir circ. du 10 avril), et ce n'est qu'après l'installation du nouveau conseil que les premiers conseillers municipaux dans l'ordre du tableau prennent les fonctions de maire et d'adjoint, si le conseil n'a pu procéder à l'élection de la municipalité dès sa première réunion.

La loi ajoute que les maires et adjoints ne conservent leurs fonctions jusqu'à l'installation de leurs successeurs que « sauf les dispositions des articles 80, 86 et 87 ». L'article 80 énumère les causes d'inéligibilité aux fonctions de maire; l'article 86 prévoit les cas de révocation ou de suspension; l'article 87, le cas où, une délégation spéciale étant instituée pour faire provisoirement les fonctions du conseil municipal dissous ou démissionnaire, le président de cette délégation remplit les fonctions de maire. Dans ces divers cas, le maire élu remet le service à l'adjoint, au conseiller municipal ou au délégué qui est chargé de le suppléer.

Enfin, les maires et adjoints peuvent donner leur démission, qui sera, comme celle des conseillers municipaux, adressée au sous-préfet et dont le préfet devra accuser réception (art. 60). Elle sera définitive à partir de cet accusé de réception ou un mois après un nouvel envoi de la démission constaté par lettre recommandée.

Quant à la décision qui aurait annulé l'élection d'un maire ou d'un adjoint, elle n'a d'effet que lorsqu'elle est devenue définitive soit par le rejet du pourvoi formé contre l'arrêté du conseil de préfecture, soit par l'expiration du délai accordé pour ce pourvoi (art. 40 et 79). Ainsi que je l'ai dit dans ma circulaire du 10 avril, le conseil municipal doit, alors, s'il est complet, être convoqué dans la quinzaine pour élire un nouveau maire ou être complété, dans le même délai, s'il existe des vacances (art. 79).

Aussitôt le nouveau maire élu, l'ancien lui remet le service.

Démission d'office des maires et adjoints.

La loi nouvelle n'a pas déterminé la forme dans laquelle les maires et adjoints qui, postérieurement à leur élection, se trouvent dans un cas d'exclusion ou d'incapacité doivent être déclarés d'office démissionnaires : vous devrez donc, Monsieur le Préfet, appliquer par analogie les dispositions de l'article 36, relatif aux conseillers municipaux qui se trouvent dans le même cas, et les intéressés jouiront des mêmes voies de recours.

Art. 82.

Délégations données par le maire.

Les adjoints et les conseillers municipaux peuvent être appelés à remplacer le maire dans deux cas :

1º Lorsque le maire est absent, suspendu, révoqué ou simplement empêché, et alors le remplacement a lieu de plein droit en vertu d'une délégation légale. Je parlerai de ce cas sous l'article 83.

2º Le maire, bien que présent, mais qui veut se décharger d'une partie de ses fonctions, peut les confier, soit à titre temporaire, soit à titre permanent, à un ou plusieurs de ses adjoints ou à des conseillers municipaux (art. 82).

La délégation peut être faite pour un objet spécial ou comprendre l'ensemble d'un ou de plusieurs services, tels que l'état civil, l'instruction publique, l'octroi, etc.

La délégation doit être faite par arrêté transcrit au registre de la mairie.

La délégation, lorsqu'elle est permanente, subsiste tant qu'elle n'a pas été rapportée; elle devra donc l'être, s'il y a lieu, dans la même forme qu'elle a été donnée.

La législation antérieure portait que le maire pouvait déléguer une partie de ses fonctions à un ou plusieurs de ses adjoints ou, à défaut d'adjoint, à ceux des conseillers municipaux qui sont appelés à en faire les fonctions. On avait conclu de ce texte que la délégation devait être donnée aux conseillers municipaux dans l'ordre du tableau. La nouvelle loi n'a pas maintenu cette disposition.

La délégation sera donnée d'abord aux adjoints, sans qu'il soit nécessaire d'observer de rang entre eux; mais, en l'absence ou en cas d'empêchement des adjoints, elle peut être donnée à des conseillers municipaux, quel que soit leur rang d'inscription au tableau.

Les adjoints ou les conseillers délégués n'exercent leurs fonctions que sous la surveillance et la responsabilité du maire. Ils doivent toujours mentionner, dans les actes qu'ils accomplissent en cette qualité, la délégation en vertu de laquelle ils agissent.

Art. 83.

Remplacement du maire lorsque ses intérêts sont en opposition avec ceux de la commune.

Dans les cas où les intérêts du maire se trouvent en opposition avec ceux de la commune, le conseil municipal désigne un autre de ses membres pour représenter la commune soit en justice, soit dans les contrats.

Cet article, qui n'existait pas dans la législation antérieure, s'explique de lui-même.

Art. 84.

Remplacement du maire en cas d'absence, de suspension ou d'empêchement.

En cas d'absence, de suspension, de révocation ou de tout autre empêchement, le maire est provisoirement remplacé, dans la plénitude de ses fonctions, par un adjoint, dans l'ordre des nominations.

Cette disposition est empruntée à la loi du 5 mai 1855, mais elle ajoute aux cas dans lesquels les adjoints remplacent le maire de plein droit celui de suspension et de révocation.

Il ne s'agit plus ici de la délégation spéciale donnée par le maire présent, mais d'une dévolution légale de pouvoirs qui confère au suppléant du maire la plénitude de ses fonctions, lorsque, pour une cause quelconque, le chef de la municipalité se trouve empêché de les exercer.

A défaut d'adjoints, la loi du 5 mai 1855 vous autorisait, Monsieur le Préfet, à désigner un conseiller municipal pour suppléer le maire. Désormais, cette désignation sera faite par le conseil lui-même.

Mais cette assemblée ne pourra choisir qu'un conseiller capable de remplir les fonctions de maire, puisqu'aux termes de l'article 80 ceux qui sont inéligibles comme maire ou adjoints ne peuvent en remplir, même temporairement, les fonctions.

A défaut de désignation faite par le conseil municipal, le suppléant du maire sera pris dans l'ordre du tableau.

Art. 85.

Remplacement du maire qui refuse d'accomplir un des actes qui lui sont prescrits par la loi.

Dans le cas où le maire refuserait ou négligerait d'accomplir un des actes qui lui sont prescrits par la loi, vous pouvez, Monsieur le préfet, après l'en avoir requis, y procéder d'office par vous-même ou par un délégué spécial.

En reproduisant textuellement dans la nouvelle loi l'article 15 de la loi du 18 juillet 1837, le législateur a entendu maintenir au préfet un droit essentiel : celui de veiller à l'accomplissement régulier des actes prescrits formellement par la loi, tels que la rédaction des actes de l'état civil, la revision des listes électorales, etc. Mais, pour user de la faculté que vous accorde l'article 85, il faut que le maire ou son suppléant légal ait été, au préalable, mis en demeure d'accomplir l'acte que la loi lui prescrit de faire.

Vous pouvez, soit procéder vous-même à l'accomplissement de l'acte que le maire refuse d'exécuter, soit désigner un délégué spécial, sans limiter votre choix aux membres du conseil municipal ou aux personnes éligibles aux fonctions de maire. Vous devez toujours nommer un délégué lorsqu'il s'agit d'un acte que vous n'avez pas qualité pour accomplir, tel que la réception des actes de l'état civil.

Art. 86.

Suspension et révocation des maires et adjoints.

Suspension.

La législation ancienne vous accordait, Monsieur le Préfet, le droit de suspendre les maires et adjoints par un arrêté qui cessait d'avoir son effet s'il n'était confirmé dans le délai de deux mois par le ministre de l'intérieur.

La loi du 5 avril vous maintient le droit de suspension, mais en limite la durée à un mois. Si les faits justifiaient une suspension de plus longue durée, je pourrais, sur votre proposition, augmenter cette durée de deux mois ; mais, en aucun cas, la suspension ne pourrait s'étendre au delà de trois mois.

La suspension peut toujours être prononcée pour une période inférieure au maximum établi par la loi ; elle ne rend pas inéligibles ceux qui en sont frappés.

Révocation.

La révocation, au contraire, emporte de plein droit l'inéligibilité pendant une année, à partir du décret de révocation, qui est rendu par le Président de la République.

On s'était demandé, sous l'empire de la loi du 14 avril 1871, si les maires révoqués pouvaient être élus adjoints avant l'expiration de l'année pendant laquelle ils sont inéligibles aux fonctions de maire. Cette question est tranchée par le texte de la nouvelle loi. La révocation encourue soit par le maire, soit par un adjoint emporte l'inéligibilité tant aux fonctions de maire qu'à celles d'adjoint. Cette inéligibilité dure une année ; mais elle cesse avant cette époque, s'il est procédé auparavant au renouvellement général des conseils municipaux.

Cette disposition ne saurait être étendue par analogie et ne s'applique pas à tous les cas de renouvellement intégral. Si donc, après la révocation du maire ou de l'adjoint, le conseil municipal tout entier donnait sa démission, le fonctionnaire révoqué resterait, malgré le renouvellement du conseil, inéligible pendant un an.

Art. 87.

Délégation des pouvoirs du maire au président de la délégation spéciale.

Lorsqu'il a été établi dans une commune une délégation spéciale, en vertu de l'article 44 de la loi du 5 avril 1884, le président, et, à son défaut, le vice-président de la délégation remplit les fonctions de maire.

Les pouvoirs des délégués durent jusqu'à l'installation du nouveau conseil, qui, aux termes de l'article 45, doit être nommé dans les deux mois à dater de la dissolution ou de la dernière démission. A partir de l'installation du nouveau conseil, le premier inscrit exerce les fonctions de maire, s'il n'est pas procédé immédiatement à l'élection d'un nouveau maire (art. 81).

ATTRIBUTIONS DU MAIRE

Art. 88.

Nomination aux emplois communaux par le maire.

Aux termes de l'article 88, le maire nomme à tous les emplois communaux pour lesquels les lois, décrets et ordonnances actuellement en vigueur ne fixent pas un droit spécial de nomination. Il suspend et révoque les titulaires de ces emplois. Il peut faire assermenter et commissionner les agents nommés par lui, mais à la condition qu'ils soient agréés par le préfet ou le sous-préfet.

La loi du 18 juillet 1837 (art. 12) donnait déjà au maire, sauf la faculté de faire assermenter et commissionner certains agents, les pouvoirs qui lui sont conférés par la nouvelle loi municipale. Les restrictions qu'elle y apportait et que la loi du 5 avril 1884 maintient s'expliquent et se justifient non seulement par la nature des fonctions ou emplois dont les titulaires, tels que les instituteurs, les receveurs municipaux, les préposés en chef de l'octroi, les commissaires de police, doivent être chargés par l'autorité supérieure, mais encore par la responsabilité qu'entraînent ces fonctions ou emplois et les intérêts généraux qui s'y rattachent.

La faculté donnée au maire par l'article 88 lui permettra de charger certains agents de constater, par des procès-verbaux, les contraventions aux lois et règlements de police.

Art. 89.

Adjudications publiques auxquelles le maire procède pour le compte de la commune.

L'article 89 reproduit, avec une légère différence de rédaction, les dispositions de l'article 16 de la loi du 18 juillet 1837, concernant les adjudications publiques auxquelles le maire procède pour le compte de la commune.

Il laisse subsister les prescriptions du décret du 17 mai 1809 relatives à la mise en ferme des octrois.

Vous remarquerez, en outre, qu'il n'abroge ni l'ordonnance du 14 novembre 1837, concernant les marchés de travaux ou fournitures, ni les règles édictées au sujet de ces marchés par des lois spéciales ou par application de leurs prescriptions.

Art. 90 et 91.

Attributions que le maire exerce comme chef de l'association communale.

Le maire exerce ses attributions tantôt comme chef de l'association communale, en vertu des pouvoirs qu'il tient directement de la loi, tantôt comme délégué de l'administration supérieure.

Dans le premier cas, il agit soit sous le contrôle du conseil municipal et la surveillance de l'administration supérieure, soit seulement sous cette surveillance. Dans le second cas, il agit sous l'autorité de l'administration supérieure.

Parfois, il agit comme organe de la loi, en dehors de ces deux cas. C'est ce qui a lieu, par exemple, lorsqu'il remplit les fonctions d'officier de l'état civil ou de police judiciaire.

La loi du 5 avril 1884 ne s'occupe que des attributions dont le maire est investi à titre de chef de l'association communale ou de délégué de l'administration supérieure.

Les articles 90 et 91 énumèrent les principales attributions que le maire exerce comme chef de l'association communale.

Le premier indique celles qui, ayant surtout pour objet les biens, les travaux, les finances de la commune, sont soumises à la fois au contrôle du conseil municipal et à la surveillance de l'administration supérieure.

L'article 91 mentionne les attributions qui, ayant trait à la police municipale, à la police rurale ou à l'exécution des actes de l'administration supérieure y relatifs, sont seulement soumises à la surveillance de cette administration. Les articles 90 et 91 reproduisent les dispositions de l'article 10 de la loi du 18 juillet 1837.

L'article 90 charge, en outre, le maire de se concerter avec les propriétaires ou les détenteurs du droit de chasse dans les buissons, bois et forêts, pour prendre les mesures nécessaires à la destruction des animaux nuisibles désignés dans l'arrêté du préfet, pris en vertu de l'article 9 de la loi du 3 mai 1844 ; de faire, pendant le temps de neige, à défaut des détenteurs du droit de chasse, à ce dûment invités, détourner les loups et sangliers réunis sur le territoire ; de requérir, à l'effet de détruire ces animaux, les habitants avec armes et chiens.

Enfin, l'article 90 permet au maire d'assurer l'exécution des délibérations du conseil municipal.

Art. 92.

Attributions que le maire exerce comme délégué de l'administration supérieure.

L'article 92 résume les attributions du maire agissant comme délégué de l'administration supérieure. Il n'est que la reproduction littérale de l'article 9 de la loi du 18 juillet 1837. Il dispose, comme le faisait cet article, que le maire est chargé, sous l'autorité de l'administration supérieure :

1° De la publication et de l'exécution des lois et règlements ;

2° De l'exécution des mesures de sûreté générale;

3° Des fonctions spéciales qui lui sont attribuées par les lois.

Art. 93.

Mesures à prendre d'urgence par le maire ou, à défaut, par l'autorité supérieure pour l'ensevelissement et l'inhumation des personnes décédées.

L'article 93 décide que le maire ou, à son défaut, le sous-préfet pourvoira d'urgence à ce que toute personne décédée soit ensevelie et inhumée décemment, sans distinction de culte ou de croyance.

Cette disposition est nouvelle. Cependant, en ce qui touche le maire, elle ne fait que consacrer le pouvoir de police qu'il tenait implicitement des lois et règlements antérieurs. Le législateur de 1884 veut, de plus, que, dans le cas où, au sujet de l'ensevelissement et de l'inhumation d'une personne décédée, des difficultés s'élèvent, des retards trop considérables se produisent, notamment parce qu'elle est inconnue ou délaissée, le préfet, dans l'arrondissement chef-lieu, et le sous-préfet, dans les autres arrondissements, prennent les mesures qu'exige soit le bon ordre, soit la décence publique, si le maire refuse ou néglige de les prescrire. Il n'a pas, d'ailleurs, entendu conférer soit au maire, soit au préfet ou au sous-préfet la faculté de porter atteinte au droit des familles de recourir aux cérémonies religieuses pour les obsèques des parents qu'elles ont perdus.

Art. 94.

Division en deux catégories des arrêtés que prend le maire en matière de police.

Aux termes de l'article 94, le maire prend des arrêtés à l'effet :

1° D'ordonner les mesures locales sur les objets confiés par les lois à sa vigilance et à son autorité ;

2° De publier de nouveau les lois et règlements de police et de rappeler les citoyens à leur observation.

Cet article est la reproduction des paragraphes 1 et 2 de l'article 11 de la loi du 18 juillet 1837. Les mesures locales mentionnées dans le premier paragraphe sont surtout celles qui appartiennent à la police municipale ou à la police rurale. Les lois et règlements visés dans le second paragraphe concernent soit l'une ou l'autre de ces polices, soit la police générale.

Art. 95.

Transmission immédiate au sous-préfet ou au préfet des arrêtés pris par le maire en matière de police. — Distinction, au point de vue de l'exécution, entre les arrêtés portant règlement permanent et ceux qui n'ont pas ce caractère. — Pouvoirs du préfet : annulation ou suspension, exécution immédiate.

L'article 95 de la nouvelle loi municipale veut que les arrêtés pris par le maire soient immédiatement adressés au sous-préfet ou, dans l'arrondissement chef-lieu, au préfet. Le préfet peut les annuler ou en suspendre l'exécution. Ceux de ces arrêtés qui portent règlement permanent ne sont exécutoires qu'un mois après la remise de l'ampliation constatée par les récépissés délivrés par le sous-préfet ou le préfet. Néanmoins, en cas d'urgence, le préfet peut en autoriser l'exécution immédiate. L'article 95 a été, comme l'article 94, emprunté à l'article 11 de la loi du 18 juillet 1837, dont il reproduit, sauf de légères différences de rédaction, les deux derniers alinéas. Il comprend de plus la disposition conférant au préfet le pouvoir d'autoriser, en cas d'urgence, l'exécution immédiate des arrêtés du maire qui présentent le caractère de règlement permanent.

Cette innovation est d'une utilité incontestable. Elle fait disparaître les graves inconvénients qu'entraînait la jurisprudence de la Cour de cassation, qui refusait, sous l'empire de la loi du 18 juillet 1837, de reconnaître au préfet le droit d'abréger, même dans les cas les plus urgents, le délai pendant lequel il lui appartenait d'annuler ou de suspendre ses arrêtés avant leur mise à exécution.

Art. 96.

Publication ou notification des arrêtés pris par le maire en matière de police. — Inscription de ces arrêtés sur un registre.

L'article 96 édicte des règles nouvelles consacrant la jurisprudence soit des tribunaux, soit de l'administration centrale en ce qui touche la publication ou la notification des arrêtés du maire.

Elles exigent, indépendamment des formalités prescrites par l'article 95, que les arrêtés du maire, pour devenir obligatoires, soient portés à la connaissance des intéressés, par voie de publication et d'affiches, toutes les fois qu'ils contiennent des dispositions générales, et, dans les autres cas, par voie de notification individuelle. Elles établissent, en même temps, un mode simple et pratique de constatation de la publication et de la notification. Enfin, pour mieux assurer la conservation des arrêtés, des actes de publication et de notification, elles en prescrivent l'inscription, à leur date, sur le registre de la mairie.

Il importe, Monsieur le Préfet, que ces diverses mesures soient régulièrement exécutées. Vous voudrez bien y tenir la main.

Art. 97.

Triple but immédiat de la police municipale. — Mesures les plus importantes qu'elle comprend.

L'article 97 indique le triple but immédiat de la police municipale. Il consiste à assurer le bon ordre, la sûreté et la salubrité publiques.

L'article 97 énumère en même temps les mesures les plus importantes que comprend la police municipale. Cette énumération presque tout entière est empruntée, sauf quelques différences de rédaction, à la loi des 16-24 août 1790 (titre XI, art. 3). Les mesures qu'elle mentionne, en dehors de celles prévues dans cette dernière loi, ont pour objet le mode de transport des personnes décédées, les inhumations et les exhumations, le maintien du bon ordre et de la décence dans les cimetières, sans qu'il soit permis d'établir des distinctions ou des prescriptions particulières à raison des croyances et du culte du défunt ou des circonstances qui ont accompagné sa mort.

Il est à remarquer, relativement à ces dernières mesures, que l'article 97, contrairement au décret du 18 mai 1806, reconnaît implicitement au maire le droit de régler le mode de transport des personnes décédées. Il reproduit, en outre, les prescriptions du décret du 23 prairial an XIII sur la police des lieux de sépulture, telles qu'elles ont été modifiées par la loi du 14 novembre 1881 portant abrogation de l'article 15 de ce décret.

Art. 98.

Pouvoirs de police exercés par le maire dans l'intérieur des agglomérations, sur les routes soit nationales, soit départementales et sur les autres voies de communication. — Permis de stationnement ou de dépôt temporaire. — Alignements individuels. — Simples permissions de voirie.

Le maire tient des attributions de police municipale que lui confère l'article 91 de la loi du 5 avril 1884, comme le faisait déjà l'article 10 de la loi du 18 juillet 1837, le droit de prendre les mesures nécessaires pour assurer, dans les agglomérations d'habitations, la commodité, la liberté et la sécurité du passage sur toutes les voies publiques de la grande ou de la petite voirie. L'article 98 de la nouvelle loi reconnaît au maire ce droit d'une manière formelle. En ajoutant qu'il l'exerce seulement en ce qui touche la circulation, le législateur a voulu faire une réserve au sujet des pouvoirs qui appartiennent, sur d'autres objets, à l'autorité supérieure en matière de grande voirie, de grande ou de moyenne vicinalité : par exemple, en ce qui concerne les autorisations de bâtir le long de la voie publique, les alignements individuels, les simples permissions de voirie. Il n'a pas entendu restreindre, en dehors de cette réserve, les attributions de police municipale du maire à l'égard des mesures ayant pour objet le bon ordre, la sécurité ou la salubrité publiques.

D'après le second paragraphe de l'article 98, le maire peut, moyennant le paiement de redevances fixées par un tarif dûment établi, sous les réserves imposées par l'article 7 de la loi du 11 frimaire an VII, donner des permis de stationnement ou de dépôt temporaire sur la voie publique, sur les rivières, ports et quais fluviaux et autres lieux publics.

Cette disposition met un terme aux difficultés qui s'étaient élevées relativement au point de savoir s'il appartenait au maire d'autoriser sur les trottoirs ou les accotements des rues ou places l'établissement d'étalages mobiles, l'installation temporaire de marchands, la pose de tables, de bancs ou de chaises par les restaurateurs, cafetiers ou débitants de boissons. La Cour de cassation et le Conseil d'État s'étaient prononcés dans le sens de l'affirmative. Cependant, le droit du maire ne cessait pas d'être contesté. Il ne saurait l'être aujourd'hui lorsqu'il sera exercé conformément aux prescriptions légales que je viens de rappeler.

L'article 98 de la nouvelle loi municipale n'abroge pas d'ailleurs les dispositions de l'article 471 du Code pénal concernant les dépôts sur la voie publique dans les cas de nécessité ou de force majeure. De pareils dépôts ont lieu, en principe, sans autorisation.

Dans les autres cas, le maire ne peut accorder de permis de stationnement ou de dépôt temporaire qu'autant que les intérêts de la circulation, s'il s'agit d'une voie publique, ou de la navigation, s'il s'agit d'une rivière, d'un port ou d'un quai, ne doivent pas en souffrir sérieusement et que les redevances à exiger sont fixées par un tarif voté par le conseil municipal et homologué par l'autorité supérieure.

J'examinerai, sous l'article 133, non seulement quelle est cette autorité, mais encore sur quelles voies publiques le maire exerce le pouvoir que lui confère l'article 98 et quel est le sens légal des mots stationnement, dépôt temporaire, ports et quais fluviaux.

Les alignements individuels, les autorisations de bâtir et les simples permissions de voirie sont délivrés soit par le préfet, soit par le sous-préfet, en ce qui concerne les routes nationales, les routes départementales, les chemins vicinaux de grande ou de moyenne communication et les rues formant la traverse de l'une ou l'autre de ces voies de communication. L'article 98, paragraphe 3, exige qu'avant de statuer sur les demandes tendant à obtenir les alignements, autorisations ou permissions que je viens de mentionner, le préfet ou le sous-préfet prenne l'avis du maire.

Cette disposition, Monsieur le Préfet, est une innovation d'une utilité qui ne saurait être contestée. Elle permettra au maire de revendiquer, en temps opportun, le droit de statuer lui-même sur les demandes de sa compétence lorsque les pétitionnaires considéreront comme appartenant à la grande voirie, à la grande ou à la moyenne vicinalité, des voies publiques ou sections de voies publiques appartenant exclusivement à la voirie urbaine ou à la petite vicinalité. Elle donnera, en outre, au maire le moyen de fournir, au moment utile, des renseignements qui éclaireront l'administration supérieure sur les inconvénients que pourraient entraîner certaines permissions au point de vue soit de services municipaux (éclairage, distribution d'eau, etc.), soit de la commodité, de la liberté ou de la sécurité de la circulation.

L'avis défavorable du maire ne sera pas un obstacle légal à ce qu'une décision contraire intervienne immédiatement. Toutefois, dans les cas où il n'y aura pas urgence et où la difficulté soulevée par le maire présentera de la gravité, il conviendra de me la soumettre avant la décision. Je vous ferai connaître mon appréciation le plus tôt possible, après avoir provoqué les observations de M. le Ministre des travaux publics, quand la question intéressera la grande voirie.

La délivrance des autorisations de bâtir, des alignements individuels et des simples permissions de voirie, à titre précaire ou essentiellement révocable, rentre dans les attributions du maire en matière de petite voirie, sauf les exceptions relatives aux chemins vicinaux de grande ou de moyenne communication et aux rues en formant la traverse. Il a toujours été admis que, dans le cas où le maire, saisi régulièrement d'une demande d'alignement individuel ou d'autorisation de bâtir, refusait de l'accueillir, le préfet pouvait délivrer l'alignement ou l'autorisation. En effet, tout propriétaire a le droit d'élever sur son fonds des constructions en bordure de la voie publique. Il est tenu de solliciter préalablement l'alignement individuel et l'autorisation de bâtir, mais l'administration est obligée de lui accorder lorsque sa demande réunit les conditions prévues par les lois ou règlements. Dans ce cas, le refus du maire, avant la promulgation de la nouvelle loi municipale, tombait sous l'application de l'article 15 de la loi du 18 juillet 1837. Il est prévu aujourd'hui par l'article 85 de la loi du 5 avril 1884, aux termes duquel, quand le maire néglige ou refuse de faire un des actes qui lui sont prescrits par la loi, le préfet peut, après l'en avoir requis, y procéder d'office par lui-même ou par un délégué spécial.

Le préfet ne pouvait régulièrement se substituer ainsi au maire sous la législation précédente en ce qui touche les simples permissions de voirie, ces permissions, contrairement aux alignements individuels et aux autorisations de bâtir, étant purement facultatives de la part de l'autorité compétente. Le Conseil d'État, statuant au contentieux, s'était prononcé dans ce sens, par un arrêt du 10 décembre 1880. Cependant, il est arrivé, dans certains cas, que le refus du maire concernant les simples permissions de voirie ne se justifiait ni par les nécessités de la viabilité ni par aucune autre considération d'intérêt général. Le dernier paragraphe de l'article 98 a prévu cette situation et il vous donne le moyen d'y pourvoir. Désormais, lorsque vous aurez constaté que l'intérêt général de l'État, du département ou de la commune ne justifie pas le refus du maire de délivrer une permission de voirie, à titre précaire ou essentiellement révocable, ayant pour objet notamment l'établissement dans le sol de la petite voirie d'une canalisation destinée au passage ou à la conduite soit de l'eau, soit du gaz, il vous appartiendra d'accorder cette permission.

Art. 99.

Mesures de police qu'il appartient au préfet de prendre pour toutes les communes du département, ou pour l'une ou plusieurs d'entre elles.

Aux termes de l'article 99 de la loi du 5 avril 1884, les pouvoirs de police municipale qui appartiennent au maire en vertu de l'article 91 ne font pas obstacle au droit du préfet de prendre, pour toutes les communes du département ou plusieurs d'entre elles, et dans tous les cas où il n'y aurait pas été pourvu par les autorités municipales, toutes mesures relatives au maintien de la salubrité, de la sûreté et de la tranquillité publiques.

Ces dispositions, qui découlent du principe fondamental posé par les lois des 22 décembre 1789 et 18 janvier 1790 et de diverses lois spéciales, ont pour objet de préciser les attributions des préfets, en tant qu'il s'agit de mesures dont l'initiative continue d'appartenir au maire, mais qui, intéressant la tranquillité, la sûreté ou la salubrité publiques, doivent être prises par le préfet si l'initiative du maire n'y a pas pourvu. Ainsi la négligence, l'inertie ou le mauvais vouloir des autorités municipales ne sauraient paralyser ou arrêter l'exercice des pouvoirs de police générale du préfet dans la sphère légitime d'action qui lui est assignée.

La police générale, la police municipale et la police rurale ont des buts immédiats de même nature : le bon ordre ou la tranquillité, la sûreté et la salubrité publiques. Elles s'appliquent, en outre, le plus souvent, aux mêmes matières ou objets. Elles ne diffèrent essentiellement que sous le rapport du nombre plus ou moins considérable des personnes dont elles tendent, en assurant l'ordre, la tranquillité, la sécurité, la salubrité, à

défendre ou protéger la vie, les droits ou les intérêts. En effet, l'existence, les droits ou les intérêts que la police générale a pour mission de défendre ou de protéger par les mesures qu'elle comprend sont ceux de la société tout entière, de l'État, d'un département ou d'une partie d'un département comprenant plusieurs communes. La police municipale et la police rurale, au contraire, ont seulement pour mission de défendre ou de protéger les existences, les droits ou les intérêts renfermés dans la circonscription territoriale de la commune. Il rentre, par conséquent, dans les attributions de la police générale de prendre, sur les objets que le législateur n'a pas formellement ou implicitement soustraits à son action, les mesures qui ont l'un ou plusieurs des buts immédiats qu'elle doit poursuivre, lorsqu'elles intéressent les habitants soit de toute la France, soit de l'ensemble d'un département ou d'une ou de ses parties dépassant les limites d'une commune. Il n'a jamais été dans la pensée du législateur d'interdire de pareilles mesures quand elles devraient porter sur les objets ou matières appartenant au domaine de la police municipale ou de la police rurale.

Il n'interdit l'exercice des pouvoirs de police générale sur ces objets que dans le cas où les mesures qui seraient prises n'intéresseraient que les habitants de chacune des communes auxquelles elles s'appliqueraient. C'est ainsi que la Cour de cassation a refusé de reconnaître comme rentrant dans les attributions de police générale du préfet les arrêtés par lesquels il réglementerait dans toutes les communes du département le balayage et le nettoiement des voies publiques pour en assurer la propreté, ou par lesquels il imposerait aux chevriers l'obligation de munir de clochettes et de muselières les chèvres conduites au pâturage (Cour de cassation, chambre crimin., arrêts des 28 juin 1861, 6 juillet 1866). Mais elle a déclaré obligatoires, comme ayant le caractère d'utilité générale, les arrêtés préfectoraux réglementant, dans toutes les communes du département, les couvertures en chaume, les bals publics, les heures d'ouverture et de fermeture des débits de boissons, la divagation des chiens, les dépôts de fumiers ou d'immondices à proximité des habitations (Cour de cassation, chambre crimin., arrêts des 12 septembre 1845, 19 et 26 janvier 1856, 15 novembre 1856, 17 mai 1861, 4 janvier 1862, 6 juillet 1867, 17 janvier 1868). Les mesures concernant le balayage ou la conduite des chèvres au pâturage n'intéressent, dans chaque commune, que ses habitants. Au contraire, les mesures relatives aux couvertures en chaume, aux bals publics, aux heures d'ouverture et de fermeture des débits de boissons, à la divagation des chiens, aux dépôts de fumiers et d'immondices dans le voisinage des maisons n'intéressent pas seulement les habitants de la commune où elles sont exécutées : elles intéressent également ou peuvent intéresser les habitants des communes voisines et même de tout le département.

Il peut se faire qu'une mesure intéressant les habitants d'un canton, d'un arrondissement, d'un ou plusieurs départements soit seulement applicable dans une commune. Telle serait la mesure qui prescrirait à un ou plusieurs propriétaires de mares ou d'étables situées dans une commune soit d'exécuter les travaux ou ouvrages nécessaires, soit de prendre les précautions indispensables pour faire disparaître l'état d'insalubrité de ces mares ou étables, présentant, en ce qui concerne les habitants non seulement de la localité, mais encore des localités voisines, les plus graves dangers au point de vue de la salubrité publique. Une pareille mesure a le caractère d'utilité générale dépassant les limites d'une circonscription communale. Toutefois, comme elle ne doit avoir d'application que dans ces limites, on aurait pu hésiter à reconnaître au préfet le pouvoir de la prendre. Il ne saurait lui être contesté sous l'empire de la nouvelle loi municipale, en présence du dernier paragraphe de l'article 99. Ce paragraphe, d'ailleurs, édicte une garantie en faveur de l'autorité municipale. Il veut, en effet, que le préfet n'exerce son pouvoir en pareil cas qu'après une mise en demeure adressée au maire et restée sans résultat. Vous ne perdrez pas de vue, Monsieur le Préfet, cette condition. Le législateur l'a édictée par un vif désir de restreindre le moins possible les attributions de l'autorité municipale.

Art. 100.

Sonneries des cloches.

L'article 100 est ainsi conçu :

« Les cloches des églises sont spécialement affectées aux cérémonies du culte.

» Néanmoins, elles peuvent être employées dans les cas de péril commun qui exigent un prompt secours et dans les circonstances où cet emploi est prescrit par des dispositions de lois ou règlements, ou autorisé par les usages locaux.

» Les sonneries religieuses, comme les sonneries civiles, feront l'objet d'un règlement concerté entre l'évêque et le préfet, ou entre le préfet et le consistoire, et arrêté, en cas de désaccord, par le ministre des cultes. »

Ces dispositions constituent une innovation, au moins en ce qu'elles établissent une législation précise sur la matière. On en trouve cependant le germe dans les lois antérieures et dans des avis de principe du Conseil d'État qui reconnaissaient le droit à l'autorité civile d'user des cloches dans certains cas.

La loi du 5 avril 1884 accentue ce droit ; elle dispose que les cloches pourront être employées dans les cas de péril commun qui exigent un prompt secours, et dans les circonstances où cet emploi est prescrit par des lois ou règlements, ou autorisé par les usages locaux.

Puis, pour prévenir toutes difficultés ultérieures, le législateur décide que les sonneries religieuses et les sonneries civiles feront l'objet d'un règlement concerté entre l'évêque et le préfet, ou entre le préfet et les consistoires, ou arrêté, en cas de désaccord, par le ministre des cultes.

En ce qui concerne les règlements relatifs aux sonneries religieuses, ils étaient prévus par l'article 48 de la loi du 18 germinal an X. Il suffira donc de rechercher ces règlements et d'en poursuivre, si vous le jugez nécessaire, la refonte d'accord avec l'autorité diocésaine, sauf recours à la décision du ministre des cultes en cas de conflit. Une fois retrouvés ou refondus, vous au-

rez à en adresser à mon collègue un exemplaire type qui devra rester aux archives de l'administration des cultes. Vous voudrez bien également m'en transmettre une copie.

Il n'en est pas de même des règlements relatifs aux sonneries civiles. Ces derniers sont entièrement à créer.

Vous aurez dès lors à déterminer, aussi exactement que possible, les cas où les cloches pourront être employées civilement, en tenant compte des usages locaux et des lois et règlements. Vous communiquerez votre projet de règlement à l'autorité diocésaine. Si des difficultés s'élevaient, elles devraient être soumises à M. le Ministre des cultes, qui trancherait ces difficultés, en arrêtant définitivement le règlement projeté.

Lorsque vous saisirez ainsi M. le Ministre des cultes des difficultés prévues au dernier paragraphe de l'article 100, vous m'adresserez, en même temps, une copie de votre rapport et de vos propositions, afin de me mettre à même de communiquer, s'il y a lieu, mes observations à mon collègue sur les questions d'ordre public ou de police qui lui sont soumises.

Art. 101.

Clefs du clocher et de l'église.

L'article 101 dispose :

« Une clef du clocher sera déposée entre les mains du titulaire ecclésiastique, une autre entre les mains du maire, qui ne pourra en faire usage que dans les circonstances prévues par les lois ou règlements.

» Si l'entrée du clocher n'est pas indépendante de celle de l'église, une clef de la porte de l'église sera déposée entre les mains du maire. »

Cet article n'est que la conséquence de l'article 100 ; il a pour but de permettre aux maires d'user, conformément aux lois et règlements, du droit qui leur est attribué d'employer les cloches aux sonneries civiles.

Art. 102.

Gardes champêtres.

La loi du 20 messidor an III (art. 1) imposait à toute commune l'obligation d'avoir un garde champêtre. Cette obligation étant excessive pour les communes pauvres, l'administration supérieure ne la leur appliquait pas rigoureusement.

L'article 102 de la loi du 5 avril 1884 la supprime. Il rend l'institution des gardes champêtres facultative pour toutes les communes, comme elle l'était avant la loi du 20 messidor an III, sous l'empire de la loi des 28 septembre-6 octobre 1791 (titre VII). Dès lors, chaque commune est actuellement libre soit de n'avoir aucun garde champêtre, soit d'en avoir un ou plusieurs.

Mais, d'après l'esprit, sinon le texte de la nouvelle loi municipale, plusieurs communes ne peuvent s'associer pour entretenir un seul garde champêtre. La Chambre des députés avait admis cette faculté. Le Sénat n'a pas cru devoir la maintenir, par le motif que le service d'un garde unique pour deux communes ou un plus grand nombre serait fait le plus souvent d'une manière incomplète dans chacune d'elles, et que les maires pourraient ne pas se mettre d'accord sur les questions de nomination ou de suspension.

Les villes qui ont des commissaires et agents de police peuvent souvent se passer de gardes champêtres. Il en est de même des communes dont le territoire est peu étendu. Dans les autres localités, la présence d'un ou de plusieurs gardes champêtres sera presque toujours d'utilité incontestable. Lorsque vous l'aurez constaté, vous devrez engager les municipalités à conserver ou à instituer des gardes champêtres, autant que les besoins de la police rurale l'exigeraient et que les ressources communales le permettraient.

Le législateur de 1884 ne se contente pas de laisser une entière liberté aux communes en ce qui touche l'institution des gardes champêtres. Il rend au maire la nomination de ces agents, que la loi du 18 juillet 1837 (art. 13) lui conférait déjà, mais qui lui avait été enlevée par le décret législatif du 25 mars 1852. L'article 102 de la nouvelle loi municipale ne subordonne pas cette nomination à l'approbation du préfet comme faisait la loi de 1837 ; il exige seulement que les gardes champêtres soient agréés et commissionnés par le sous-préfet ou par le préfet dans l'arrondissement chef-lieu. Lorsque le préfet ou le sous-préfet n'a pas fait connaître son agrément dans le mois qui suit le jour où il lui a été demandé, il est censé le donner.

Les gardes champêtres, étant officiers de police judiciaire, doivent être assermentés. Ils peuvent être suspendus par le maire pendant un mois. Le préfet a seul le droit de les révoquer.

Le dernier paragraphe de l'article 102 de la loi du 5 avril 1884 ajoute qu'en dehors de leurs fonctions relatives à la police rurale, les gardes champêtres sont chargés non seulement de rechercher, chacun dans le territoire pour lequel il est assermenté, les contraventions aux règlements et arrêtés de police municipale, mais encore de dresser des procès-verbaux pour les constater.

Cette disposition est empruntée à la loi du 24 juillet 1867 (art. 20).

Art. 103.

Personnel chargé du service de la police.

L'article 103 de la loi du 5 avril 1884 a pour objet l'organisation du personnel chargé de la police. Il reproduit les dispositions de la loi du 24 juillet 1867 (art. 23) et de la loi du 20 janvier 1874 (art. 3), sauf quelques modifications. La plus importante consiste en ce que, dans toutes les communes, le maire nomme et suspend les inspecteurs de police, les brigadiers, les sous-brigadiers et les agents de police, tandis qu'il ne les nommait ni ne les suspendait précédemment dans les villes ayant plus de 40,000 habitants.

Les inspecteurs, brigadiers, sous-brigadiers et agents de police ne peuvent, comme sous la législation antérieure, être révoqués que par le préfet. La nouvelle loi maintient au préfet le droit de les agréer dans l'arrondissement chef-lieu. Elle donne le même droit au sous-préfet dans les autres arrondissements.

Art. 104 et 105.

Dispositions spéciales à la ville de Lyon et aux communes de l'agglomération lyonnaise.

La ville de Lyon et les communes qui forment avec elle l'agglomération lyonnaise avaient été soumises par la législation ancienne à un régime exceptionnel, qui plaçait entre les mains du préfet la plus grande partie des pouvoirs municipaux. Bien que des lois plus récentes, et notamment la loi du 24 avril 1881, aient modifié dans une large mesure, pour Lyon surtout, l'ancienne organisation, les municipalités restaient dépouillées d'un certain nombre d'attributions de police municipale sans que ce sacrifice parût suffisamment justifié par les nécessités de l'ordre public.

Le législateur de 1884 s'est donc attaché à faire rentrer, autant que possible, les communes de l'agglomération lyonnaise sous le régime commun, et les seules exceptions qui subsistent sont celles qui découlent, soit de la constitution spéciale de la municipalité de Lyon, soit des pouvoirs de police que le préfet du Rhône continue à exercer dans l'agglomération.

Organisation municipale de Lyon.

La ville de Lyon continue à être divisée en six arrondissements municipaux (art. 73). Son conseil municipal se compose de 54 membres (art. 10). Le nombre de ses adjoints est de 17 (art. 73).

Indépendamment des délégations qu'ils peuvent recevoir du maire, conformément à l'article 82, ceux des adjoints qui sont délégués, au nombre de deux, dans chaque arrondissement, ont des attributions spéciales qui comprennent la tenue des registres de l'état civil et les affaires diverses énumérées dans l'article 2 du règlement d'administration publique du 11 juin 1881 (art. 73).

Sous ces réserves, Lyon se trouve, au point de vue de l'organisation municipale, soumis aux mêmes règles que toutes les autres communes.

Police municipale dans les communes de l'agglomération lyonnaise.

Au point de vue de la police, il n'y a plus aujourd'hui aucune distinction à faire entre Lyon et les autres communes de l'agglomération lyonnaise.

L'article 104 modifie la composition de cette agglomération ; il retranche des communes qui en faisaient partie celles de Rillieux et de Miribel et y ajoute celles de Sathonay (Ain), et de Pierre-Bénite, section distraite en 1869 de la commune d'Oullins (Rhône).

L'agglomération comprend donc aujourd'hui les communes de Lyon, Calluire-et-Cuire, Oullins, Sainte-Foy, Saint-Rambert, Villeurbanne, Vaulx-en-Velin, Brou, Vénissieux et Pierre-Bénite, du département du Rhône, et celle de Sathonay, du département de l'Ain.

Dans toutes ces communes, le préfet du Rhône exerce, en principe, les mêmes attributions qui appartiennent au préfet de police dans les communes suburbaines du département de la Seine, conformément aux arrêtés des consuls des 12 mes sidor an VIII, 3 brumaire an IX, à la loi du 10 juin 1853 et au décret du 16 octobre 1859.

Mais l'article 105 de la loi du 5 avril 1884 apporte à ce principe une large dérogation en remettant aux maires les pouvoirs de police municipale tels qu'ils sont définis par l'article 97, sous les réserves suivantes :

1° Le préfet du Rhône reste chargé du soin de réprimer les atteintes à la tranquillité publique (§ 2 de l'article 97) ;

2° Il garde également la mission d'assurer le maintien du bon ordre dans les endroits où il se fait de grands rassemblements (combinaison des paragraphes 3 de l'article 97 et 2 de l'article 102).

En d'autres termes, suivant l'expression du rapporteur de la loi à la Chambre des députés (séance du 29 octobre 1883), les maires de l'agglomération lyonnaise sont, en ce qui concerne la police municipale proprement dite, investis des mêmes pouvoirs que les maires des autres communes de France.

Art. 106, 107, 108 et 109.

Responsabilité civile des communes.

La loi du 10 vendémiaire an IV, dont les dispositions, bien que tombées pour partie en désuétude, n'avaient pas été abrogées jusqu'à la loi du 5 avril 1884, avait établi le principe de la responsabilité étendue à la collectivité des habitants d'une commune, lorsqu'il s'agissait de crimes ou délits commis sur son territoire par des attroupements armés ou non armés, soit envers les personnes, soit contre les propriétés publiques ou privées.

La seule constatation des crimes ou délits commis dans ces circonstances rendait la commune responsable des dégâts et dommages.

La loi du 5 avril a maintenu le principe, mais elle a, dans les articles 106, 107, 108 et 109 consacrés à la matière, singulièrement atténué la rigueur de l'ancienne législation.

L'article 106 déclare les communes responsables des dégâts et dommages résultant des crimes ou délits commis à force ouverte ou par violence sur leur territoire par des attroupements ou rassemblements armés ou non armés soit envers les personnes, soit contre les propriétés publiques ou privées.

Le maire de toute commune est chargé, par ses attributions de police, du soin de prévenir les attroupements ou rassemblements qui peuvent se former sur le territoire de la commune, et, lorsqu'ils ont lieu, de mettre la force publique en mouvement pour les dissiper ; s'il ne remplit pas ce devoir, il est naturel que la responsabilité de la commune soit engagée par la faute ou la négligence de son mandataire élu.

Le paragraphe 2 de l'article 106 règle la procédure à suivre pour le paiement des dommages-intérêts dont la commune est responsable. Ces dommages-intérêts doivent être répartis entre tous les habitants domiciliés dans la commune. La répartition est faite en vertu d'un rôle spécial comprenant les quatre contributions directes.

L'article 107 prévoit le cas où les attroupements ou rassemblements ont été formés d'habitants de plusieurs communes. Chacune d'elles alors est responsable des dégâts et dommages causés, dans la proportion qui sera fixée par les tribunaux.

L'article 108 indique les circonstances dans lesquelles les communes sont affranchies de la responsabilité civile.

D'après le premier paragraphe de cet article, une commune échappe à l'application des articles 106 et 107 lorsqu'elle peut prouver que toutes les mesures qui étaient en son pouvoir ont été faites à l'effet de prévenir les attroupements ou rassemblements et d'en faire connaître les auteurs.

La commune, dans cette hypothèse, est présumée en faute, mais il lui appartient de justifier sa conduite devant les tribunaux, en apportant la preuve qu'elle a pris toutes les mesures nécessaires et rempli les devoirs qui lui incombaient.

Le paragraphe 2 de l'article 108 décide, en outre, que le principe de la responsabilité ne s'appliquera pas aux communes où la municipalité n'a pas la disposition de la police locale ou de la force armée, c'est-à-dire aux communes qui, comme Paris et Lyon, ont un service de police indépendant de la municipalité, ou encore aux communes où l'état de siège a été proclamé.

Le paragraphe 3 veut également que les articles 106 et 107 ne soient pas appliqués lorsque les dommages causés sont le résultat d'un fait de guerre.

Enfin, l'article 109 ajoute que la commune déclarée responsable peut exercer son recours contre les auteurs et complices du désordre.

TITRE IV

DE L'ADMINISTRATION DES COMMUNES

CHAPITRE Ier

DES BIENS ET ÉTABLISSEMENTS COMMUNAUX

Art. 110.

Vente de biens autorisée d'office sur la demande d'un créancier porteur de titres exécutoires.

Les créanciers des communes n'ont pas le droit de recourir contre elles aux voies ordinaires d'exécution. Il leur est interdit de pratiquer des saisies sur les biens communaux, soit mobiliers, soit immobiliers (Conseil d'État, avis du 12 août 1807).

Cette interdiction est justifiée par les graves inconvénients qu'il y aurait à permettre à de simples particuliers de venir troubler l'ordre du budget communal approuvé par l'autorité compétente, et arrêter la marche des services municipaux en privant les communes de ressources sans lesquelles ils ne sauraient fonctionner. Toutefois, le législateur ne veut pas que les municipalités abusent de ce privilège. Il arme l'administration supérieure de moyens coercitifs lui donnant la faculté de contraindre les communes à se libérer de leurs dettes, lorsqu'elles disposent ou peuvent disposer de ressources suffisantes. Ces moyens consistent soit en des allocations portées aux budgets des communes débitrices ou en des imposition extraordinaires établies d'office, soit en des ventes autorisées également d'office sur la demande des créanciers porteurs de titres exécutoires. L'administration supérieure apprécie si, en raison des circonstances, elle peut employer de semblables mesures sans compromettre les intérêts généraux des communes, du département ou de l'État, et, dans le cas de l'affirmative, quelle est celle de ces mesures qu'il convient de préférer.

L'article 149 de la loi du 5 avril 1884 trace les règles à suivre lorsqu'il s'agit de recourir aux allocations ou aux impositions d'office. L'article 110 a pour objet les aliénations. Il est emprunté à l'article 46 de la loi du 18 juillet 1837. Il décide que la vente des biens mobiliers ou immobiliers des communes, autres que ceux qui servent à un usage public, peut être autorisée, sur la demande de tout créancier porteur d'un titre exécutoire, par un décret du Président de la République, qui détermine les formes de la vente.

Des doutes pouvaient s'élever, avant la nouvelle loi municipale, sur le point de savoir si le décret de décentralisation conférait au préfet le pouvoir d'autoriser une vente de cette nature. Ils ne sauraient se reproduire aujourd'hui.

Vous devrez, dès lors, vous borner à m'adresser des propositions dans le cas où vous seriez saisi d'une demande qui vous paraîtrait susceptible d'être accueillie.

Art. 111.

Libéralités faites à la commune, à une ou plusieurs sections, à un ou plusieurs quartiers ou hameaux.

En principe, les délibérations du conseil municipal portant acceptation de dons ou legs faits à la commune, à une ou plusieurs sections, sont exécutoires par elles-mêmes. Elles ne sont subordonnée à l'approbation de l'administration supérieure que lorsqu'il y a, soit charges ou conditions, soit réclamations des héritiers ou, lorsque les libéralités sont faites à un hameau ou quartier de la commune qui n'est pas encore à l'état de section ayant la personnalité civile (Loi du 5 avril 1884, art. 61, 68 et 111).

L'approbation est donnée par le préfet en conseil de préfecture lorsque les libéralités faites à la commune ou à une section avec charges et conditions ne soulèvent aucune réclamation de la part des personnes qui prétendent avoir droit à la succession de l'auteur des libéralités.

Dans le cas contraire, elle doit émaner d'un décret rendu en conseil d'État (art. 111). Il en est ainsi lorsqu'une réclamation est formée soit contre l'ensemble des libéralités intéressant la commune ou la section et divers établissements publics, soit seulement contre une ou plusieurs des libéralités. Vous aurez également à provoquer un décret quand une convention ou transaction intervient entre les héritiers, la commune ou la section et les établissements intéressés avant qu'il ait été statué par l'autorité supérieure sur l'acceptation des libéralités. Cette transaction ou convention suppose, en effet, une réclamation des prétendants droit à la succession et rend nécessaire une décision présidentielle.

Un décret statuant sur l'ensemble des libéralités est encore nécessaire, même s'il n'y a pas réclamation d'héritiers, lorsqu'une ou plusieurs des libéralités concernent des établissements religieux et que vous n'êtes pas compétent pour en autoriser l'acceptation.

Un décret rendu dans la forme des règlements d'administration publique est indispensable dans tous les cas, d'après le dernier paragraphe de l'article 111 de la loi du 5 avril 1884, quand les libéralités sont faites à un hameau ou quartier n'ayant pas le caractère de personne civile. Ce décret doit être précédé non seulement d'un vote du conseil municipal de la commune, mais encore d'une délibération prise par une commission syndicale organisée conformément à l'article 129 de la nouvelle loi municipale.

Cette disposition constitue une innovation importante. En effet, l'acceptation de libéralités dans les circonstances qu'elle prévoit n'a pas seulement pour résultat, quand elle est définitive, d'assurer des avantages plus ou moins considérables à une portion de commune, et parfois à lui imposer des charges, mais encore de la constituer en personne civile pouvant ultérieurement, en remplissant les formalités légales ou réglementaires, recevoir de nouvelles libéralités, acquérir, transiger ou plaider. Il importait, par conséquent, de faire intervenir préalablement une représentation spéciale de la fraction de commune intéressée et d'exiger une sanction émanant de l'autorité administrative supérieure.

Art. 112.

Refus d'acceptation de dons ou legs.

L'article 112 de la loi du 5 avril 1884 édicte également de nouvelles règles.

Aux termes de l'article 48 de la loi du 18 juillet 1837, les délibérations du conseil municipal portant refus d'acceptation de dons et legs n'étaient exécutoires qu'en vertu d'une décision du chef de l'État. Cette disposition avait été dictée par la crainte que, dans certains cas, le conseil municipal, subissant l'influence des héritiers du donateur ou du testateur, ne sacrifiât à leur intérêt celui de la commune. Le législateur de 1884, voulant restreindre le moins possible la liberté d'action du conseil municipal, a pensé qu'il suffirait de l'inviter à revenir sur le refus qui ne paraîtrait pas justifié et à n'admettre le refus comme définitif que lorsqu'il aurait déclaré y persister par une seconde délibération.

En pareilles circonstances, Monsieur le préfet, vous signalerez, d'une manière spéciale, à l'attention du conseil municipal, les inconvénients qui vous sembleraient devoir résulter, pour la commune, de la privation de biens dont son patrimoine pourrait être accru avantageusement.

Lorsque le don ou le legs est fait à une section de commune, si le conseil municipal est d'avis de le refuser, l'article 112 exige qu'il soit statué par un décret rendu dans la forme des règlements d'administration publique, à la suite de la délibération d'une commission syndicale élue par les habitants de la section, selon les dispositions de l'article 129. Le décret, dans ce cas, peut autoriser, malgré l'opposition du conseil municipal, l'acceptation de la libéralité.

La section se trouve ainsi protégée contre les sentiments de jalousie ou de convoitise qui pourraient amener le conseil municipal à exprimer un refus, afin de la priver d'avantages dont toute la commune ne profiterait pas directement.

Art. 113.

Acceptation de dons ou legs à titre conservatoire.

L'article 113 donne au maire le droit d'accepter, à titre conservatoire, les dons ou legs faits à la commune et de former avant l'autorisation toute demande en délivrance.

Le décret du Président de la République, l'arrêté du préfet ou la délibération du conseil municipal qui interviennent ultérieurement ont effet du jour de l'acceptation.

Ces dispositions, empruntées avec quelques modifications à l'article 48 de la loi du 1er juillet 1837, s'expliquent d'elles-mêmes. Elles permettent au maire d'éviter à la commune la perte de libéralités ou d'intérêts qui pourraient résulter de retards apportés à l'autorisation de l'acceptation.

Art. 114.

Constructions ou reconstructions intéressant la commune. — Plans et devis.

Le conseil municipal a toujours été appelé, sauf certaines exceptions, à délibérer sur les plans et devis des constructions ou reconstructions intéressant la commune. Ces plans et devis, sous l'empire de la loi du 18 juillet 1837, devaient être soumis à l'approbation du ministre de l'intérieur quand les prévisions de la dépense s'élevaient à 30,000 francs et à celle du préfet lorsqu'elles étaient moindres. Le décret du 25 mars 1852 sur la décentralisation administrative décida que le préfet statuerait sur les plans et devis des travaux communaux, quel qu'en fût le montant (art. 1er, tableau A, n° 49). La loi du 24 juillet 1867 (art. 1er, n° 3), restreignit à cet égard les pouvoirs du préfet et donna une certaine extension à ceux du conseil municipal. En effet, elle déclara que le conseil municipal réglerait par ses délibérations les projets, plans et devis de grosses réparations et d'entretien, lorsque la dépense totale afférente à ces projets, plans et devis et autres projets de même nature adoptés dans le même exercice, ne dépasserait pas le cinquième des revenus ordinaires de la commune, ni, en aucun cas, une somme de 50,000 francs.

La loi du 5 avril 1884 est allée beaucoup plus loin dans la voie des libertés communales. Elle accroît considérablement les pouvoirs du conseil municipal en matière de projets, plans et devis des travaux communaux. Elle veut que les délibérations qu'il prend sur les projets, plans et devis soient en principe exécutoires par elles-mêmes (art. 61 et 114). Elle ne les subordonne à

la sanction de l'autorité supérieure, c'est-à-dire, ordinairement, du préfet, que dans les cas exceptionnels prévus soit par l'article 68 (n° 3), soit par les lois spéciales.

Il est en outre à remarquer que si, en règle générale, les projets, plans et devis des travaux intéressant la commune ne doivent être mis à exécution que lorsqu'ils sont approuvés par le conseil municipal, cette règle souffre exception, comme le rappelle l'article 114, dans certains cas prévus par les lois spéciales et notamment lorsqu'il s'agit soit de travaux de la grande ou de la moyenne vicinalité, soit d'ouvrages constituant des dépenses communales obligatoires.

Art. 115.

Travaux et fournitures à exécuter par entreprise dans l'intérêt des communes.

Les travaux et fournitures à exécuter par entreprise dans l'intérêt des communes sont l'objet soit d'une adjudication, soit d'un traité de gré à gré.

L'adjudication avec publicité et concurrence présente des avantages considérables. Elle permet aux communes d'obtenir les prix les moins élevés et les meilleures garanties. Elle a, en outre, pour résultat d'écarter tout soupçon de partialité ou de collusion contre les autorités municipales. Ces considérations ont motivé les dispositions de l'ordonnance du 14 novembre 1837 qui la prescrivent comme règle générale et déterminent les cas exceptionnels où, à raison de circonstances particulières, il peut être traité de gré à gré.

L'article 115 de la loi du 5 avril 1884 maintient implicitement la règle générale en ce qui touche soit les travaux, soit les fournitures, et les exceptions que je viens de rappeler. Il leur donne même un caractère législatif. Il décide que les traités de gré à gré à passer dans les conditions de l'ordonnance du 14 novembre 1837 et qui ont pour objet l'exécution par entreprise de travaux d'ouvertures de voies nouvelles publiques et de tous autres travaux communaux, sont approuvés par le préfet si les revenus ordinaires de la commune sont inférieurs à 3 millions et par décret, s'ils atteignent ou dépassent ce chiffre.

L'article 115 ajoute qu'il en est de même des traités portant concession à titre exclusif ou pour une durée de plus de trente années des grands services municipaux ainsi que des tarifs et traités relatifs aux pompes funèbres.

L'article 16 de la loi du 24 juillet 1867 contenait des prescriptions analogues en ce qui concerne les villes ayant trois millions de revenus ou au delà; mais, en dehors de l'ouverture des nouvelles rues, il ne restreignait la compétence du préfet relativement aux traités de gré à gré ayant pour objet les travaux communaux qu'à l'égard de ceux qui concernaient les travaux déclarés d'utilité publique. De plus, il exigeait, dans tous les cas, que le décret portant approbation des traités de gré à gré fût rendu en Conseil d'État.

Le législateur a pensé que, dans les villes ayant 3 millions de revenus ordinaires ou au delà, les travaux non déclarés d'utilité publique pouvaient avoir autant d'importance que ceux qui ont été l'objet d'une pareille déclaration, et que, par suite, il y avait lieu de les entourer de la même garantie. D'un autre côté, les divers travaux de ces villes présentent souvent un caractère d'urgence, il n'a pas cru devoir imposer au gouvernement l'obligation de prendre l'avis du conseil d'Etat avant de statuer. Il ne lui a pas non plus semblé nécessaire de maintenir cette obligation pour les traités concernant les services municipaux ou les pompes funèbres.

J'ajouterai que ces derniers traités, quand ils interviennent dans les villes ayant 3 millions de revenus ou au delà, doivent, d'après le texte et surtout l'esprit de l'article 114 de la nouvelle loi municipale, être soumis à la sanction du Président de la République, sans qu'il y ait à distinguer s'ils sont conclus de gré à gré ou par voie d'adjudication.

Art. 116, 117 et 118.

Ouvrages ou institutions intéressant plusieurs communes.

Il arrive souvent que plusieurs communes sont respectivement intéressées à l'exécution et à l'entretien d'ouvrages dont chacune doit profiter, tel qu'un pont destiné à relier leurs rues ou leurs chemins, une digue indispensable pour protéger leur territoire, un canal nécessaire soit pour assainir ou irriguer les terres comprises dans leurs circonscriptions, soit pour fournir aux habitants l'eau dont ils ont besoin. Elles peuvent également avoir intérêt à réunir leurs ressources pour la fondation de certaines institutions, notamment d'établissements de bienfaisance ou d'écoles professionnelles.

Le législateur de 1837 s'était préoccupé de ces questions. Il avait édicté, en ce qui les concerne, les articles 72 et 73 de la loi du 18 juillet. Elles devaient également appeler l'attention du législateur de 1884. Deux systèmes se présentaient pour les résoudre : l'un consistant à substituer une commission intercommunale aux municipalités pour les délibérations ou les décisions à prendre relativement aux ouvrages ou aux institutions d'intérêt commun ; l'autre se bornant à autoriser les conseils municipaux à se concerter sur ces ouvrages ou institutions sous le contrôle de l'administration supérieure, par l'intermédiaire de commissions spéciales qui, choisies par les conseils dans leur sein, se réuniraient en des conférences et prendraient des décisions à soumettre à la ratification de chacun des conseils intéressés. Le législateur de 1884 a donné sa préférence au second système. Il a craint qu'en pareille matière l'intervention d'une commission intercommunale ayant les mêmes pouvoirs que les municipalités ne portât une trop grave atteinte aux prérogatives des conseils municipaux et n'entraînât les communes dans des dépenses excessives. Il a pensé qu'un système analogue à celui adopté pour les départements par la loi du 10 août 1871 (art. 89, 90 et 91) assurerait aux communes d'une manière suffisante les moyens de réaliser les œuvres vraiment utiles auxquelles elles sont intéressées, mais que chacune d'elles, abandonnée à ses propres forces, ne pourrait entreprendre ni entretenir. Tel est l'esprit qui a dicté les articles 116, 117 et 118 de la loi du 5 avril 1884.

J'ajouterai que ces derniers traités, quand ils interviennent dans les villes ayant 3 millions de revenus ou au delà, doivent, d'après le texte et surtout l'esprit de l'article 114 de la nouvelle loi municipale, être soumis à la sanction du Président de la République, sans qu'il y ait à distinguer s'ils sont conclus de gré à gré ou par voie d'adjudication.

Il arrive souvent que plusieurs communes sont respectivement intéressées à l'exécution et à l'entretien d'ouvrages dont chacune doit profiter, tel qu'un pont.

Le préfet, dans l'arrondissement chef-lieu, le sous-préfet dans les autres arrondissements, a le droit d'assister à ces conférences.

Les décisions qui y sont prises ne peuvent être mises à exécution qu'après avoir été ratifiées par tous les conseils municipaux. Elles sont en outre subordonnées à la même sanction que les délibérations des conseils municipaux, dans les cas où ces délibérations ne sont exécutoires qu'en vertu de l'approbation résultant d'une loi spéciale, d'un décret du Président de la République, d'un arrêté préfectoral ou de la décision d'une autre autorité.

Aux termes de l'article 46 (n° 23) de la loi du 10 août 1871, le conseil général statue définitivement sur les difficultés élevées au sujet de la répartition de la dépense des travaux qui intéressent plusieurs communes du département.

Cette disposition, d'après l'article 72 de la loi du 18 juillet 1837, devait s'appliquer sans distinction aux travaux constituant en principe une dépense communale obligatoire et à ceux qui n'avaient pas ce caractère. Aujourd'hui, l'article 72 précité étant abrogé, elle ne sera plus applicable qu'en matière de travaux qui rentrent dans la catégorie des dépenses communales obligatoires et ne tombent pas sous l'application de l'article 163 de la nouvelle loi municipale.

Quand des questions autres que celles prévues par l'article 116 sont mises en discussion dans une conférence intercommunale, l'article 118 vous charge de déclarer la réunion dissoute. Toute délibération qui serait prise après cette déclaration tomberait sous l'application des dispositions et pénalités énoncées à l'article 34 de la loi du 10 août 1871.

Vous devriez dès lors, par un arrêté motivé, déclarer la réunion illégale, prendre toutes les mesures nécessaires pour que l'assemblée se sépare immédiatement, et transmettre votre arrêté au procureur général du ressort qui provoquerait, s'il y avait lieu, la condamnation aux peines déterminées par l'article 258 du Code pénal. Les membres condamnés seraient exclus du conseil municipal dont ils feraient partie et inéligibles pendant trois années à partir de la condamnation.

Art. 119.

Emprunts des hospices, hôpitaux et autres établissements charitables communaux.

L'article 110 de la nouvelle loi est la reproduction de l'article 12 de la loi du 24 juillet 1867 concernant les emprunts des hospices, hôpitaux et autres établissements charitables communaux. Il décide qu'en cette matière les délibérations des commissions administratives sont exécutoires en vertu d'un arrêté du préfet, si l'avis du conseil municipal est conforme et si, d'ailleurs :

1° La somme à emprunter ne dépasse pas le chiffre des revenus ordinaires de l'établissement ;

2° Si le remboursement doit être effectué dans un délai de douze ans.

Lorsque l'une de ces deux conditions ne sera pas remplie, l'emprunt devra être autorisé par décret.

Le décret sera rendu en conseil d'Etat, si l'avis du conseil municipal est contraire à l'emprunt, ou s'il s'agit d'un établissement ayant plus de 100,000 fr. de revenu.

Enfin une loi sera nécessaire lorsque la somme à emprunter dépassera 500,000 francs, ou lorsque cette somme, réunie au chiffre d'autres emprunts non encore remboursés, sera supérieure à 500,000 francs.

Création des bureaux de bienfaisance.

Il est à remarquer, Monsieur le Préfet, que la loi du 5 avril 1884 n'a pas reproduit l'article 11 de la loi du 24 juillet 1867, aux termes duquel la création des bureaux de bienfaisance était autorisée par le préfet sur l'avis des conseils municipaux.

Cette disposition se trouvant abrogée par l'article 168 de la nouvelle loi, on retombe sous l'empire du décret du 25 mars 1852. Or, ce décret, se fondant sur les principes consacrés par l'ancienne législation, notamment les édits de décembre 1666 et d'août 1749, avait décidé que les bureaux de bienfaisance, qui sont de véritables personnes civiles distinctes des communes, bien qu'elles aient avec celles-ci de nombreux points de contact, ne pourraient être créés qu'en vertu d'une autorisation du gouvernement.

L'autorisation du Président de la République, Monsieur le Préfet, sera donc désormais indispensable. Pour me mettre en mesure de la provoquer, vous aurez à me transmettre, avec votre avis motivé, la délibération du conseil municipal relative à la fondation du bureau de bienfaisance et un état des ressources destinées à assurer son fonctionnement.

A cette occasion, je crois devoir rappeler qu'il est nécessaire, dans l'intérêt même des établissements à créer et pour assurer leur stabilité, d'exiger qu'ils se trouvent pourvus d'une dotation d'au moins 50 francs, soit en immeubles, soit en rentes sur l'Etat, sans compter les subventions qui peuvent être accordées par les conseils municipaux et les recettes légalement attribuées aux pauvres, telles que le tiers du produit des concessions de terrains dans les cimetières et le droit établi en faveur des indigents à l'entrée des spectacles, bals et concerts, les quêtes dans les églises.

Art. 120.

Changement d'affectation des locaux ou objets soit immobiliers, soit mobiliers, des établissements publics communaux.

L'article 120 a établi une règle nouvelle pour le cas où les commissions administratives chargées de la gestion des établissements publics communaux proposeraient soit de changer en to-

talité ou en partie l'affectation des locaux ou objets immobiliers ou mobiliers appartenant à ces établissements, dans l'intérêt d'un service public ou privé quelconque, soit de les mettre à la disposition d'un autre établissement ou d'un particulier. Les délibérations des commissions administratives relatives à ces questions ne seront désormais exécutoires qu'après avis du conseil municipal et en vertu d'un décret rendu sur la proposition du ministre de l'intérieur.

CHAPITRE II

DES ACTIONS JUDICIAIRES

Art. 121 à 131.

Les articles 121 à 131 de la loi du 5 avril 1884 concernent les actions judiciaires à engager ou à soutenir au nom soit des communes, soit des sections de commune. Ils reproduisent les règles édictées par les articles 49 et suivants de la loi 18 juillet 1837, avec certaines modifications qui les complètent ou les précisent.

L'article 121 de la nouvelle loi municipale pose en principe, comme le faisait l'article 49 de la loi de 1837, que nulle commune ou section de commune ne peut ester en justice sans y être autorisée par le conseil de préfecture, et qu'après tout jugement intervenu elle ne peut se pourvoir devant un autre degré de juridiction sans une nouvelle autorisation du même conseil.

Sous l'empire de la loi de 1837, une commune ou section de commune, quelle que fût l'époque à laquelle elle avait sollicité l'autorisation qui lui était nécessaire pour intenter une action judiciaire ou y défendre, ne pouvait régulièrement ester en justice tant qu'elle n'avait pas obtenu formellement cette autorisation.

Au contraire, aujourd'hui, d'après le troisième paragraphe de l'article 121 de la loi du 5 avril 1884, quand le conseil de préfecture n'a pas statué sur la demande en autorisation dans les deux mois qui la suivent, la commune ou section de commune est autorisée à plaider. En pareil cas, par le seul fait l'expiration du délai de deux mois, le législateur accorde lui-même l'autorisation sollicitée. Il ne veut pas qu'un plus long retard, résultant de circonstances quelconques, puisse empêcher les municipalités d'exercer en temps utile des revendications légitimes ou de défendre efficacement des droits dont l'existence serait incontestable.

Les litiges intéressant les communes pourraient cependant être portés, dans des conditions moins favorables, devant les tribunaux judiciaires. Or, il est du devoir de l'administration supérieure de prévenir, autant qu'il est en elle, les conséquences regrettables des procès engagés témérairement par les municipalités. Vous devez donc veiller avec le plus grand soin, Monsieur le Préfet, à ce que le conseil de préfecture, en matière d'autorisation de plaider, statue dans le délai légal, sauf les cas tout à fait exceptionnels de force majeure ou autres qui n'auraient pas permis de réunir en temps utile les éléments indispensables d'information.

L'article 55 de la loi du 18 juillet 1837 décidait que le maire pouvait sans autorisation intenter une action possessoire, ou y défendre et faire tous actes conservatoires ou interruptifs des déchéances.

L'article 122 de la loi du 5 avril 1884 maintient cette faculté au maire. Il lui reconnaît, en outre, le droit d'interjeter appel de tout jugement ou de se pourvoir en cassation avant d'avoir obtenu une nouvelle autorisation, sans laquelle, toutefois, il ne saurait suivre sur l'appel ou sur le pourvoi. Cette disposition est la consécration de la jurisprudence établie sous la législation antérieure.

La nécessité d'une autorisation souffre une autre exception dans le cas prévu à l'article 154 de la nouvelle loi municipale, c'est-à-dire lorsqu'il s'agit de défendre devant les tribunaux judiciaires aux oppositions formées contre les états dressés pour le recouvrement de recettes municipales.

La jurisprudence admet également qu'une commune ayant gagné son procès en première instance, après avoir été formellement autorisée à ester en justice, n'a pas besoin d'une nouvelle autorisation pour défendre en appel.

Enfin, il est à remarquer que, sous la loi du 5 avril 1884, les communes, pas plus que sous la législation antérieure, n'ont besoin d'aucune autorisation pour plaider devant les juridictions administratives.

D'ailleurs, même dans les divers cas où la commune n'a pas besoin d'être autorisée pour engager une instance soit judiciaire, soit administrative, ou y défendre, le maire ne peut se passer de l'autorisation du conseil municipal. Il lui appartient, sans doute, de saisir à titre conservatoire, avant cette autorisation, la juridiction compétente, afin d'interrompre les prescriptions ou de prévenir les déchéances ; mais, s'il veut suivre sur l'instance, l'autorisation du conseil municipal lui est indispensable, aux termes de l'article 61 de la loi du 5 avril 1884, comme elle l'était déjà sous l'empire de la loi du 18 juillet 1837 (art. 19).

L'article 123 de la loi du 5 avril 1884 maintient la disposition du troisième paragraphe de l'article 49 de la loi du 18 juillet 1837.

Il reconnaît à tout contribuable inscrit au rôle des contributions directes dans la commune le droit d'exercer à ses frais et risques, avec l'autorisation du conseil de préfecture, les actions qu'il croit appartenir à la commune ou section et que celle-ci, préalablement appelée à en délibérer, a refusé ou négligé d'exercer.

La commune ou section de commune, d'après le troisième paragraphe de l'article 121, est implicitement autorisée par la loi à ester en justice lorsque le conseil de préfecture n'a pas statué au bout de deux mois sur la demande dont elle l'a saisi. Il en est autrement quand il s'agit de la demande d'un contribuable. En effet, les dispositions du troisième paragraphe de l'article 121 ont été édictées exclusivement en faveur des municipalités. Elles ne sont pas, par conséquent, applicables au contribuable. Il ne peut jamais plaider au nom de la commune sans une autorisation formelle du conseil de préfecture ou du conseil d'État.

Les articles 124 et 125 de la loi du 5 avril 1884 ont pour objet les actions que les particuliers veulent intenter contre une commune. Ils reproduisent avec certaines modifications les règles tracées par les articles 51 et 52 de la loi du 18 juillet 1837.

L'article 124 veut que l'action intentée contre une commune ne puisse, en principe, être portée devant les tribunaux que deux mois après la date du récépissé du mémoire présenté par le demandeur.

Cette disposition constitue une innovation importante. Le dernier alinéa du même article contient également une innovation qui mérite d'être signalée. Elle consiste en ce que la présentation du mémoire n'interrompra toute prescription ou déchéance qu'autant qu'elle sera suivie d'une demande en justice dans le délai de trois mois.

Aux termes de l'article 125, paragraphe 2, le conseil de préfecture décide si la commune doit être autorisée à plaider. Plusieurs arrêts de la Cour de cassation ont refusé de reconnaître au préfet, sous la loi du 18 juillet 1837, le pouvoir de se substituer au maire en vertu de l'article 15 pour défendre à une action au nom d'une commune, lorsque le conseil de préfecture autorisait celle-ci à ester en justice, bien que le conseil municipal eût déclaré qu'il n'y avait pas lieu de plaider. Cette jurisprudence ayant parfois empêché l'administration supérieure de faire respecter les droits incontestables d'une commune désertés en faveur de ses adversaires par une municipalité qui obéissait à des considérations d'intérêt personnel ou s'associait à des actes de collusion, le gouvernement crut devoir proposer de rédiger le second paragraphe de l'article 125 de manière à conférer au préfet le droit d'intervenir directement en pareilles circonstances. La Chambre des députés, après avoir d'abord adopté un amendement en ce sens, l'a repoussé d'accord avec le Sénat. Le Parlement a craint qu'il n'eût une restriction excessive des libertés dont la nouvelle loi a voulu assurer le développement.

Ainsi, Monsieur le Préfet, sauf les cas où une loi spéciale vous en donnerait le pouvoir, il ne vous appartient pas plus sous la nouvelle loi municipale qu'il ne vous appartenait antérieurement, d'après la jurisprudence de la Cour de cassation, de vous substituer au maire qui refuse, conformément au vote du conseil municipal, de défendre à une action judiciaire au nom de la commune, malgré l'autorisation accordée par le conseil de préfecture. Mais il ne vous échappera pas que, si le refus du maire était contraire à la résolution prise par le conseil municipal, il tomberait sous l'application de l'article 85 de la loi du 5 avril 1884. Vous pourriez alors intervenir en vertu de cet article. D'un autre côté, quand votre intervention directe sera interdite, rien ne s'opposera à ce que vous engagiez un contribuable à remplir les formalités de l'article 123 de la nouvelle loi pour obtenir l'autorisation de faire valoir les droits que la commune négligerait ou refuserait de défendre. Enfin, le ministère public devant prendre des conclusions, d'après l'article 83 du Code de procédure civile, dans les causes concernant les communes, vous pourriez appeler son attention non seulement sur les faits qui ne permettraient pas de considérer comme justifiée l'abstention du conseil municipal, mais encore sur les renseignements ou les titres qui seraient de nature à établir les droits de la commune.

Les articles 126 et 127 de la nouvelle loi ouvrent aux communes, aux sections de communes ou aux contribuables la voie du recours contre les décisions du conseil de préfecture portant refus d'autorisation de plaider. Ils sont empruntés aux articles 53 et 54 de la loi du 18 juillet 1837. Ils les complètent et les précisent. Mais, contrairement à l'article 54 de la loi du 18 juillet 1837, l'article 127 déclare que, si le Conseil d'Etat n'a pas statué dans le délai de deux mois qui suit l'enregistrement du pourvoi, la commune est autorisée à ester en justice. Cette disposition est analogue à celle du dernier paragraphe de l'article 121. Il est toutefois à remarquer que, d'après la disposition finale de l'article 127, lorsqu'une commune ou une section de commune, après avoir usé de l'autorisation tacite résultant du silence du conseil d'Etat, succombera ou voudra interjeter appel ou se pourvoir en cassation, elle sera tenue de solliciter une nouvelle autorisation, conformément à l'article 121.

Art. 128, 129, 130, 131.

Les articles 128, 129, 130, 131 ont trait aux procès qui peuvent s'engager soit entre une section et la commune dont elle dépend, soit entre deux sections de la même commune. Ils déterminent le mode d'organisation et de fonctionnement de la commission syndicale qui, en pareil cas, doit représenter chacune des sections intéressées. Ils tracent en outre la marche à suivre pour remplacer les membres du conseil municipal qui ne peuvent prendre part à ses délibérations par suite de leur intérêt à la jouissance des biens et droits revendiqués par une section. Enfin, ils décident que les charges ou contributions imposées pour l'acquittement des frais et dommages-intérêts résultant d'un procès perdu par une commune ne sont pas supportés par la section ou le particulier ayant obtenu gain de cause.

Les dispositions qu'ils édictent sur ces divers objets sont empruntées aux articles 56, 57 et 58 de la loi du 18 juillet 1837. Elles en diffèrent sur quelques points. Elles sont, en outre, plus libérales. En effet, d'après l'article 57 de la loi de 1837, tous les membres du conseil municipal intéressés à la jouissance des biens et droits revendiqués par une section devaient être remplacés dans les délibérations relatives au litige ; le remplacement n'est exigé par l'article 130 de la loi du 5 avril 1884 que lorsque le conseil municipal se trouve réduit à moins du tiers par suite de l'abstention des conseillers intéressés. D'un autre côté, aux termes de l'article 56 de la loi de 1837, les membres de la commission syndicale étaient nommés par le préfet ; l'article 129 de la loi de 1884 en laisse le choix aux électeurs de la section qui l'habitent et aux personnes qui, sans être portées sur les listes électorales, sont propriétaires fonciers dans la section. L'article 56 de la loi de 1837 laissait au préfet l'appréciation des cas où la commission syndicale devait être constituée. L'article 129 de la nouvelle loi impose au préfet l'obligation de convoquer les électeurs dans le délai d'un mois pour nommer la commission syndicale, toutes les fois qu'un tiers des habitants ou des propriétaires de la section lui adresse, à cet effet, une demande motivée sur l'existence d'un droit litigieux à exercer au profit de la section contre la commune ou une section

de la commune. Le préfet, sous la nouvelle loi municipale comme sous la législation antérieure, fixe le nombre des membres de la commission syndicale. Il ne pouvait le porter à moins de trois ni à plus de cinq sous la loi du 18 juillet 1837 (art. 56). Aujourd'hui, d'après l'article 129 de la loi du 5 avril 1884, il lui appartient de le fixer au chiffre qu'il juge convenable, à raison des circonstances.

Lorsqu'il s'agit d'une action à intenter ou à soutenir par une section contre une autre section ne dépendant pas de la même commune ou contre une commune autre que celle dont elle fait partie, aucune commission syndicale ne doit intervenir ; chaque section intéressée est représentée exclusivement par le conseil municipal et le maire de la commune à laquelle elle appartient.

Vous remarquerez, Monsieur le Préfet, qu'il n'est pas fait mention des établissements de bienfaisance au chapitre 2 du titre IV, relatif aux actions judiciaires. On peut dès lors se demander si les articles de ce chapitre doivent leur être appliqués par analogie. Dans le doute possible sur la question de savoir si, en l'absence de dispositions concernant spécialement les établissements de bienfaisance, l'expiration des délais prévus aux articles 121 et 127 suffit à habiliter ces établissements à ester en justice, il conviendra que le conseil de préfecture statue toujours dans le délai de deux mois.

CHAPITRE III

DU BUDGET COMMUNAL

1ʳᵉ SECTION. — **Recettes et dépenses**

Art. 132.

Division du budget communal.

L'article 132 de la loi du 5 avril 1884 porte que le budget communal se divise en budget ordinaire et en budget extraordinaire. Bien que cette division ne fût pas prescrite par les lois antérieures, elle existait en fait dans tous les budgets communaux. Dès lors, la rédaction de ces budgets ne devra, jusqu'à nouvel ordre, recevoir aucune modification et les administrations municipales pourront continuer de se servir des modèles employés jusqu'à ce jour.

Art. 133.

Recettes du budget ordinaire.

L'article 133 énumère les recettes du budget ordinaire. Il reproduit l'article 31 de la loi du 18 juillet 1837 avec certaines modifications ou additions dont les plus importantes sont celles des paragraphes 5, 6, 7, 9, 13, et des deux derniers alinéas.

Produits des octrois municipaux affectés aux dépenses ordinaires.

§ 5. L'article 31 de la loi du 18 juillet 1837 (n° 5) faisait figurer au nombre des recettes ordinaires le produit des octrois municipaux.

La nouvelle loi n'apporte, en réalité, sur ce point aucune modification à l'ancienne législation. La loi de 1837, il est vrai, ne spécifiait pas que le produit des octrois municipaux affectés aux dépenses ordinaires devait seul figurer parmi les recettes ordinaires des communes. Mais cette distinction avait toujours été admise dans la pratique.

Droits de place perçus dans les halles, etc.

§ 6. Le paragraphe 6 de la loi du 5 avril 1884 range dans la catégorie des recettes du budget ordinaire le produit des droits de place perçus dans les halles, foires, marchés, abattoirs, d'après les tarifs dûment établis.

Ce paragraphe est emprunté au paragraphe 6 de l'article 31 de la loi du 18 juillet 1837.

En ce qui concerne les tarifs des droits de place à percevoir dans les halles, foires et marchés, la loi du 24 juillet 1867 (art. 1er, § 4) donnait au conseil municipal un pouvoir de règlement quand il y avait accord entre le maire et le conseil. Dans tous les cas, désormais, les délibérations par lesquelles le conseil municipal vote le tarif de ces droits doivent être soumises à votre approbation, aux termes des articles 68 et 69 de la nouvelle loi municipale.

Quant aux taxes d'abatage, leur fixation reste subordonnée à l'application du décret du 1er août 1864. Le tarif devra par conséquent être, selon les cas, homologué comme par le passé par vous ou par décret rendu en conseil d'État.

Droit de stationnement et de location sur la voie publique, sur les rivières, ports, quais fluviaux et autres lieux publics.

§ 7. Les recettes du budget ordinaire énoncées au paragraphe 7 de l'article 133 de la loi du 5 avril 1884 consistent dans le produit des permis de stationnement et des locations sur la voie publique, sur les rivières, ports et quais fluviaux et autres lieux publics.

La perception de ce produit en faveur des communes a été autorisée, pour la première fois, dans la législation moderne, par la loi du 11 frimaire an VII (art. 7). La loi du 18 juillet 1837 (art. 31, n° 7) l'a maintenue. Depuis, les lois annuelles de finances n'ont pas cessé de l'admettre. Elle est consacrée de nouveau par la loi du 5 avril 1884. Elle peut avoir lieu aujourd'hui, comme sous la législation antérieure, non seulement sur les dépendances de la petite voirie, mais encore sur celles de la grande. Toutefois, relativement aux dépendances de la grande voirie, il y a actuellement des restrictions qui n'existaient pas anciennement. En effet, la loi de finances du 20 décembre 1872 (art. 2) a réservé au profit de l'État les redevances à percevoir à titre d'occupation temporaire ou de location des plages et autres parties du domaine public maritime. La loi du 5 avril 1884 (art. 133, n° 7) exclut, en outre, des emplacements dont l'occupation peut donner lieu à la perception de redevances municipales les ports et quais qui ne sont pas fluviaux.

Par suite, ce n'est que dans le cas où l'État renoncerait en faveur des communes, dans les ports de mer ou sur les quais maritimes, à percevoir des redevances à titre d'occupation temporaire ou de location que les municipalités pourraient légalement y faire des perceptions de cette nature. Par ports maritimes, d'après l'esprit, sinon d'après le texte de la nouvelle loi, il faut entendre, indépendamment des ports existant sur le rivage de la mer, ceux qui, dans les limites de l'inscription maritime, sont situés au bord d'un fleuve ou d'une rivière où pénètre le flux de la mer. Tels sont les ports de Bordeaux, de Nantes et de Rouen et autres moins importants, mais dans une situation analogue.

Des difficultés se sont élevées, sous la législation antérieure, sur le point de savoir quel est le caractère de l'occupation du domaine public national terrestre ou fluvial à raison de laquelle les communes peuvent être admises à faire les prescriptions de la nature de celles prévues au paragraphe 7 de l'article 133 de la loi du 5 avril 1884. Le gouvernement crut devoir appeler le conseil d'État à se prononcer sur ces difficultés. D'après un avis de principe exprimé par le conseil, le 30 novembre 1882, l'occupation entraînant une emprise du domaine public ou une modification de son assiette ne rentre pas dans la catégorie de celles à raison desquelles un droit de stationnement ou de location peut être perçu par la commune ; mais, dans les autres cas, au point de vue de la perception de ce droit, il n'y a pas à distinguer si l'occupation est seulement momentanée ou si elle se prolonge plus ou moins longtemps.

En maintenant dans le paragraphe 7 de l'article 133 de la nouvelle loi le mot « location », auquel on avait proposé de substituer une expression qui, dans la pensée des auteurs de la proposition, impliquait l'idée d'une occupation passagère, le législateur a repoussé également toute distinction en cette matière entre les occupations momentanées et les occupations d'une certaine durée. Il admet les perceptions municipales pour les secondes, au même titre que pour les premières, lorsqu'elles sont permanentes, comme celles qui résultent d'un dépôt de marchandises dans les ports ou du stationnement de pontons, de bateaux-lavoirs ou de bateaux pour bains sur les fleuves ou rivières. Toutes, d'ailleurs, sont essentiellement précaires, et les autorisations ou permissions dont elles sont l'objet peuvent toujours être retirées par l'administration supérieure dans l'intérêt général de la navigation ou de la circulation.

L'occupation résultant de l'établissement de kiosques qui servent, dans les rues ou sur les places dépendant de la grande voirie, à la publicité ou à la vente des journaux ne doit pas, aux termes de l'avis du 30 novembre 1882, être considérée, par suite de la légèreté des travaux reliant ces édifices au sol, comme une emprise du domaine public ou une modification de son assiette. Elle tombe, dès lors, sous l'application du paragraphe 7 de l'article 133 de la loi du 5 avril 1884.

Dans tous les cas, il est à remarquer que les perceptions faites au profit de la commune doivent avoir lieu en vertu d'un tarif régulièrement homologué.

Ce tarif est d'abord voté par le conseil municipal ; il est ensuite soumis à votre sanction s'il s'agit de droits de stationnement, de place ou de location à percevoir sur les dépendances de la petite voirie ou sur les rivières non navigables ou flottables. A cet égard, le conseil municipal n'a plus le pouvoir de décision propre que lui accordait l'article 1er de la loi du 24 juillet 1867, lorsqu'il y avait accord entre le maire et le conseil. Le législateur a pensé, relativement aux droits dont il est question, comme en ce qui touche les droits perçus dans les halles, foires ou marchés, que la création de semblables redevances exigeait l'intervention de l'administration supérieure pour sauvegarder les divers intérêts qui pourraient être lésés par l'établissement de taxes excessives.

Quant aux droits de stationnement, de place ou de location à percevoir sur les dépendances de la grande voirie, comme ils peuvent affecter directement les intérêts généraux de l'Etat, le pouvoir d'en autoriser la création et d'en approuver le tarif n'a pas été décentralisé. Il est exercé par le Président de la République, sur le rapport du ministre de l'intérieur, après avis du ministre des travaux publics, au sujet des droits à percevoir soit sur les rivières navigables ou flottables, soit sur leurs berges. Le ministre de l'intérieur statue lui-même après avoir consulté son collègue, lorsque la perception doit s'opérer sur d'autres dépendances de la grande voirie.

Vous devez, par conséquent, m'adresser avec vos propositions toutes les demandes par lesquelles une commune sollicite l'autorisation de percevoir des droits de stationnement, de place ou de location sur le domaine public national terrestre ou fluvial. Vous veillerez à ce qu'il soit produit, à l'appui de ces demandes, le tarif de perception voté par le conseil municipal, le procès-verbal de l'enquête à laquelle ce tarif aura été soumis dans les formes déterminées par l'instruction ministérielle du 20 mars 1825, les documents faisant connaître la situation financière de la commune et les observations des ingénieurs des ponts et chaussées, au point de vue des intérêts de la circulation ou de la navigation.

Vous ne perdrez pas de vue, Monsieur le Préfet, que les communes ne doivent être autorisées à percevoir des droits de stationnement, de place ou de location sur les dépendances de la petite voirie, comme sur celles de la grande, qu'autant qu'elles ont besoin de se créer des ressources pour subvenir à leurs dépenses ordinaires. D'un autre côté, l'administration supérieure a pour devoir de veiller à ce que ces droits soient modérés, afin de ne pas entraver le développement du commerce ou de l'industrie. En outre, comme ils représentent, ainsi que les droits de place dans les halles, foires et marchés, le prix de location d'emplacements, elle doit exiger que les uns et les autres soient calculés d'après la superficie de ces emplacements et non à raison de la valeur des objets que l'on y dépose ou que l'on y fait stationner. Enfin, conformément aux dispositions de la loi du 11 frimaire an VII (art. 7) et de la nouvelle loi municipale (art. 98), l'administration supérieure compétente ne doit autoriser l'établissement des droits sur les dépendances de la grande ou de la petite voirie et homologuer le tarif de perception qu'après avoir reconnu qu'il n'en résultera pas de sérieux inconvénients au point de vue des intérêts de la circulation ou de la navigation.

Produits des terrains communaux affectés aux inhumations et des concessions dans les cimetières.

§ 9. Parmi les recettes du budget ordinaire figurent, aux termes de l'article 133, paragraphe 9 de la loi du 5 avril 1884, le produit des terrains communaux affectés aux inhumations et la part revenant aux communes dans le prix des concessions dans les cimetières.

Le produit des terrains communaux affectés aux inhumations comprend le produit spontané qui, d'après l'article 136 (no 4) du décret du 30 décembre 1809, faisait partie des revenus de la fabrique. L'article 168 de la nouvelle loi municipale abroge cette disposition du décret de 1809.

La part revenant aux communes dans le prix des concessions de terrains pour sépulture privée dans les cimetières a été fixée aux deux tiers par l'ordonnance du 6 décembre 1843; l'autre tiers est destiné aux pauvres ou aux établissements de bienfaisance, conformément à l'article 3 de cette ordonnance et à l'article 11 du décret du 23 prairial an XII.

La loi du 24 juillet 1867 (art. 1er, § 6) rangeait au nombre des délibérations réglementaires les délibérations par lesquelles le conseil municipal vote le tarif des concessions dans les cimetières; elles ne devaient être soumises à la sanction préfectorale qu'en cas de désaccord entre le maire et le conseil. Sous l'empire de la loi du 5 avril 1884, ces délibérations sont toujours subordonnées à l'approbation du préfet.

Taxe de balayage.

§ 13. En règle générale, d'après les règlements locaux ou les anciens usages, le balayage des voies publiques, en France, à l'intérieur des agglomérations d'habitations, incombe aux propriétaires des fonds riverains, sauf la partie centrale des places, carrefours, avenues ou boulevards qui doit être balayée par les soins des municipalités.

Les propriétaires ou les locataires les représentant remplissent mal, le plus souvent, l'obligation qui leur est ainsi imposée, bien qu'elle soit sanctionnée par le Code pénal (art. 471, nos 3 et 15).

Les administrations municipales de beaucoup de villes, afin de mieux assurer le nettoiement des voies publiques intérieures et de ne pas avoir à provoquer de nombreuses poursuites devant les tribunaux de police, font procéder elles-mêmes au balayage dont se trouvent tenus les propriétaires ou locataires. Ordinairement, elles ne se substituent à cet effet aux particuliers qu'autant qu'ils consentent un abonnement dont le tarif a été voté par le conseil municipal et approuvé par le préfet. Le système de l'abonnement facultatif présente, au point de vue de la bonne exécution du balayage, de sérieux avantages sur celui qui consiste à contraindre tous les propriétaires ou locataires à faire le travail auquel ils sont obligés. Il assure plus d'unité, de célérité et de régularité au balayage opéré pour le compte des abonnés; mais il laisse subsister les inconvénients du système contraire, en ce qui touche le balayage des non-abonnés. D'un autre côté, l'emploi des machines à balayer, en usage dans certaines villes, se concilie difficilement avec l'abonnement facultatif, car il est à peu près impossible d'arrêter, à chaque instant, l'action des machines rencontrant, sur leur parcours, les sections de rue ou de place qui doivent être balayées par les non-abonnés. Aussi arrive-t-il fréquemment que les balayeuses dispensent ceux-ci de leur travail, sans qu'ils aient à payer aucune rémunération. De là une inégalité fâcheuse entre les abonnés et les non-abonnés.

La municipalité de Paris, où le système de l'abonnement facultatif était pratiqué, voulant obvier aux graves inconvénients qu'il ne pouvait faire disparaître, et atténuer les charges considérables qui en résultaient pour les finances de la ville, demanda que, dans la capitale, l'obligation du balayage cessât d'être une simple prestation en nature rachetable à volonté en argent et fût convertie, d'une manière absolue, en une taxe en numéraire représentant les frais du balayage qu'elle serait chargée d'exécuter d'office pour le compte des particuliers. La demande de l'administration municipale de Paris a été accueillie par une loi du 26 mars 1873.

Aux termes de cette loi, la charge incombant aux propriétaires riverains des voies de Paris livrées à la circulation publique, de balayer, chacun au droit de sa façade sur une largeur égale à la moitié des voies, sans pouvoir dépasser celle de 6 mètres, est convertie en une taxe municipale obligatoire payable en numéraire, suivant un tarif délibéré par le conseil municipal, après enquête, et approuvé par un décret rendu dans la forme des règlements d'administration publique, tarif qui doit être renouvelé tous les cinq ans. Il n'est pas tenu compte, dans l'établissement de la taxe, de la valeur des propriétés riveraines, mais seulement des nécessités de la circulation, de la salubrité et de la propreté de la voie publique. La taxe ne peut excéder la dépense occasionnée à la ville par le balayage de la superficie à la charge des habitants. Le recouvrement de la taxe a lieu comme en matière de contributions directes. Enfin, elle n'exempte pas les riverains de la voie publique des obligations que leur imposent les règlements de police en temps de neige et de glace (1).

Le ministre de l'intérieur avait proposé d'introduire dans la loi du 26 mars 1873 un article autorisant le gouvernement à déclarer, par des décrets rendus dans la forme des règlements d'administration publique, la nouvelle loi applicable aux villes qui en feraient la demande. L'Assemblée n'admit pas cet article par le motif que les circonstances locales pouvaient exiger des règles différentes de celles édictées pour la capitale. Elle voulut laisser aux villes des départements la faculté d'obtenir, par des lois spéciales, le bénéfice de la loi du 26 mars 1873, avec les modifications que le législateur jugerait opportunes.

La ville de Lyon ayant sollicité ce bénéfice, un projet de loi tendant à le lui accorder fut soumis à l'Assemblée nationale en 1874. Le gouvernement le retira, au mois de mai 1875, en présence d'objections tirées des difficultés assez nombreuses

qu'avaient soulevées l'exécution de la loi du 26 mars 1873. Mais ces difficultés ne tardèrent pas à disparaître. Depuis plusieurs années, la taxe de balayage à Paris ne donne lieu qu'à un petit nombre de réclamations. Les réclamations qui se produisent actuellement ne sont guère motivées que sur des erreurs commises dans l'application du tarif. On reconnaît généralement les avantages du travail dont la taxe est le prix. Aussi les Chambres législatives n'ont-elles pas hésité à autoriser, par la loi du 31 juillet 1880, les villes d'Alger et d'Oran à percevoir une taxe de balayage analogue à celle qui est établie à Paris.

Un nombre considérable de villes de la métropole ont récemment sollicité la même faveur. Le désir qu'elles manifestent à ce sujet est justifié par la nécessité de remédier aux divers inconvénients signalés plus haut. Le balayage de la plupart des voies urbaines livrées à la circulation générale ne saurait être effectué régulièrement, selon les exigences de l'hygiène et de la salubrité, sans être l'objet d'un service public donnant à l'administration municipale la faculté d'y faire procéder d'office pour le compte de tous les propriétaires auxquels il incombe. Ceux-ci, de leur côté, ne pourraient être fondés à se plaindre d'avoir à supporter une taxe représentant seulement les frais du travail dont ils cesseraient d'être chargés. Les bases rationnelles et les conditions équitables d'une pareille taxe seraient, dans presque toutes les villes, les bases et les conditions de la taxe créée par la loi du 26 mars 1873. Dès lors, il semblait superflu de faire intervenir le législateur pour statuer sur toutes les demandes des villes en autorisation d'établir une taxe de balayage.

Le gouvernement a pensé que la délégation proposée par un de mes prédécesseurs, en 1873, suffirait. Il a, par suite, présenté, dans le but de l'obtenir, un amendement que le Sénat et la Chambre des députés ont adopté. Cet amendement est devenu le paragraphe 13 de l'article 133 de la nouvelle loi municipale. Il confère au gouvernement le pouvoir d'autoriser, par des décrets rendus dans la forme des règlements d'administration publique, les communes de France et l'Algérie à établir une taxe de balayage, conformément aux dispositions de la loi du 26 mars 1873.

Il appartient au gouvernement d'exercer ce pouvoir à l'égard non seulement des villes, mais encore des communes moins importantes. Toutefois, il ne vous échappera pas, Monsieur le Préfet, que généralement l'établissement de la taxe de balayage ne serait justifié et ne présenterait des avantages sérieux que dans les agglomérations considérables d'habitations. Dans les communes rurales, la substitution d'une redevance pécuniaire à une prestation en nature soulèverait de vives et nombreuses réclamations. Il importe d'autant plus de les prévenir, en laissant aux habitants le soin de balayer les rues, que, dans les campagnes, la manière défectueuse dont le balayage peut être exécuté ne saurait ordinairement entraîner de graves inconvénients au point de vue de l'hygiène ou de la salubrité, comme dans les villes.

Les villes elles-mêmes ont parfois des faubourgs, des quartiers ou des rues se détachant plus ou moins du centre des habitations et se trouvant

---

(1) Le tarif de la taxe de balayage perçue à Paris a été homologué pour la première période quinquennale de 1874 à 1878, par les décrets des 24 décembre 1873 et 12 février 1877; pour la période de cinq ans de 1879 à 1883, par le décret du 4 décembre 1878; pour la période comprenant 1884 à 1888, par le décret du 29 décembre 1883.

dans des conditions analogues à celles des communes rurales. L'esprit et le texte de la loi me sembleraient admettre, en pareil cas, l'application de la taxe de balayage aux seules voies publiques dont la situation rendrait la mesure opportune ou nécessaire.

Les décrets portant autorisation d'établir la taxe de balayage seront provoqués par le ministre de l'intérieur.

Lorsqu'une municipalité voudra solliciter cette autorisation, les principales formalités qui devront être remplies, avant que vous m'adressiez sa demande avec votre avis motivé, sont les suivantes :

Il sera procédé à une enquête dans les formes tracées par l'ordonnance du 23 août 1835.

Les pièces du projet sur lequel elle s'ouvrira comprendront notamment le tableau des voies publiques auxquelles il s'agira d'appliquer la taxe de balayage, un plan d'ensemble de la ville ou de la commune sur lequel ces voies seront indiquées par des teintes spéciales, l'état des dépenses que doit occasionner à la ville ou à la commune le balayage qui incombe aux habitants, le tarif d'après lequel la taxe devra être perçue, l'évaluation du produit annuel qu'elle produira, le procès-verbal de la délibération par laquelle le conseil municipal aura voté l'établissement de la taxe et adopté le tarif de perception.

L'enquête terminée, le conseil municipal prendra une nouvelle délibération par laquelle, après avoir discuté les objections ou réclamations qui auraient été formulées contre le projet, il se prononcera définitivement sur la demande à soumettre au gouvernement.

Vous me transmettrez ensuite, en y réunissant vos propositions, toutes les pièces qui auront servi de base à l'information et qui devront être revêtues du visa du commissaire enquêteur, le procès-verbal de l'enquête, l'avis du commissaire enquêteur, la dernière délibération du conseil municipal, l'avertissement ainsi que le certificat prescrit par l'article 2 de l'ordonnance du 23 août 1893 et les autres documents dont la production vous paraîtrait utile.

Contributions, taxes et droits divers. — Centimes pour insuffisance de revenus.

§ 14. Le paragraphe 14 de l'article 133 de la nouvelle loi municipale termine l'énumération des recettes du budget ordinaire, en déclarant qu'elle comprend, indépendamment des recettes indiquées dans les paragraphes qui précèdent, le produit des contributions, taxes et droits dont la perception est autorisée en faveur des communes.

Le produit de ces contributions, taxes et droits consiste principalement dans celui non seulement des centimes pour insuffisance des revenus, mais encore de la taxe municipale sur les chiens et de la taxe destinée à l'entretien du pavage en vertu d'anciens usages. La législation antérieure est maintenue en ce qui touche ces deux genres de taxes.

Les deux derniers alinéas de l'article 133 de la loi du 5 avril 1884 édictent les règles de compétence qui doivent être appliquées aujourd'hui en matière d'autorisation de centimes pour insuffisance de revenus.

L'établissement de ces centimes sera autorisé par arrêté du préfet, lorsqu'il s'agira de dépenses obligatoires, et il sera approuvé par décret dans les autres cas, c'est-à-dire lorsqu'il s'agira de dépenses facultatives.

En ce qui touche cette seconde catégorie d'impositions, vous devrez continuer à m'adresser, en triple expédition, pour les communes dont les revenus ne dépassent pas 100,000 francs, les états exigés par les circulaires des 13 décembre 1842 et 7 août 1846. Quand, au contraire, la perception d'une imposition de cette nature devra être autorisée dans une ville dont les revenus excèdent 100,000 francs, vous aurez à me transmettre, avec vos propositions motivées, tous les documents nécessaires pour me permettre d'apprécier avec exactitude la situation financière de la ville, savoir : les budgets primitif et additionnel, ainsi qu'un relevé présentant, d'après les trois derniers comptes, les recettes et les dépenses communales séparées en ordinaires et extraordinaires.

Vous remarquerez, monsieur le préfet, qu'en thèse générale une commune dont les revenus dépassent 100,000 francs doit être en mesure de pourvoir au paiement de ses dépenses annuelles à l'aide de ses ressources normales et sans recourir à la voie de l'imposition. Dès lors, il importe qu'avant de sanctionner le vote municipal, l'administration supérieure ait sous les yeux les pièces financières que je viens de mentionner.

J'ajouterai que, comme sous l'empire de la législation antérieure, les centimes applicables aux dépenses annuelles obligatoires ou facultatives ne comptent pas dans le nombre des centimes extraordinaires que les conseils municipaux peuvent voter jusqu'à concurrence du maximum fixé par le conseil général.

Art. 134.

Recettes du budget extraordinaire.

L'article 134 de la loi du 5 avril 1884 indique les catégories de recettes du budget extraordinaire. Il reproduit celles qu'énonçait l'article 32 de la loi du 18 juillet 1837. Il y ajoute le produit des taxes ou des surtaxes d'octroi spécialement affectées à des dépenses extraordinaires et à des remboursements d'emprunts.

L'omission qui se trouvait dans la loi de 1837 à cet égard n'était qu'apparente. Elle provenait de ce que le législateur ne s'était alors occupé que des taxes principales qui constituent le fonds même du produit de l'octroi.

Suivant la jurisprudence constante du conseil d'État, du ministère des finances et du ministère de l'intérieur, le produit des surtaxes, ainsi que celui des taxes additionnelles et extraordinaires, avait toujours été inscrit au chapitre II du budget. La nouvelle loi ne fait donc que consacrer d'une façon expresse et formelle cette jurisprudence.

Art. 135.

Dépenses du budget ordinaire et du budget extraordinaire.

L'article 135 de la loi du 5 avril 1884, aux termes duquel les dépenses du budget ordinaire comprennent les dépenses annuelles et permanentes d'utilité communale et les dépenses du budget extraordinaire comprennent les dépenses accidentelles ou temporaires qui sont imputées sur les recettes énumérées à l'article 134 ou sur l'excédent des recettes ordinaires, ne figurait pas dans les lois antérieures. Mais, en fait, les dépenses étaient séparées dans les budgets, suivant les règles indiquées dans l'article 135. Cet article, dès lors, ne fait que maintenir l'état de choses existant précédemment.

Art. 136.

Dépenses obligatoires.

L'article 136 de la loi du 5 avril 1884 fait l'énumération des dépenses communales obligatoires. Il est emprunté à la loi du 18 juillet 1837 (art. 30) et à des lois spéciales. Il contient, en outre, plusieurs paragraphes modifiant ou complétant la législation antérieure. Je bornerai mes observations à ces derniers.

Frais de bureau, d'impression et de conservation des archives.

§ 2. — Le paragraphe 2 comprend au nombre des dépenses obligatoires :

1° Les frais de bureau et d'impression pour le service de la commune ;

2° Les frais de conservation des archives communales et du *Recueil des actes administratifs* du département ;

3° Les frais d'abonnement au *Bulletin des communes*, et pour les communes chefs-lieux de canton, les frais d'abonnement et de conservation du *Bulletin des lois*.

La loi du 18 juillet 1837 rangeait déjà parmi les dépenses obligatoires les frais de bureau et d'impression pour le service de la commune.

Les frais de conservation des archives communales et du *Recueil des actes administratifs* de la préfecture pouvaient être considérés comme rentrant dans les frais de bureau ; le législateur a cru néanmoins devoir les énumérer spécialement, pour bien marquer l'intérêt qu'il attache à ce que les archives et les collections des documents officiels soient l'objet de soins particuliers.

La loi de 1837 rangeait les frais d'abonnement au *Bulletin des lois* parmi les dépenses obligatoires de toutes les communes. Mais le décret du 12 février 1852 restreignit cette obligation aux communes chefs-lieux de canton et remplaça, pour les autres, le *Bulletin des lois* par le *Moniteur des communes*, feuille officielle rédigée par les soins et sous la surveillance du ministre de l'intérieur et contenant les lois, les décrets et instructions du gouvernement ou une analyse sommaire de ces divers actes. Le *Moniteur des communes* dura jusqu'en 1871, époque à laquelle le gouvernement, par décret du 27 décembre, créa une publication nouvelle qui prit le nom de *Bulletin des communes*.

La loi du 5 avril, en consacrant le caractère obligatoire de l'abonnement à cette feuille pour les communes qui ne sont pas chefs-lieux de canton, les dispense formellement de s'abonner au *Bulletin des lois*.

Le *Bulletin des communes* paraissant en placards destinés à l'affichage est remplacé chaque semaine par un nouveau numéro et par suite nécessairement détruit.

Mais le *Bulletin des lois* doit former, aux chefs-lieux de canton, une collection qu'il importe de conserver avec soin, de manière à ce qu'elle puisse toujours être consultée.

Le meilleur mode de conservation sera la reliure par semestre des volumes de la collection.

Frais de recensement de la population.

§ 3. De même que la loi du 18 juillet 1837, l'article 136 de la loi du 5 avril range parmi les dépenses obligatoires les frais du recensement quinquennal de la population.

Frais d'élections.

La loi du 7 août 1850 avait mis les frais de tenue des assemblées électorales à la charge des communes dans lesquelles se fait l'élection. L'article 2 de cette même loi ajoutait : « Ces dépenses seront comprises au nombre de celles qu'énumère l'article 30 de la loi du 18 juillet 1837. »

La loi du 5 avril n'a donc rien innové sur ce point, mais la disposition relative aux cartes électorales est entièrement nouvelle. Pour donner une sanction à la disposition de l'article 13 qui oblige le maire à délivrer une carte à chaque électeur, l'article 136 a rendu cette dépense obligatoire.

Vous remarquerez, Monsieur le Préfet, que la loi ne distingue pas entre les diverses natures d'élections, qu'il s'agisse, soit d'une élection politique, soit d'une élection départementale ; en outre, la commune doit subvenir aux frais de tenue de l'assemblée et à ceux des cartes électorales.

Frais des registres de l'état civil.

§ 4. La loi du 18 juillet 1837 classait seulement parmi les dépenses obligatoires des communes les frais des registres de l'état civil et la portion des tables décennales à la charge des communes. La nouvelle loi ajoute à cette énumération la dépense des livrets de famille.

Livrets de famille.

Vous savez, Monsieur le Préfet, que ce livret, qui doit être remis gratuitement aux conjoints, lors de la célébration du mariage, est destiné à recevoir par extrait les énonciations principales des actes de l'état civil intéressant chaque famille. Il doit être représenté toutes les fois qu'il y aura lieu de faire dresser un acte de naissance ou de décès. À chaque nouvelle déclaration, l'officier de l'état civil appose, à la suite de la mention sommaire consignée sur le livret, sa signature et le cachet de la mairie.

Cette mesure est appelée à rendre d'importants services, car les livrets constituent en quelque sorte un troisième dépôt des actes de l'état civil confié à la garde des intéressés ; ils seront une source de renseignements précieux pour le cas où les registres viendraient à être détruits. De plus, en se reportant au livret pour la rédaction de chaque acte nouveau intéressant la famille, on évitera les erreurs qui se glissent trop fréquemment dans l'indication des prénoms ou l'orthographe des noms.

Un tiers des communes avait déjà adopté cette utile institution recommandée par un de mes prédécesseurs (1) et par M. le garde des sceaux (2). Le législateur de 1884 a voulu la généraliser en la rendant obligatoire pour toutes les communes. Mais la dépense, qui est minime (10 ou 12 centimes par mariage contracté), sera très facilement supportée par les communes.

Pensions communales.

§ 7. La loi du 5 avril, de même que celle de 1837, range parmi les dépenses obligatoires les pensions à la charge de la commune, lorsqu'elles ont été régulièrement liquidées et approuvées.

Les pensions communales sont de deux sortes : ou bien elles sont concédées sur les caisses tontinières alimentées par les retenues exercées sur les traitements des employés municipaux et par les subventions municipales; ou bien elles sont, en l'absence d'une caisse spéciale de retraites, concédées à d'anciens employés par prélèvement direct sur le budget municipal.

Les pensions régulièrement concédées, de quelque nature qu'elles soient, constituent pour les intéressés un droit acquis et deviennent par suite, pour les communes, une charge obligatoire. Il résulte, en effet, de la discussion de la loi du 18 juillet 1837 (3) que l'obligation s'applique aussi bien aux pensions liquidées sur le budget communal qu'à celles qui sont concédées sur les fonds de retenue, et rien n'indique que le législateur de 1884 ait entendu modifier l'ancienne règle sur ce point.

La liquidation des pensions a lieu conformément aux règlements particuliers des caisses de retraites ou, lorsqu'elles sont concédées directement sur les fonds communaux, conformément aux règles établies par le décret du 4 juillet 1806, qu'un avis du conseil d'État du 17 novembre 1811 a déclarées applicables à la liquidation des pensions municipales.

Les pensions sont concédées par arrêté préfectoral après délibération du conseil municipal (décret du 25 mars 1852, tableau A, 38°).

Quant à la création des caisses de retraites et à la modification de leurs règlements, elles restent soumises à la sanction du gouvernement, conformément au principe d'après lequel aucun établissement public ne peut être créé que par l'autorité publique.

Indemnités de logement aux ministres du culte. Grosses réparations. Édifices religieux.

§§ 11 et 12. La loi du 5 avril 1884 (art. 136, § 11) comprend parmi les dépenses obligatoires des communes, l'indemnité de logement aux curés, desservants et ministres des autres cultes salariés par l'État, lorsqu'il n'existe pas de bâtiment affecté à leur logement, et lorsque les fabriques ou autres administrations préposées aux cultes ne pourront pourvoir elles-mêmes au paiement de cette indemnité.

(1) Circulaire du 18 mars 1877.
(2) Circulaire du 18 novembre 1876.
(3) Chambre des pairs, art. 30, § 9.

La nouvelle loi (art. 136, § 12) déclare également obligatoires pour les communes les dépenses des grosses réparations aux édifices communaux, sauf, lorsqu'ils sont consacrés aux cultes, l'application préalable des revenus et ressources disponibles des fabriques à ces réparations et sauf l'exécution des lois spéciales concernant les bâtiments affectés à un service militaire.

Le législateur ajoute que, s'il y a désaccord entre la fabrique et la commune, lorsque le concours financier de cette dernière est réclamé dans les cas prévus aux paragraphes 11 et 12, il sera statué par décret sur les propositions des ministres de l'intérieur et des cultes.

Vous remarquerez, Monsieur le Préfet, que la loi du 5 avril 1884 ne maintient pas au nombre des dépenses obligatoires des communes celles qui étaient comprises au n° 14 de l'article 20 de la loi du 18 juillet 1837, c'est-à-dire les ressources que les communes étaient tenues de fournir aux fabriques et aux autres administrations préposées aux cultes quand il y avait insuffisance de leurs revenus justifiée par leurs comptes et budgets. Ces dépenses ne sont plus que facultatives pour les communes; il en est de même des dépenses d'entretien des édifices communaux consacrés aux cultes; elles restent à la charge exclusive des administrations préposées aux cultes.

En ce qui touche le logement des ministres des cultes et les grosses réparations aux édifices religieux, les paragraphes 11 et 12 de l'article 136 de la loi du 5 avril 1884 consacrent la législation et la jurisprudence antérieures en décidant que c'est seulement à défaut de ressources disponibles des fabriques qu'il sera obligatoire pour les communes de payer une indemnité de logement aux ministres des cultes salariés par l'État, s'il n'existe pas de bâtiment affecté à leur logement, et d'acquitter les dépenses des grosses réparations des édifices communaux servant aux cultes.

Les fabriques peuvent d'ailleurs employer d'abord leurs revenus aux dépenses justifiées par les exigences du service des cultes et à l'entretien des édifices paroissiaux; l'excédent de leurs revenus disponibles seul doit nécessairement être appliqué aux grosses réparations et à l'indemnité de logement.

Le modèle de budget et de compte en vigueur pour les établissements ecclésiastiques distingue leurs dépenses en obligatoires et facultatives, et leurs ressources disponibles sont celles qui résultent de la différence entre l'ensemble de leurs ressources de toute nature et le total de la première catégorie de dépenses.

Si des difficultés s'élevaient entre les établissements religieux et les communes, à l'occasion du concours de ces dernières réclamé pour les dépenses indiquées aux paragraphes 11 et 12 de l'article 136, vous auriez à m'adresser vos propositions avec toutes les pièces nécessaires à l'appui, pour me mettre à même de préparer, d'accord avec M. le ministre des cultes, le décret qui devrait statuer sur ces difficultés.

Dépenses concernant les cimetières.

§ 13. Aux termes de l'article 136, § 13, sont

obligatoires pour les communes les dépenses concernant les cimetières, leur entretien et leur translation, dans les cas déterminés par les lois et règlements d'administration publique.

Ces dispositions reproduisent celles du paragraphe 17 de l'article 30 de la loi du 18 juillet 1837. La jurisprudence, s'appuyant sur les articles 36, § 4 du décret du 30 décembre 1809, qui comprenait au nombre des revenus de la fabrique les produits spontanés des lieux de sépulture, et 37, § 4, du même décret qui la chargeait de l'entretien des cimetières, considérait cette dépense comme devant être acquittée en première ligne par les fabriques et subsidiairement par les communes. Les fabriques en trouvaient la compensation dans la perception des produits spontanés. La loi du 5 avril 1884 attribuant ces produits aux communes par son article 133 et abrogeant par ses dispositions finales l'article 36, § 4, du décret précité, l'entretien des cimetières cesse d'incomber aux établissements religieux.

Frais d'établissement et de conservation des plans d'alignement et de nivellement.

§ 14. L'article 136, n° 14, de la nouvelle loi municipale range parmi les dépenses communales obligatoires des communes les frais d'établissement et de conservation des plans d'alignement et de nivellement.

L'article 30, n° 18, de la loi du 18 juillet 1837 plaçait déjà au nombre des dépenses auxquelles les communes sont tenues de pourvoir les frais des plans d'alignement. Le législateur a cru devoir y ajouter ceux qui sont relatifs au nivellement, c'est-à-dire à la détermination, par des chiffres et des signes graphiques, du niveau que présentent ou doivent présenter les voies publiques communales intérieures.

Les plans d'alignement font connaître d'une manière précise la direction, la longueur, la largeur et les limites des rues, places, boulevards, etc. Ils sont ainsi un des moyens les plus efficaces de prévenir et de réprimer les usurpations ou les détériorations du sol des voies intérieures. D'un autre côté, en donnant plus de fixité aux limites de ces voies, ils donnent plus de sécurité aux propriétaires riverains, les laissant moins exposés à l'arbitraire des autorités locales.

La fixation du niveau assigné aux voies publiques intérieures offre également de sérieux avantages. Elle permet aux municipalités d'entreprendre et d'exécuter, avec des vues d'ensemble, après des études plus approfondies, pour une durée plus considérable et, par suite, à moins de frais, les remblais ou déblais qui peuvent être nécessaires soit pour faciliter la circulation dans les rues ou sur les places, soit pour les assainir. Elle fournit en outre des indications précieuses pour l'établissement des accès et des issues des fonds riverains sur les voies publiques. Elle assure à chaque propriétaire le moyen de ne pas voir ses constructions en contre-haut ou en contre-bas du sol d'une rue ou d'une place, le lendemain du jour où il les a élevées au niveau de cette rue ou de cette place.

Le législateur veut donc à juste titre qu'il y ait, surtout dans les communes importantes, à la fois un plan d'alignement des diverses voies publiques intérieures et la détermination officielle des cotes de nivellement de ces voies. Vous devez veiller, Monsieur le Préfet, à ce que la volonté du législateur à cet égard soit réalisée le plus tôt possible.

Il n'y a pas lieu de provoquer avec la même insistance la détermination du niveau des rues ou places des communes rurales.

Mais, dans toute ville ou commune, quand il s'agira d'un projet d'ouverture, de redressement ou d'élargissement de voie municipale intérieure, vous prescrirez d'y comprendre la fixation non seulement des alignements, mais encore des cotes de nivellement.

Ces deux opérations se complétant l'une l'autre, il suffira toujours de faire figurer, avec l'indication des pentes ou des rampes, les cotes de nivellement sur le plan d'alignement, en représentant par des chiffres noirs le niveau actuel et par des chiffres rouges le niveau futur ou officiel.

L'autorité compétente pour approuver les plans d'alignement l'est également pour arrêter les cotes de nivellement. Il lui appartient de statuer, en même temps, sur les uns et les autres. Les décisions à prendre en pareille matière rentrent dans vos attributions quand il s'agit de rues ou places faisant partie exclusivement de la voirie urbaine. Il doit être statué par décret lorsque les voies dépendent de la grande voirie. Vous auriez à provoquer une décision du conseil général si elles formaient la traverse d'un chemin vicinal, soit de grande, soit de moyenne communication, et de la commission départementale, si elles étaient le prolongement d'un chemin vicinal ordinaire.

Les formalités d'enquête à remplir avant la fixation des cotes de nivellement sont également les mêmes que celles qui doivent précéder l'homologation des plans d'alignement. J'ajouterai que les deux opérations projetées simultanément peuvent être soumises à une seule enquête portant sur chacune d'elles.

Enfin, toute décision qui arrête les cotes de nivellement doit, comme celle qui homologue un plan d'alignement, être publiée avec celle-ci ou séparément.

Les propriétaires riverains ne peuvent élever des constructions le long de la voie publique qu'après avoir demandé et obtenu l'alignement individuel, c'est-à-dire l'indication des limites de cette voie auxquelles ils doivent se conformer, limites qui sont celles fixées par le plan ou les limites actuelles de la voie, s'il n'existe pas de plan.

Une obligation analogue, avant la promulgation de la loi du 5 avril 1884, n'existait, en ce qui touche les cotes de nivellement, qu'à Paris et dans les villes auxquelles avaient été déclarées applicables les dispositions du décret du 26 mars 1852. Elle continue d'exister dans ces villes comme dans la capitale.

Aujourd'hui, dans les autres communes, lorsque les cotes de nivellement seront régulièrement arrêtées et publiées, les propriétaires riverains qui voudront construire en bordure de la voie publique seront-ils tenus de demander, indépendamment de l'alignement individuel, l'indication des cotes de nivellement et de s'y conformer?

La question me paraît devoir être résolue affirmativement. En effet, il est difficile, sinon impossible, d'admettre que le législateur, en imposant aux communes l'obligation de faire fixer officiellement les cotes de nivellement de leurs rues ou places, n'ait pas entendu obliger, par réciprocité, les propriétaires à demander, avant de construire au bord de la voie publique, l'indication des cotes de nivellement assignées par l'autorité compétente à cette voie et à s'y conformer.

Dépenses des conseils de prud'hommes.

§ 15. Ce paragraphe déclare obligatoires les frais et dépenses des conseils de prud'hommes pour les communes comprises dans le territoire de leur juridiction et proportionnellement au nombre des électeurs inscrits sur les listes électorales spéciales à l'élection, et les menus frais des chambres consultatives des arts et manufactures, pour les communes où elles existent.

La loi du 18 juillet 1837 (art. 30, n° 19) mettait les frais et dépenses des conseils de prud'hommes à la charge des seules communes où ils siégeaient. La loi nouvelle répartit équitablement cette dépense entre les diverses communes comprises dans le territoire de la juridiction des conseils.

Dépenses de la voirie vicinale.

§ 18. Les dépenses de la voie vicinale n'étaient pas l'objet d'une mention spéciale dans la loi du 18 juillet 1837 (art. 30). Elles n'en avaient pas moins le caractère de dépenses obligatoires en vertu de la loi du 21 mai 1836, dans les limites déterminées par cette loi. En raison de leur importance, le législateur de 1884 a cru devoir les faire figurer nominativement dans l'énumération de l'article 136, avec la restriction légale qui les concerne.

Dépenses occasionnées par l'application de l'article 85.

§ 20. Vous avez vu plus haut, monsieur le préfet, que la loi nouvelle avait reproduit l'article 15 de la loi du 18 juillet 1837, qui autorise le préfet à procéder d'office, par lui-même ou par un délégué spécial, à l'accomplissement des actes rentrant dans les fonctions du maire et que celui-ci se refuserait à remplir.

On s'était demandé, sous l'empire de l'ancienne législation, si les frais de délégation pouvaient être mis à la charge de la commune; mais l'administration supérieure avait toujours hésité à autoriser cette imputation, la dépense n'étant pas énumérée parmi celles que la loi déclarait obligatoires pour les communes.

La loi du 5 avril tranche la question. Les dépenses qu'occasionneront les délégations spéciales pourront donc, à l'avenir, être inscrites d'office; mais vous éviterez, autant que possible, monsieur le préfet, d'user de la faculté que vous confère le n° 20 de l'article 136, en désignant, toutes fois que vous le pourrez, un délégué qui consente à se charger gratuitement de cette mission. Vous rencontrerez facilement ce concours parmi les membres des corps élus, maires ou adjoints des communes voisines, conseillers municipaux, d'ar-

rondissement ou généraux; et ce ne sera qu'en cas de nécessité absolue que vous désignerez un mandataire salarié, pour l'accomplissement d'un acte que la loi a confié à des fonctionnaires dont elle déclare le mandat gratuit (art. 74).

Art. 137, 138 et 139.

Octrois municipaux.

La législation antérieure relative aux octrois a été modifiée sur plusieurs points très importants.

D'après la loi du 5 avril, les affaires concernant les octrois peuvent être rangées dans quatre catégories différentes :

1° Certains votes des conseils municipaux ont force exécutoire par eux-mêmes;

2° Quelques délibérations sont exécutoires, sur l'approbation du préfet, dans les conditions de l'article 69 de la loi, mais toutefois après avis du conseil général ou de la commission départementale dans l'intervalle des sessions;

3° Un troisième ordre de délibérations doit être approuvé par décret du Président de la République rendu en conseil d'État, après avis du conseil général ou de la commission départementale dans l'intervalle des sessions;

4° Enfin, les surtaxes sur les vins, cidres, poirés, hydromels et alcools ne peuvent être autorisées que par une loi.

Dans la première catégorie (délibérations exécutoires par elles-mêmes), figurent les délibérations prononçant la prorogation ou l'augmentation des taxes d'octroi pour une période de cinq ans au plus, sous la réserve toutefois qu'aucune des taxes ainsi maintenues ou modifiées n'excédera le maximum déterminé par le tarif général et ne portera que sur les objets compris dans ce tarif (art. 139).

Les délibérations rentrant dans la seconde catégorie, c'est-à-dire exécutoires sur l'approbation du préfet, mais toutefois après avis du conseil général ou de la commission départementale dans l'intervalle des sessions, sont celles qui concernent la suppression ou la diminution des taxes d'octroi (art. 138).

La troisième catégorie d'affaires relatives aux octrois, sur lesquelles il est statué par des décrets du Président de la République rendus en conseil d'État, après avis du conseil général ou de la commission départementale dans l'intervalle des sessions, comprend les délibérations municipales concernant :

1° L'établissement des taxes d'octroi;

2° L'augmentation ou la prorogation d'une ou plusieurs taxes pour une période de plus de cinq ans;

3° Les modifications aux règlements ou aux périmètres existants;

4° L'assujettissement à la taxe d'objets non encore imposés au tarif local;

5° L'établissement ou le renouvellement d'une taxe non comprise dans le tarif général;

6° L'établissement ou le renouvellement d'une taxe excédant le maximum fixé par le tarif général (art. 137).

En ce qui touche les affaires de la première catégorie (délibérations ayant force exécutoire par elles-mêmes), vous n'aurez à m'adresser aucune pièce. Vous vous bornerez à transmettre à la direction générale des contributions indirectes une expédition des délibérations municipales, appuyées des actes de perception.

Quant aux affaires de la seconde catégorie (délibérations exécutoires sur l'approbation du préfet après avis du conseil général ou de la commission départementale), vous ne devrez pas non plus me faire parvenir les dossiers. Mais il importera d'envoyer à la direction générale des contributions indirectes un exemplaire du tarif et du règlement de l'octroi, une copie de l'avis du conseil général ou de la commission départementale et une ampliation de votre arrêté approbatif.

Pour les affaires rangées dans la troisième catégorie et sur lesquelles il est statué par un décret délibéré en conseil d'Etat, le conseil général, ou, dans l'intervalle des sessions, la commission départementale, n'a plus qu'un simple avis à émettre.

Ces affaires doivent être instruites conformément aux règles suivies jusqu'à ce jour. Vous aurez donc à transmettre, comme par le passé, les dossiers en premier lieu au ministre de l'intérieur.

Ces dossiers, s'il s'agit d'une demande en prorogation, devront comprendre les pièces suivantes :

1° Les délibérations du conseil municipal ;

2° L'avis du conseil général ou de la commission départementale ;

3° Le budget primitif et le budget additionnel de l'exercice courant, ou, à défaut de ce dernier budget, celui de l'année précédente ;

4° Un relevé présentant, d'après les trois derniers comptes administratifs, les recettes et les dépenses communales séparées en ordinaires et extraordinaires ;

5° Un certificat du maire et du receveur municipal faisant connaître :

Les impositions extraordinaires qui peuvent grever la commune, avec indication de leur quotité, de leur durée et de leur objet ;

Les sommes restant dues en capital sur chacun des emprunts non remboursés ;

Les autres dettes communales, s'il en existe ;

Enfin le produit brut et le produit net de l'octroi pendant chacune des trois dernières années ;

6° Un exemplaire du règlement et du tarif en vigueur ;

7° Votre avis motivé en forme d'arrêté.

En cas de demande de revision du tarif, il conviendra d'ajouter à ces documents :

1° Un tableau présentant, en regard l'un de l'autre, le tarif en vigueur et le tarif projeté, avec indication de la différence, en plus ou en moins, de la recette sur chaque article de perception, d'après la moyenne de la consommation pendant les trois dernières années.

Les colonnes de ce tableau devront être totalisées.

2° L'énumération des dépenses urgentes ou des travaux dûment autorisés auxquels la commune aurait à pourvoir (cette pièce devra être également produite lorsqu'il s'agira de proroger un tarif comprenant, en sus des taxes principales, des taxes additionnelles ou des surtaxes).

Lorsqu'une commune sollicitera l'extension du périmètre de son octroi, il y aura lieu de fournir en outre :

1° Un plan de la commune indiquant, par des lignes de couleurs différentes, les limites de l'ancien périmètre et celles du périmètre proposé ;

2° Un certificat faisant connaître le nombre des habitants et l'étendue du territoire qu'on se propose de comprendre dans le rayon de la perception, ainsi que l'augmentation de recettes à provenir de l'extension du périmètre ;

3° Enfin, l'avis du représentant de l'autorité militaire, s'il s'agit d'une commune possédant une garnison (circ. du 17 août 1883).

Quant aux affaires relatives aux surtaxes, vous devrez continuer de les instruire comme vous l'avez fait jusqu'à ce jour.

J'insiste, monsieur le préfet, pour que les demandes relatives aux octrois soient instruites avec le plus grand soin et pour que les dossiers me parviennent, lorsqu'il s'agira de prorogation, au plus tard dans le courant du mois d'août de l'année où l'octroi devra régulièrement prendre fin. Vous veillerez, en outre, à ce que le tarif et règlement portent la mention d'annexe dans les cas prévus par la circulaire ministérielle du 16 mars 1880. Je vous rappellerai que l'omission de cette formalité a parfois motivé l'ajournement de certaines affaires soit par le ministère des finances, soit par le conseil d'Etat.

Je dois signaler à votre attention un dernier point :

Lorsque les conseils municipaux sont appelés à se prononcer sur l'établissement, le maintien ou l'élévation de droits d'octroi, il convient qu'ils examinent de quelle somme la commune a besoin pour assurer la marche des services municipaux. Pour se procurer cette somme, le conseil vote les taxes principales d'octroi qui ont un caractère annuel et permanent et dont le produit est inscrit au budget ordinaire de la commune.

Si, après la fixation de ces droits, la commune se trouve dans l'obligation de pourvoir à des dépenses extraordinaires pour l'exécution d'entreprises ou pour le remboursement d'emprunts, le conseil municipal peut voter de nouveaux droits soit au moyen de l'addition d'un ou de plusieurs décimes aux taxes principales, soit à l'aide de taxes extraordinaires frappant d'autres articles. Ces droits ne se confondent pas avec les taxes principales. Le conseil doit en déterminer l'affectation spéciale, et le produit en est porté au budget extraordinaire.

Les opérations concernant, d'une part, les taxes principales, d'autre part, les taxes additionnelles ou extraordinaires, doivent être présentées séparément dans la comptabilité de l'octroi et du receveur municipal. Il est ainsi donné satisfaction aux prescriptions des articles 133 et 134 de la loi du 5 avril 1884, d'après lesquelles le produit des octrois affectés aux dépenses ordinaires figure au budget ordinaire, et celui des taxes additionnelles et surtaxes d'octroi spécialement affectées à des dépenses extraordinaires et à des remboursements d'emprunts, doit être inscrit au budget extraordinaire.

Il ne vous échappera pas, d'ailleurs, que la distinction entre les deux catégories de taxes a une très grande importance, puisque, aux termes de l'article 3 de la loi du 16 juin 1881, le cinquième du produit des taxes ordinaires d'octroi doit être affecté aux dépenses de l'instruction primaire.

Dès lors, le classement au budget ordinaire des recettes d'octroi qui devraient, en réalité, figurer au budget extraordinaire, aurait pour conséquence d'accroître les charges imposées aux communes par cette loi.

Art. 140.

Taxes particulières dues en vertu des lois ou des usages locaux.

L'article 140 de la loi du 5 avril 1884 reproduit purement et simplement les dispositions de la loi du 18 juillet 1837 (art. 44) relatives aux taxes particulières dues par les habitants ou propriétaires en vertu des lois et usages locaux. Le législateur de 1884 décide, comme le décidait celui de 1837, que ces taxes, telles que celles d'affouage, de pacage ou pâturage, de pavage ou ayant pour objet l'établissement de trottoirs, sont réparties par une délibération du conseil municipal approuvée par le préfet et qu'elles sont perçues suivant les formes établies pour le recouvrement des contributions directes.

La nécessité de soumettre les délibérations du conseil municipal, en cette matière, à votre sanction résulte également des dispositions combinées des articles 68 et 69 de la nouvelle loi.

Art. 141, 142 et 143.

Impositions extraordinaires et emprunts.

Ces articles apportent des modifications importantes aux règles posées par les lois des 18 juillet 1837 et 24 juillet 1867, en ce qui concerne les impositions extraordinaires et les emprunts.

L'article 141 reconnaît aux conseils municipaux le droit de régler par un simple vote :

1º Dans la limite du maximum fixé chaque année par le conseil général, les contributions extraordinaires n'excédant pas cinq centimes pendant cinq années, pour en appliquer le produit à des dépenses extraordinaires d'utilité communale ;

2º Les emprunts remboursables en cinq ans sur ces cinq centimes ou sur les ressources ordinaires, quand l'amortissement, dans ce dernier cas, ne dépasse pas trente ans ;

3º Trois centimes extraordinaires exclusivement affectés aux chemins vicinaux ordinaires et trois centimes extraordinaires exclusivement affectés aux chemins ruraux reconnus.

Les centimes communaux destinés aux dépenses annuelles obligatoires ou facultatives et les centimes votés en vertu des lois des 21 mai 1836 (chemins vicinaux) et 16 juin 1881 (instruction primaire) et de certaines lois spéciales ne se confondent pas avec les centimes extraordinaires que les conseils municipaux peuvent voter dans la limite du maximum fixé par le conseil général. On ne devra pas non plus considérer comme compris dans ce maximum les centimes affectés par le paragraphe 2 du présent article aux dépenses des chemins vicinaux ordinaires et des chemins ruraux reconnus, ni les centimes qui pourraient être imposés d'office sur la commune par application de l'article 149 de la présente loi.

Aux termes de l'article 142, les conseils municipaux votent, sauf approbation du préfet :

1º Les contributions extraordinaires qui dépasseraient cinq centimes sans excéder le maximum fixé par le conseil général et dont la durée, excédant cinq années, ne serait pas supérieure à trente ans ;

2º Les emprunts remboursables sur les mêmes contributions extraordinaires ou sur les revenus ordinaires dans un délai excédant, pour ce dernier cas, trente ans.

Cet article, monsieur le préfet, vous confère des pouvoirs très étendus. Je vous recommande d'en user avec toute la prudence que réclame l'intérêt bien entendu des communes. Il importe que les emprunts communaux n'aient pour objet que le paiement de dépenses d'une nécessité incontestable ; qu'ils soient toujours circonscrits dans des limites modérées et proportionnées surtout aux ressources disponibles, de manière à ne pas obérer les finances de la commune au préjudice des services municipaux essentiels. Il sera prudent qu'à moins de circonstances exceptionnelles, le terme d'amortissement des emprunts n'excède pas vingt-cinq ou trente ans.

Avant d'approuver les votes municipaux relatifs à des impositions extraordinaires ou à des emprunts, vous devrez exiger la production des pièces justificatives des dépenses projetées (plans, devis, mémoires, etc.), ainsi que les documents qui vous seront nécessaires pour constater avec exactitude la situation financière de la commune (budget, relevé des comptes, certificat constatant les charges qui grèvent la commune).

Au nombre des emprunts que vous serez appelé à approuver, il s'en trouvera qui devront être contractés soit auprès de la caisse des écoles, soit auprès de la caisse des chemins vicinaux.

En ce qui touche les premiers, vous ne perdrez pas de vue que les communes devront recevoir l'autorisation préalable du ministre de l'instruction publique (décret du 10 août 1878, art. 4, § 1er).

Quant aux seconds, avant de sanctionner les votes municipaux, vous aurez à me communiquer les pièces de chaque affaire pour que je puisse apprécier si la situation de la caisse vicinale permet d'accueillir les demandes.

L'article 143 forme le complément des articles 141 et 142. Il dispose que toute contribution extraordinaire dépassant le maximum fixé par le conseil général et que tout emprunt remboursable sur cette contribution sont autorisés par décret du Président de la République ; que, si la contribution est établie pour une durée de plus de trente ans, ou si l'emprunt remboursable sur ressources extraordinaires doit excéder cette durée, le décret est rendu en conseil d'État ; enfin qu'il est statué par une loi, si la somme à emprunter dépasse un million, ou si, réunie aux chiffres d'autres emprunts non encore remboursés, elle dépasse un million.

Vous remarquerez, monsieur le préfet, que ce n'est plus, comme sous l'empire de la loi du 24 juillet 1867, d'après le chiffre des revenus communaux qu'est déterminée la nécessité de recourir à l'intervention du conseil d'État, mais bien d'après la durée de l'amortissement de l'emprunt.

Quant à la dernière disposition concernant le recours au pouvoir législatif lorsqu'il s'agit d'emprunts dépassant 1 million, elle n'est que la reproduction de l'article 7, § 3, de la loi du 24 juillet 1867 et le maintien sur ce point de la législation antérieure.

A ce sujet, je vous rappellerai que, d'après la jurisprudence constante du ministère de l'intérieur, du conseil d'Etat et des Chambres législatives, le recours à une loi est nécessaire toutes les fois qu'un emprunt, soit seul, soit réuni aux sommes restant dues sur de précédents emprunts non remboursés, dépasse 1 million, quelles que soient la nature des ressources affectées au remboursement et la durée de l'amortissement.

Je dois également signaler de nouveau à votre attention les règles posées par la circulaire du 11 mai 1864, en ce qui touche les acquisitions ou engagements à long terme pris par les communes, lesquels doivent être assimilés à des emprunts et autorisés dans les mêmes formes, c'est-à-dire, suivant les cas, par une délibération municipale, un arrêté préfectoral, un décret ou une loi.

Toutes les affaires auxquelles s'applique l'article 143 devront être examinées par l'administration supérieure. Vous aurez donc à m'adresser, pour chacune de ces affaires, les pièces suivantes :

1° Une copie de la délibération par laquelle le conseil municipal a voté l'imposition ou l'emprunt ;

S'il s'agit d'un emprunt, la délibération mentionnera le mode et les époques de remboursement ;

2° Un certificat du maire faisant connaître le chiffre officiel de la population de la commune et le nombre des membres du conseil municipal en exercice ;

3° Le budget primitif et le budget additionnel de la commune pour l'exercice courant. Si ce dernier budget n'est pas encore approuvé, on produira celui de l'exercice précédent. Le chiffre du principal des quatre contributions directes devra être indiqué en tête du budget ;

4° Un certificat du maire et du receveur municipal constatant :

Toutes les impositions qui peuvent grever la commune, avec l'indication de l'objet auquel elles s'appliquent, de leur durée et de leur quotité, ainsi que de la nature et de la date des actes qui en ont autorisé la perception ;

Les sommes restant dues en capital sur chacun des emprunts non encore remboursés, avec mention de la nature et de la date des actes approbatifs de chaque emprunt ;

Les autres dettes communales, s'il en existe ;

Le montant des fonds de la commune placés au Trésor ;

5° Les pièces justificatives de la dépense, telles que mémoires, plans et devis régulièrement dressés ;

6° S'il s'agit d'un emprunt, un tableau d'amortissement dudit emprunt, ainsi qu'un état présentant dans trois colonnes distinctes :

Les sommes à payer chaque année, jusqu'à complète libération, pour le service des emprunts et dettes antérieurement contractés ;

Les ressources extraordinaires affectées annuellement à l'extinction de ce passif ;

Enfin les prélèvements à opérer sur les revenus ordinaires pour compléter les annuités d'amortissement.

(Dans le cas où l'emprunt serait remboursable au moyen d'une coupe extraordinaire de bois, il importerait de produire l'avis de l'administration forestière) ;

7° Un relevé présentant, d'après les trois derniers comptes, les recettes et les dépenses communales séparées en ordinaires et extraordinaires ;

8° Votre avis motivé en forme d'arrêté.

Art. 144.

Concours des forêts et bois de l'Etat aux dépenses des communes.

Aux termes de l'article 4 de la loi du 24 juillet 1867, les forêts et les bois de l'Etat devaient acquitter les centimes additionnels ordinaires et extraordinaires affectés aux dépenses des communes, dans la proportion de la moitié de leur valeur imposable.

La loi du 5 avril 1884 s'est montrée plus favorable aux communes. En effet, l'article 144 reproduit, sauf la différence de rédaction, l'article 7 de la loi de finances du 8 mai 1869, aux termes duquel les forêts et les bois de l'Etat acquittent les centimes additionnels ordinaires et extraordinaires affectés aux dépenses des communes, dans la même proportion que les propriétés privées.

2ᵉ SECTION. — Vote et règlement du budget

Art. 145 et 146.

Les articles 145 et 146 de la loi du 5 avril 1884 maintiennent les règles établies par la législation antérieure en ce qui touche l'approbation soit des budgets, soit des crédits additionnels votés en cours d'exercice, tant pour les communes dont le revenu est inférieur à 3 millions que pour les villes dont le revenu atteint ce chiffre. Vous remarquerez toutefois que la loi nouvelle n'a pas reproduit la disposition de celle du 18 juillet 1837, article 34, paragraphe 2, aux termes de laquelle, dans les communes dont le budget est réglé par décret, les crédits supplémentaires pour dépenses urgentes pouvaient être approuvés par le préfet.

D'après la loi du 5 avril 1884, dans les villes dont vous n'êtes pas appelé à régler le budget, tous les crédits sans exception devront être autorisés par décret. Je n'ai pas besoin de vous faire remarquer que, quand il s'agira de pourvoir à des dépenses urgentes, vous aurez à m'adresser, sans retard, les délibérations municipales, pour que je puisse provoquer le décret approbatif des crédits.

Art. 147.

L'article 147 de la loi du 5 avril 1884 concerne le crédit que les conseils municipaux peuvent porter au budget pour dépenses imprévues. Il modifie sur deux points les dispositions de l'article 37 de la loi du 18 juillet 1837. D'une part, en effet, le législateur ne limite plus au dixième des recettes ordinaires la somme inscrite de ce chef au budget ; d'autre part, il n'oblige plus le maire à obtenir l'approbation du préfet ou du sous-préfet pour faire emploi du crédit.

Le dernier paragraphe de l'article ajoute que,

dans la première session qui suivra l'ordonnancement de chaque dépense, le maire rendra compte au conseil municipal, avec pièces justificatives à l'appui, de l'emploi de ce crédit, et que lesdites pièces demeureront annexées à la délibération.

Cette prescription doit être entendue en ce sens que le maire sera tenu de fournir au conseil municipal les justifications des dépenses qu'il aura ordonnancées. Ces justifications pourront consister en un état détaillé, appuyé de rapports explicatifs soit du maire, soit des chefs de service. Quant aux pièces comptables proprement dites, telles que mémoires, factures ou quittances, elles continueront à être remises au receveur municipal, afin qu'il puisse les produire au juge des comptes, comme les pièces justificatives de toutes les autres dépenses.

Art. 148.

L'article 148 reproduit les dispositions des articles 36 et 38 de la loi du 18 juillet 1837, en les mettant en harmonie avec les articles 145 et 147 de la nouvelle loi municipale.

Art. 149.

L'article 149, relatif aux inscriptions et aux impositions d'office, ne fait que maintenir la législation antérieure.

Art. 150.

La première partie de cet article est la reproduction de l'article 35 de la loi du 18 juillet 1837.

Quant à la seconde partie, elle comble une lacune des lois précédentes ; elle prévoit le cas où il n'y aurait eu aucun budget antérieurement voté et elle ordonne que, dans ce cas, le budget sera établi par le préfet, en conseil de préfecture.

CHAPITRE IV

DE LA COMPTABILITÉ DES COMMUNES

(Art. 151 à 160.)

Art. 151.

D'après l'article 151 de la loi du 5 avril 1884, les comptes du maire pour l'exercice clos sont définitivement approuvés par le préfet.

Il s'ensuit que vous aurez à approuver les comptes administratifs de toutes les communes, quel que soit le chiffre de leurs revenus, quand même ce chiffre atteindrait 3 millions.

Vous devrez m'adresser un exemplaire dûment approuvé des comptes des villes dont les revenus sont de 3 millions et au-dessus. La production de cet exemplaire, qui sera conservé dans mes bureaux, est indispensable pour permettre de procéder à l'approbation du budget supplémentaire auquel doivent être reportés les excédents de recette et les restes à payer de l'exercice précédent.

Art. 152 à 160.

Ces articles ne font que confirmer les règles de comptabilité édictées par les lois actuellement en vigueur.

TITRE V

DES BIENS ET DROITS INDIVIS ENTRE PLUSIEURS COMMUNES

Art. 161, 162 et 163.

La loi du 5 avril 1884, dans ses articles 116, 117 et 118, par des dispositions analogues à celles des articles 89, 90 et 91 de la loi du 10 août 1871 sur les conseils généraux, a déterminé les règles à suivre lorsqu'il s'agit de débattre, dans des conférences, les questions d'intérêt commun à deux ou plusieurs communes sur des objets d'utilité communale les intéressant à la fois.

Ces dispositions seraient presque toujours insuffisantes au cas où les communes possèdent, depuis un temps plus ou moins considérable, des droits ou des biens indivis : par exemple, quand un certain nombre de communes, deux, trois, quatre ou plus, sont copropriétaires à l'état d'indivision d'immeubles, de pacages, etc.

Il serait difficile, sinon impossible, aux municipalités d'administrer directement, d'une manière utile, de pareils biens, même en recourant aux conférences régies par les articles 116, 117 et 118 de la nouvelle loi. Aussi le législateur de 1884, comme celui de 1837, a-t-il pensé qu'il y avait lieu d'instituer une représentation spéciale pour l'administration de ces biens et l'exécution des travaux qui s'y rattachent.

Art. 161.

Aux termes de l'article 161 de la loi du 5 avril 1884, lorsque plusieurs communes possèdent des biens ou des droits indivis, un décret du président de la République doit instituer, si l'une d'elles le réclame, une commission syndicale composée de délégués des conseils municipaux des communes intéressées. Chacun des conseils élit ensuite, dans son sein, au scrutin secret, le nombre de délégués qui a été déterminé par le décret présidentiel.

Ces dispositions sont la reproduction des deux premiers paragraphes de l'article 70 de la loi de 1837.

Vous ne perdrez pas de vue, monsieur le préfet, que, dans les propositions que vous aurez à m'adresser à ce sujet, vous devrez, pour la fixation du nombre des délégués à attribuer aux communes, tenir compte non du chiffre de la population, mais de l'intérêt que peut avoir chacune des communes dans l'administration des biens indivis, en raison de la part plus ou moins grande qu'elle serait en droit, en cas de partage, de revendiquer dans la propriété de ces biens.

D'après le troisième paragraphe de l'article 161 de la nouvelle loi, la commission syndicale sera présidée par un syndic élu par les délégués et pris parmi eux ; elle sera renouvelée après chaque renouvellement des conseils municipaux.

Ce paragraphe modifie l'article 71 (§ 1) de la loi de 1837, qui laissait la nomination du syndic à l'autorité préfectorale, tandis que, d'après la loi nouvelle, le syndic est élu par les délégués.

Le dernier paragraphe de l'article 161 de la loi de 1884 soumet la délibération de la commission syndicale à toutes les règles établies pour les délibérations des conseils municipaux ; c'est la reproduction du paragraphe 4 *in fine* de l'article 70 de la loi de 1837.

Art. 162.

Dans l'article 162 de la loi du 5 avril 1884, le législateur définit et limite les attributions de la commission syndicale et de son président. Elles comprennent l'administration des biens et droits indivis et l'exécution des travaux qui s'y rattachent.

Elles sont les mêmes que celles des conseils municipaux et des maires en pareille matière. Mais les ventes, échanges, partages, acquisitions, transactions, demeurent réservés aux conseils municipaux, qui pourront autoriser le président de la commission à passer les actes qui y sont relatifs.

Ces dispositions précisent le paragraphe 2 de l'article 71 de la loi du 18 juillet 1837. Il en résulte que la commission syndicale et le syndic doivent se borner à administrer les biens et droits indivis, à voter et à surveiller l'exécution des travaux se rattachant exclusivement à ces biens.

Quant aux questions de propriété, elles sont absolument réservées aux conseils municipaux et, lorsqu'ils sont d'accord sur la nécessité d'un échange, d'un partage, etc., ils peuvent, pour faciliter l'opération et éviter des lenteurs, substituer aux maires des communes intéressées le président de la commission et autoriser ce dernier à passer les actes.

Art. 163.

Dans l'article 163, la loi du 5 avril prévoit le cas où la commission syndicale peut avoir des dépenses à faire soit pour l'administration des biens et droits indivis, soit pour l'exécution des travaux se rattachant à la jouissance de ces mêmes biens. Elle règle le mode de répartition de ces dépenses et indique les moyens à prendre quand il y a désaccord entre les conseils municipaux.

Les paragraphes 1 et 2 portent : « La répartition des dépenses votées par les commissions syndicales est faite entre les communes intéressées par les conseils municipaux.

« Leurs délibérations sont soumises à l'approbation du préfet. »

Ces dispositions sont empruntées à l'article 72 de la loi du 18 juillet 1837. Vous remarquerez toutefois que, d'après le paragraphe 1er de l'article 161, c'est la commission syndicale qui vote les dépenses relatives à l'administration des biens indivis et à l'exécution des travaux s'y rattachant.

Les conseils municipaux n'ont pas à contester ce vote, pris dans la limite des attributions de la commission syndicale, leur mandataire régulier. Ils ont seulement à établir la part qui doit incomber à chaque commune dans la dépense.

Des propositions peuvent être soumises à ce sujet aux conseils municipaux par la commission syndicale ou, à défaut, par le préfet.

La loi prévoit le cas de désaccord entre les conseils municipaux sur la répartition de la dépense.

Dans cette hypothèse, l'article 46 (n° 23) de la loi du 10 août 1871 n'est pas applicable.

D'après le paragraphe 3 de l'article 163 de la nouvelle loi municipale, vous aurez à prononcer vous-même, sur l'avis du conseil général, ou, dans l'intervalle des sessions, de la commission départementale. Si les conseils municipaux appartiennent à des départements différents, il sera statué par décret.

La loi du 18 juillet 1837 (art. 72, § 2) contenait une disposition analogue. La loi nouvelle n'a pas maintenu la prescription qui exigeait l'avis préalable des conseils d'arrondissement.

Il est en outre à remarquer qu'elle se contente de l'avis de la commission départementale dans l'intervalle des sessions du conseil général.

Elle a voulu ainsi éviter les lenteurs qui pourraient résulter, pour l'instruction de ces affaires, du laps de temps considérable s'écoulant entre les sessions ordinaires des conseils généraux.

Le paragraphe 4 de l'article 163 de la loi du 5 avril 1884 est rédigé de la même manière que l'article 72 de la loi de 1837. Il décide que la part de la dépense définitivement assignée à chaque commune sera portée d'office aux budgets respectifs, conformément à l'article 149 de la nouvelle loi.

Le législateur considère cette part comme rentrant toujours dans la catégorie des dépenses communales obligatoires. Il a donné par suite à l'autorité supérieure le pouvoir de vaincre la résistance des communes intéressées.

TITRE VI

Art. 164, 165 et 166.

Les articles 164, 165 et 166 appliquent la nouvelle loi municipale à l'Algérie et aux principales colonies, sous certaines réserves et modifications.

TITRE VII

DISPOSITIONS GÉNÉRALES

Art. 167.

L'article 167 de la loi du 5 avril porte :

« Les conseils municipaux pourront prononcer la désaffectation totale ou partielle d'immeubles consacrés, en dehors des prescriptions de la loi organique des cultes du 18 germinal an X et des dispositions relatives au culte israélite, soit aux cultes, soit à des services religieux ou à des établissements quelconques ecclésiastiques et civils.

» Ces désaffectations seront prononcées dans la même forme que les affectations. »

Il ressort de la discussion aux Chambres qu'il ne s'agit ni des immeubles concordataires affectés au culte catholique, ni de ceux consacrés aux cultes protestants ou au culte israélite, en vertu des dispositions relatives à ces cultes, ni des immeubles qui, postérieurement au concordat et à la loi du 18 germinal an X, ont été affectés aux cultes par suite des obligations résultant du concordat et des lois organiques.

Les conseils municipaux ne sauraient, dès lors, se prévaloir de l'article 167 pour poursuivre la désaffectation des immeubles compris dans ces diverses catégories.

Vous remarquerez, d'autre part, qu'il n'est pas dérogé par l'article 167 aux prescriptions de l'ordonnance du 3 mars 1825, en ce qui concerne la distraction au profit des communes des parties superflues des presbytères.

Lorsqu'il s'agira d'appliquer l'article 167, il conviendra, pour déterminer la compétence, de se reporter à la procédure suivie lors de l'affectation, les mêmes formalités devant être remplies pour la désaffectation.

Art. 168.

L'article 168 et dernier, en mentionnant la plupart des dispositions législatives ou règlementaires abrogées par la loi du 5 avril 1884, facilite considérablement l'interprétation et l'application de cette loi. Il évite, en effet, les recherches qui auraient dû être faites dans de nombreux textes pour examiner s'ils contenaient des prescriptions échappant à l'abrogation tacite ou implicite. Il prévient, d'un autre côté, les difficultés, les controverses qui se seraient élevées sur le point de savoir si certaines des dispositions qu'il énumère étaient conciliables avec la nouvelle loi ou avaient cessé d'être en vigueur.

Les observations dont m'ont paru susceptibles les diverses parties de la loi du 5 avril 1884, monsieur le préfet, font ressortir l'esprit de liberté et de progrès qui domine l'ensemble de cette loi. La nouvelle loi municipale n'est pas seulement une œuvre de codification d'une importance exceptionnelle, réunissant dans un seul texte les règles fondamentales, précédemment disséminées, de la législation qui régit les communes; elles les complète, les précise, les améliore; elle

marque un pas considérable dans la voie des franchises communales; elle ne maintient la tutelle de l'Etat que dans les mesures des exigences impérieuses de la souveraineté nationale, de l'unité de la patrie et des intérêts généraux.

Le législateur de 1884, suivant l'exemple des législateurs qui l'ont précédé, n'a pas hésité à restreindre cette tutelle, dans la conviction que les représentants des communes ne cesseraient de se montrer dignes de la confiance qui en a fait relâcher les liens, et qu'ils ne se départiraient jamais de la prudence et de la sagesse dont ils ont toujours donné des preuves manifestes depuis plus d'un demi-siècle.

Vous avez, monsieur le préfet, une grande tâche à remplir pour l'exécution et l'application de la loi du 5 avril 1884. Vous ne perdrez pas de vue les droits de l'Etat, les intérêts d'ordre supérieur qui vous sont confiés. Vous ne devrez, dans aucun cas, les laisser péricliter; mais vous avez en même temps pour devoir de vous efforcer constamment, selon les intentions libérales du législateur, de les concilier avec les droits des corps municipaux, avec les véritables intérêts des communes, pour le plus grand bien de celles-ci, comme pour celui de la société, dont elles ne sont que les éléments.

Mes instructions d'aujourd'hui et celles du 10 avril, qui seront complétées ultérieurement au sujet de la revision des listes électorales, vous guideront dans l'accomplissement de cette tâche. Elles préviendront la plupart des difficultés que vous auriez rencontrées. Elles faciliteront la solution de celles qui se produiront. Si elles ne suffisaient pas pour les aplanir, je vous adresserais, sur votre demande, les explications ou éclaircissements nécessaires.

Je vous envoie la présente circulaire en nombre suffisant pour que vous puissiez en adresser un exemplaire à chacun de MM. les sous-préfets, et en conserver trois pour le service de vos bureaux.

Je vous prie de m'en accuser réception.

Recevez, monsieur le préfet, l'assurance de ma considération très distinguée.

Le ministre de l'intérieur,

WALDECK-ROUSSEAU.

DÉCRET

RELATIF

A LA REPRÉSENTATION DES INDIGÈNES MUSULMANS DANS LES CONSEILS MUNICIPAUX EN ALGÉRIE

Publié au *Journal officiel* dn 10 avril 1884

Le président de la République française,

Vu l'article 164, paragraphe 1er, de la loi du 5 avril 1884 sur l'organisation municipale, qui rend ladite loi applicable aux communes de plein exercice de l'Algérie, sous réserve des dispositions concernant la représentation des indigènes musulmans;

Considérant qu'aux termes de ladite loi, les conseils municipaux de l'Algérie ne comprendront plus que des représentants au titre français et des réprésentants au titre musulman;

Qu'il convient de remanier, en conséquence, les dispositions du décret du 27 décembre 1866; qu'il importe, d'autre part, de déterminer à nouveau le chiffre des conseillers musulmans, en tenant compte à la fois des effectifs des nouveaux conseils et de la population musulmane de chaque commune ;

Considérant qu'il y a lieu, en outre, de déterminer les droits des conseillers élus au titre musulman, ainsi que l'organisation des adjoints indigènes ;

Vu les décrets des 27 décembre 1866, 18 août 1868 et 10 septembre 1874 ;

Vu les avis du conseil de gouvernement de l'Algérie, en date des 7 et 28 mars 1884 ;

Vu les propositions du gouverneur général de l'Algérie ;

Sur le rapport du ministre de l'intérieur,

Décrète :

Art. 1er. — Les conseils municipaux des communes de plein exercice de l'Algérie, composés comme il est dit à l'article 10 de la loi municipale susvisée, la population européenne servant seule à déterminer cette composition, comprennent, outre les conseillers élus par les citoyens français ou naturalisés, des conseillers élus par les indigènes musulmans, dès que cette population atteint dans la commune le chiffre de 100 individus.

Ces derniers conseillers viennent en augmentation du chiffre du conseil municipal, tel qu'il est déterminé par l'article 10 précité. Leur nombre est fixé comme il suit :

2 conseillers, de 100 à 1,000 habitants musulmans. Au-dessus de ce chiffre, il y aura un conseiller musulman de plus par chaque excédent de 1,000 habitants musulmans, sans que le nombre de ces conseillers puisse jamais dépasser le quart de l'effectif total du conseil, ni dépasser le nombre de six.

Art. 2. — Les indigènes musulmans, pour être admis à l'électorat municipal, doivent être âgés de vingt-cinq ans, avoir une résidence de deux années consécutives dans la commune et se trouver, en outre, dans l'une des conditions suivantes :

Être propriétaire foncier ou fermier d'une propriété rurale ;

Être employé de l'Etat, du département ou de la commune ;

Être membre de la Légion d'honneur, décoré de la médaille militaire, d'une médaille d'honneur ou d'une médaille commémorative donnée ou autorisée par le gouvernement français, ou titulaire d'une pension de retraite.

Ils ne seront inscrits sur la liste des électeurs musulmans qu'après en avoir fait la demande et avoir déclaré le lieu et la date de leur naissance.

Un arrêté du gouverneur général de l'Algérie réglera les détails d'application du présent décret.

Art. 3. — Sont éligibles au titre musulman :

1° Les citoyens français ou naturalisés qui remplissent les conditions prescrites par l'article 31 de la loi municipale susvisée ;

2° Les indigènes musulmans, âgés de vingt-cinq ans et domiciliés dans la commune depuis trois ans au moins, inscrits sur la liste des électeurs musulmans de la commune.

Art. 4. — Les conseillers élus par les indigènes musulmans siègent au conseil municipal au même titre que les conseillers élus par les citoyens fran-

çais. Toutefois, en exécution de l'article 11 de la loi du 2 août 1875, ils ne prennent part à la désignation des délégués pour les élections sénatoriales qu'à la condition d'être citoyen français ; la même condition leur est nécessaire pour participer à la nomination du maire et des adjoints.

Art. 5. — Dans les communes de plein exercice, où la population musulmane est assez nombreuse pour qu'il y ait lieu d'exercer à son égard une surveillance spéciale, cette population est administrée, sous l'autorité immédiate du maire, par des adjoints indigènes.

Ces adjoints peuvent être pris en dehors du conseil et de la commune. Dans ces deux cas, ils ne siègent pas au conseil municipal.

Le préfet détermine, par des arrêtés, les communes où doivent être établis des adjoints indigènes, ainsi que le nombre, la résidence et le traitement de ces agents.

Les traitements des adjoints indigènes constituent une dépense obligatoire pour les communes.

Les titulaires de ces emplois sont nommés, le maire préalablement consulté, par le préfet, qui peut les suspendre, dans la même forme, pour un temps qui n'excédera pas trois mois. Ils ne peuvent être révoqués que par un arrêté du gouverneur général.

Art. 6. — L'autorité des adjoints indigènes ne s'exerce que sur leurs coreligionnaires. Indépendamment des attributions qui peuvent leur être déléguées par le maire, ces agents sont particulièrement chargés :

De fournir à l'autorité municipale tous les renseignements qui intéressent le maintien de la tranquillité et la police du pays ;

D'assister les agents du Trésor et de la commune pour les opérations de recensement en matière de taxes et d'impôts ;

De prêter à toute réquisition leur concours aux agents du recouvrement des deniers publics ;

De veiller spécialement à ce que les déclarations de naissance et de décès, de mariage et de divorce soient faites exactement par leurs coreligionnaires à l'officier de l'état civil.

Ils ne sont chargés de la tenue des registres de l'état civil musulman qu'en vertu d'une délégation spéciale du maire ; toutefois, lorsque les distances ne permettront pas de faire les déclarations au siège de la commune ou d'une section française de ladite commune, elles seront reçues par l'adjoint de la section indigène.

Des instructions spéciales du gouverneur général détermineront, s'il y a lieu, les devoirs que les adjoints indigènes seront tenus de remplir, indépendamment de ceux ci-dessus spécifiés.

En cas d'absence ou d'empêchement, l'adjoint indigène est remplacé, sur la proposition du maire, par un conseiller municipal indigène ou, à défaut, par un notable habitant indigène désigné par le préfet.

Art. 7. — Des arrêtés du gouverneur général, délibérés en conseil de gouvernement, pourvoient à la création et à l'organisation des communes mixtes et des communes indigènes. Dans les centres européens compris dans le périmètre des communes mixtes, les adjoints et les membres français des commissions municipales, dont le nombre continuera d'être fixé par les arrêtés de création, sont élus par les citoyens français inscrits sur les listes électorales.

Art. 8. — Sont abrogés : le décret du 27 décembre 1866, le titre II du décret du 18 août 1868 et le décret du 10 septembre 1874, et toutes les dispositions contraires au présent décret.

Art. 9. — Le ministre de l'intérieur est chargé de l'exécution du présent décret, qui sera inséré au *Bulletin Officiel* du gouvernement général de l'Algérie.

Fait à Paris, le 7 avril 1884.

JULES GRÉVY.

Par le Président de la République :

Le ministre de l'intérieur,

WALDECK-ROUSSEAU.

INSTRUCTION

RENOUVELLEMENT DES CONSEILS MUNICIPAUX ET DES MUNICIPALITÉS

11 AVRIL 1896

SOMMAIRE ALPHABÉTIQUE

Monsieur le Préfet, aux termes de l'article 41 de la loi du 5 avril 1884, les pouvoirs des conseillers municipaux, élus le 1er mai 1892, vont arriver à expiration et le scrutin pour le renouvellement général de ces assemblées doit avoir lieu le dimanche 3 mai prochain.

Je crois utile, à cette occasion, de résumer les instructions qui vous ont été adressées par mes prédécesseurs, en les complétant, sur certains points, de manière à faciliter les opérations électorales et à en assurer la parfaite régularité.

Convocation des électeurs.

1. L'arrêté que vous avez à prendre, pour convoquer l'assemblée des électeurs et fixer les locaux où siégeront les bureaux de vote, ainsi que les heures où le scrutin sera ouvert et fermé, devra être publié dans toutes les communes au plus tard le samedi 18 avril (*art. 15 de la loi du 5 avril* 1884).

Les maires ne peuvent en aucun cas faire procéder aux opérations électorales dans un local autre que celui désigné par le préfet.

Composition du conseil municipal.

2. Le nombre des membres du conseil municipal est déterminé dans chaque commune par l'importance de la population (*art.* 10).

La population qui sert de base aux calculs est la *population municipale totale* constatée par le dernier recensement officiel, c'est-à-dire par le dénombrement auquel il a été procédé, en exécution du décret du 1er mars 1891, et dont les résultats ont été déclarés authentiques par le décret du 31 décembre de la même année. C'est aux indications de ce dernier décret qu'il y a lieu de se référer, les résultats du recensement actuellement en cours ne devant être officiellement constatés que par un décret qui ne pourra être rendu que vers la fin de l'année courante.

La loi du 5 avril 1884 fixe, de la manière suivante, le nombre des conseillers municipaux à élire :

10 dans les communes de	500 habit. et au-dessous.	
12	—	501 à 1,500 habitants.
16	—	1,001 à 2,500 —
21	—	2,501 à 3,500 —
23	—	3,501 à 10,000 —
27	—	10,001 à 30,000 —
30 dans les communes de 30,001 à 40,000 habitants.		
32	—	40,001 à 50,000 —
34	—	50,001 à 60,000 —
36	—	60,001 et au-dessus,	

Exceptionnellement, il est accordé à Lyon trois conseillers supplémentaires par arrondissement municipal. Par conséquent, Lyon, qui est divisé en six arrondissements municipaux, nomme 54 conseillers.

Listes électorales.

3. Le vote du 3 mai se fera sur les listes électorales closes le 31 mars 1896.

Les seuls électeurs qui devront être admis à voter sont donc ceux qui sont portés sur les listes closes à cette date ; aucun autre électeur ne peut y être ajouté, hormis ceux qui seraient porteurs d'une décision du juge de paix ou de la Cour de cassation, ordonnant leur inscription sur les listes de 1896.

La disposition de l'article 8 du décret réglementaire du 2 février 1852, qui autorise à ajouter à la liste, après sa clôture, les électeurs porteurs d'une décision du juge de paix, avait été quelquefois interprétée en ce sens que les juges de paix pouvaient, après le 31 mars, être saisis, soit de demandes directes en inscription, soit d'appels contre des décisions des commissions chargées de la revision des listes. Il y avait là un double excès de pouvoirs : d'une part, les juges de paix ne sont jamais, en matière d'inscription sur les listes électorales, juges du premier degré, et ne peuvent connaître que des demandes portées en première instance devant les commissions électorales ; d'autre part, ils ne peuvent statuer que sur les appels formés *au cours de la revision annuelle*, dans les délais spécifiés par la loi du 7 juillet 1874 (*art.* 4), c'est-à-dire dans les cinq jours de la notification des décisions des commissions électorales.

En conséquence, les seules décisions judiciaires qui pourraient modifier les listes électorales closes le 31 mars 1896 sont celles qu'auraient rendues, postérieurement à cette date, les juges de paix ou la Cour de cassation, mais sur des demandes en inscription ou en radiation formées devant les commissions, *du 15 janvier au 4 février 1896*.

D'un autre côté, les seuls retranchements qui devront être opérés sur les listes sont ceux qui résulteraient soit de décès, soit de condamnations judiciaires entraînant la privation des droits électoraux (sans quil y ait lieu de distinguer entre les condamnations antérieures ou postérieures à la clôture des listes), soit de décisions de juges de paix ou de la Cour de cassation, rendues sur des réclamations formées dans les délais légaux (*du 15 janvier au 4 février 1896*).

Un tableau de rectification contenant les changements que je viens d'indiquer sera publié cinq jours avant la réunion des électeurs, c'est-à-dire le 28 avril 1896.

Vous aurez à rappeler tout spécialement aux maires les devoirs que leur impose la loi à cet égard.

M. le garde des sceaux a d'ailleurs donné de son côté des instructions pour que les arrêts rendus en matière de listes électorales par la Cour de cassation soient transmis à chaque ressort aussi promptement que possible et pour que les juges de paix désignés soient immédiatement saisis.

Sections électorales.

4. En principe, les élections municipales doivent se faire au scrutin de liste pour toute la commune (*loi du 5 avril 1884, art.* 11), et vous ne perdrez pas de vue que les seuls sectionnements qui puissent exister aujourd'hui sont ceux qui ont été établis par le conseil général en conformité de l'article 12 de la loi du 5 avril 1884.

Pour les communes sectionnées, je vous rappelle que vous aurez à prendre un arrêté répartissant les conseillers à élire entre chacune des sections, d'après le nombre des électeurs inscrits sur les listes électorales closes le 31 mars 1896. Cette répartition doit être *mathématique*, et le conseil d'Etat a souvent annulé des élections où cette prescription n'avait pas été scrupuleusement respectée.

Bureaux de vote.

5. Mais partout où cela vous paraîtra devoir faciliter les opérations électorales, vous pourrez établir plusieurs bureaux de vote (*loi du 5 avril 1884, art.* 13), en ayant soin de faire publier le jeudi 23 avril au plus tard les arrêtés que vous croirez devoir prendre à cet effet.

Cartes électorales.

6. L'article 13 de la loi du 5 avril 1884 oblige les maires à délivrer à chaque électeur une carte d'identité. Toutefois, si la délivrance de cette carte est obligatoire pour le maire, la présentation ne l'est pas pour l'électeur, qui peut être admis à voter, s'il n'y a aucun doute sur son identité.

La dépense des cartes électorales est comprise dans l'article 136, 3°, au nombre des dépenses communales obligatoires.

Forme des opérations.

7. Les bureaux de vote sont présidés par le maire, les adjoints, dans l'ordre de leur nomination, et par les conseillers municipaux dans l'ordre du tableau. En cas d'empêchement des adjoints et des conseillers municipaux, le maire peut déléguer de simples électeurs (*Loi du 5 avril 1884, art.* 17).

Le président a seul la police de l'assemblée, qui ne peut s'occuper d'autres objets que des élections qui lui sont attribuées. Toute discussion et toute délibération lui sont interdites (*Ibid., art.* 18).

Les deux plus âgés et les deux plus jeunes des électeurs sachant lire et écrire, et présents à l'ouverture de la séance, remplissent les fonctions d'assesseurs.

Le secrétaire est désigné par le président et les assesseurs. Dans les délibérations du bureau, il n'a que voix consultative.

Trois membres du bureau, au moins, doivent être présents pendant tout le cours des opérations (*Ibid., art.* 19).

Nul électeur ne peut entrer dans l'assemblée s'il est porteur d'armes quelconques (*Ibid., art.* 24).

Réception des votes.

8. Le président, après avoir ouvert la boîte du scrutin et constaté, en présence des électeurs, qu'elle ne renferme aucun bulletin, la fermera avec deux serrures, dont les clefs resteront, l'une entre ses mains, l'autre dans celles du plus âgé des assesseurs (*Ibid., art.* 25).

Les bulletins doivent être préparés hors de l'assemblée ; le papier du bulletin doit être blanc et sans signes extérieurs.

Tout bulletin de couleur que présenterait un électeur lui sera donc rendu par le président ; l'électeur sera libre de sortir pour en écrire ou en faire écrire un autre sur papier blanc.

Chacun des électeurs présents se rendra au bureau et montrera sa carte au président. L'un des assesseurs la prendra et en déchirera un coin ; l'électeur remettra son bulletin fermé au président, qui, après s'être assuré, sans l'ouvrir, qu'il n'en renferme pas d'autre, le déposera dans la boîte du scrutin : alors l'assesseur qui aura déchiré le coin de la carte la rendra à l'électeur (1).

A mesure que chaque électeur déposera son bulletin, un des assesseurs ou le secrétaire constatera ce vote en apposant son nom ou son parafe avec initiales sur la feuille d'inscription, en regard du nom du votant.

Pendant toute la durée des opérations, une copie de la liste des électeurs, certifiée par le maire, indiquant les nom, domicile, qualifications de chacun des inscrits, restera déposée sur la table du bureau.

Tout électeur inscrit sur cette liste a le droit de prendre part au vote. Néanmoins ce droit est suspendu pour les détenus, pour les contumaces et pour les personnes non interdites, mais retenues dans un établissement public d'aliénés. (*Décret réglementaire du 2 février 1852, art.* 18.)

Le président du bureau devrait refuser de recevoir le vote de ces électeurs, ainsi que l'a décidé le conseil d'Etat, par arrêt du 16 août 1866, à l'égard d'un individu légalement détenu.

Vote des militaires.

Les militaires ne sont pas privés de la capacité électorale, puisqu'ils doivent être inscrits sur la liste de la commune où se trouve leur domicile

---

(1) La carte est rendue à l'électeur en vue d'un second tour de scrutin.

de recrutement ; mais l'exercice du droit de vote est suspendu pour eux tant qu'ils sont *présents au corps.*

L'article 9 de la loi du 15 juillet 1889 sur le recrutement de l'armée dispose que « les militaires et assimilés de tous grades et de toutes armes des armées de terre et de mer ne prennent part à aucun vote quand ils sont présents à leur corps, à leur poste ou dans l'exercice de leurs fonctions, »

Toutefois « ceux qui, au moment de l'élection, se trouvent en résidence libre, en non-activité ou en possession d'un congé, peuvent voter dans la commune sur les listes de laquelle ils sont régulièrement inscrits. Cette dernière disposition s'appliquait également aux officiers et assimilés qui sont en disponibilité ou dans le cadre de réserve.

Par *militaires en congé,* on doit entendre les militaires qui sont pourvus d'une autorisation régulière d'absence *de plus de trente jours.* Les autorisations d'absence de cette durée présentent seules, en effet, aux termes du décret du 1er mars 1890, le caractère d'un congé.

Ces dispositions s'appliquent aux militaires de la gendarmerie, comme à ceux des autres armes, et aux hommes de la réserve et de l'armée territoriale pendant la période des exercices et manœuvres, ou en cas de mobilisation, comme aux hommes de l'armée active (*Conseil d'Etat,* 28 novembre 1884, *Constantine*).

Les présidents des bureaux électoraux devront, en conséquence, refuser les votes des militaires qui ne se trouveraient pas dans les conditions exceptionnelles déterminées par la loi.

Durée et clôture du scrutin.

10. Le scrutin ne dure qu'un jour (*Loi du 5 avril 1884, art.* 20).

Il ne peut être fermé qu'après avoir été ouvert pendant *six heures au moins* (*art.* 26).

Les heures d'ouverture et de clôture du scrutin doivent être fixées par l'arrêté préfectoral de convocation. Vous vous inspirerez sur ce point des convenances et des habitudes locales.

Le président doit constater, au commencement de l'opération, l'heure à laquelle, en fait, le scrutin est ouvert.

Il constate également l'heure à laquelle il déclare le scrutin clos, et, après cette déclaration, aucun vote ne peut être reçu.

Je vous rappelle qu'en vertu de la loi du 14 mars 1891, l'heure légale en France est l'heure temps moyen de Paris.

Cette heure doit être expressément constatée sur les procès-verbaux d'élection, et l'indication du moment où ont commencé et où ont été closes les opérations devra être suivie des mots : *heure légale.*

Le dépouillement suivra immédiatement la clôture du scrutin. Le bureau ne serait pas autorisé à le remettre au lendemain.

Il sera procédé à cette opération de la manière suivante :

La boîte du scrutin est ouverte, et le nombre des bulletins vérifié.

Si ce nombre est plus grand ou moindre que celui des votants, il en est fait mention au procès-verbal.

Le bureau désigne, parmi les électeurs présents, un certain nombre de scrutateurs.

Le président et les membres du bureau surveillent l'opération du dépouillement. Ils peuvent y procéder eux-mêmes s'il y a moins de 300 votants (*Loi du 5 avril* 1884, *art.* 27).

Bulletin entrant en compte pour le calcul de la majorité.

11. Les bulletins sont valables, bien qu'ils portent plus ou moins de noms qu'il y a de conseillers à élire.

Les derniers noms inscrits au delà de ce nombre ne sont pas comptés.

Les bulletins blancs ou illisibles, ceux qui ne contiennent pas une désignation suffisante ou dans lesquels les votants se font connaître, n'entrent pas en compte dans le résultat du dépouillement, mais ils sont annexés au procès-verbal (*art.* 28).

Les bulletins écrits sur papier non blanc entrent en compte pour fixer le nombre des suffrages exprimés et la majorité absolue, quoiqu'ils ne puissent être attribués au candidat qui y est désigné ; mais le bureau devra les annexer au procès-verbal. On procédera de la même manière à l'égard des bulletins qui porteraient un signe extérieur de reconnaissance et de tous ceux qui seraient l'objet d'une réclamation quelconque.

Immédiatement après le dépouillement, le président proclame le résultat du scrutin et fait brûler, en présence des électeurs, les bulletins autres que ceux qui doivent être annexés au procès-verbal.

Le procès-verbal des opérations électorales est dressé par le secrétaire ; il est signé par lui et par les autres membres du bureau. Il doit mentionner, par ordre décroissant, le nombre des suffrages obtenus par *tous* les candidats. C'est à tort que, dans quelques communes, on se contente d'indiquer le nombre des suffrages obtenus par les candidats élus. Une copie du procès-verbal, également signée du secrétaire et des membres du bureau, est aussitôt envoyée, par l'intermédiaire du sous-préfet, *au préfet qui en constate la réception sur un registre et en donne récépissé. Extrait en est immédiatement affiché par les soins du maire* (*Loi du 5 avril* 1884, *art.* 29).

Vous trouverez ci-après les formules qui devront être employées, à l'exclusion de toutes autres, tant pour la rédaction du procès-verbal que pour l'extrait à afficher dans la commune (*Annexes* nos 1 et 2).

Pouvoir et décisions du bureau.

12. Le bureau prononce provisoirement, par des décisions motivées, sur les difficultés qui s'élèvent touchant les opérations du collège ou de la section.

Les décisions du bureau sont inscrites au procès-verbal à la suite des réclamations ; les pièces ou bulletins qui s'y rapportent sont annexés au procès-verbal, après avoir été parafés par le bureau. J'appelle votre attention particulière sur l'exécution stricte de cette dernière prescription, dont l'omission peut donner lieu à des difficultés en cas de réclamation.

Second tour de scrutin.

13. Nul n'est élu au premier tour de scrutin, s'il n'a réuni : 1° la majorité absolue des suffrages exprimés ; 2° un nombre de suffrages égal au quart de celui des électeurs inscrits. Au deuxième tour de scrutin, l'élection a lieu à la majorité relative, quel que soit le nombre des votants.

Si plusieurs candidats obtiennent le même nombre de suffrages, l'élection est acquise au plus âgé (1).

En cas de deuxième tour de scrutin, l'assemblée est de droit convoquée pour le dimanche suivant. Le maire fait les publications nécessaires (*Loi du 5 avril 1884, art.* 30).

A moins de décision contraire du préfet, les heures d'ouverture et de clôture seront les mêmes que pour le premier tour.

Impossibilité de constituer le bureau.

14. Au cas où, pour un motif quelconque, le bureau n'aurait pu être constitué dans une commune, il y aurait lieu de prendre un nouvel arrêté convoquant les électeurs pour une date ultérieure.

Cette tentative d'élection ne peut en effet, en aucun cas, être considérée comme constituant nu premier tour de scrutin.

Condition d'éligibilité.

15. Sont éligibles au conseil municipal tous les électeurs de la commune âgés de vingt-cinq ans et les citoyens qui, bien qu'n'étant pas électeurs dans la commune, y sont inscrits au rôle d'une des quatre contributions directes, ou justifient qu'ils devaient y être inscrits au 1ᵉʳ janvier 1896.

Toutefois le nombre des conseillers qui ne résident pas dans la commune au moment de l'élection ne peut dépasser le quart des membres du conseil.

Incapacités.

16. Ne peuvent être élus conseillers municipaux :

1° Les militaires et employés des armées de terre et de mer en activité de service (*Loi du 5 avril* 1884, *art.* 31) ;

2° Les individus privés du droit électoral (*art.* 32) ;

3° Ceux qui sont pourvus d'un conseil judiciaire (*idem*) ;

4° Les individus dispensés de subvenir aux charges communales et ceux qui sont secourus par les bureaux de bienfaisance (*idem*) ;

5° Les domestiques attachés *exclusivement* à la personne (*idem*) :

6° Les personnes désignées dans l'article 4 de la loi du 22 juin 1886 ;

7° Les personnes à l'égard desquelles a été rendu un jugement d'ouverture de liquidation judiciaire (*Loi du 4 mars* 1889, *art.* 21).

(1) Le bénéfice de l'âge s'applique non seulement au second tour de scrutin, mais encore au premier tour, lorsque le nombre des candidats ayant obtenu la majorité absolue est supérieur à celui des candidats à élire, et que plusieurs d'entre eux ont le même nombre de suffrages.

Inéligibilités.

17. Ne sont pas éligibles, dans le ressort où ils exercent leurs fonctions :

1° Les préfets, sous-préfets, secrétaires généraux, conseillers de préfecture ;

2° Les commissaires et agents de police ;

3° Les magistrats des cours d'appel et des tribunaux de première instance, à l'exception des juges suppléants auxquels l'instruction n'est pas confiée ;

4° Les juges de paix titulaires ;

5° Les comptables des deniers communaux et les entrepreneurs de services municipaux (2) ;

6° Les instituteurs publics ;

7° Les employés de préfecture et de sous-préfecture ;

8° Les ingénieurs et les conducteurs des ponts et chaussées chargés du service de la voirie urbaine et vicinale et les agents voyers ;

9° Les ministres en exercice d'un culte légalement reconnu ;

10° Les agents salariés de la commune, parmi lesquels ne sont pas compris ceux qui, étant fonctionnaires publics ou exerçant une profession indépendante, ne reçoivent une indemnité de la commune qu'à raison des services qu'ils lui rendent dans l'exercice de cette profession (*Loi du 5 avril* 1884, *art.* 33).

Vous remarquerez, Monsieur le Préfet, que les personnes dénommées dans l'article 33 ne sont frappées que d'une inéligibilité relative et qu'elles pourraient être valablement élues en dehors du ressort où elles exercent leurs fonctions.

Incompatibilités.

18. Mais l'article 34 déclare que certaines de ces fonctions sont incompatibles, dans toute la France, avec le mandat de conseiller ; ce sont celles de :

1° Préfets, sous-préfets et secrétaires généraux de préfecture ;

2° Commissaires et agents de police.

Les fonctionnaires de ces deux catégories, qui seraient élus en dehors de leur ressort et qui voudraient exercer le mandat que leur confère l'élection, devraient, dans les dix jours, se démettre de leur emploi. A défaut de déclaration, ils seraient réputés avoir opté pour la conservation de leur fonction ou emploi.

Élections multiples.

19. Aux termes de l'article 35, nul ne peut être membre de plusieurs conseils municipaux.

Un délai de dix jours, à partir de la proclamation du résultat du scrutin, est accordé au conseiller nommé dans plusieurs communes pour faire sa déclaration d'option. Cette déclaration est adressée aux préfets des départements intéressés.

Si, dans ce délai, le conseiller élu n'a pas fait connaître son option, il fait partie de droit du conseil de la commune où le nombre des électeurs est le moins élevé.

(2) Mais les *fermiers* de biens communaux sont éligibles (Conseil d'État, 5 novembre 1875, Sancerre).

Parents et alliés.

20. Dans les communes de 501 habitants et au-dessus, les ascendants et les descendants, les frères et les alliés au même degré, ne peuvent être simultanément membres du même conseil municipal.

Proclamations des conseillers élus.

21. Il n'appartient, en aucune manière, au bureau électoral de statuer sur l'éligibilité des candidats; il doit se borner à constater dans son procès-verbal le nombre de voix obtenues par chacun d'eux, en les classant suivant l'ordre des suffrages et en indiquant ceux qui ont réuni la majorité exigée par la loi.

Les questions d'éligibilité sont exclusivement réservées au juge de l'élection.

Ainsi, le bureau excéderait ses pouvoirs s'il excluait de la liste des élus un candidat, soit parce qu'il serait frappé d'incapacité ou d'inéligibilité, soit parce qu'il serait déjà membre d'un autre conseil municipal, soit parce qu'un de ses parents ou alliés, au degré prohibé, aurait été proclamé avant lui. Il n'est pas interdit au bureau de mentionner au procès-verbal les causes qui, dans sa pensée, devraient faire annuler l'élection. Cette insertion équivaudrait à une protestation qui serait jugée suivant la procédure instituée par la loi; mais, dans aucun cas, elle ne devrait faire obstacle à la proclamation des candidats qui ont réuni la majorité légale.

Rang des conseillers municipaux.

22. Les conseillers élus prennent rang entre eux dans l'ordre du tableau. Cet ordre est déterminé, même quand il y a des sections électorales: 1° par la date la plus ancienne des nominations; 2° entre conseillers élus le même jour, par le plus grand nombre de suffrages; 3° à égalité de voix, par la priorité d'âge.

L'article 49 veut qu'une copie du tableau du conseil municipal soit, d'une manière permanente, déposée dans les bureaux de la mairie, de la sous-préfecture et de la préfecture, où chacun pourra en prendre communication ou copie.

En conséquence, aussitôt que le conseil municipal aura été constitué par les élections des 3 et 10 mai prochain, les maires devront dresser une liste des conseillers municipaux dans l'ordre indiqué par l'article 49 et la tenir à la mairie à la disposition des personnes qui voudront la consulter. Ils auront également à en adresser un exemplaire à la sous-préfecture et à la préfecture.

Réclamations contre les opérations électorales.

23. Tout électeur et tout éligible a le droit d'arguer de nullité les opérations électorales de la commune.

Les réclamations peuvent être consignées au procès-verbal, ou être déposées au secrétariat de la mairie, dans les cinq jours qui suivent le jour de l'élection, à peine de nullité. Elles sont en ce cas immédiatement adressées au préfet par l'intermédiaire du sous-préfet; elles peuvent aussi être directement déposées à la préfecture, ou à la sous-préfecture, dans le même délai de cinq jours.

Le préfet doit immédiatement faire apposer sur toutes les pièces le timbre à date de la préfecture et les faire enregistrer au greffe du conseil de préfecture.

S'il estime que les conditions et les formes légalement prescrites n'ont pas été remplies, il peut également, dans le délai de quinze jours à dater de la réception du procès-verbal, déférer les opérations électorales au conseil de préfecture (*Loi du 5 avril 1884, art. 37*).

Instruction des protestations.

24. L'instruction des protestations était autrefois réglée par le décret du 12 juillet 1865 sur le mode de procéder devant les conseils de préfecture.

La loi du 5 avril 1884 et celle du 22 juillet 1889 ont apporté à ces règles des modifications importantes.

Je vous prie de vous reporter aux instructions de mon prédécesseur, en date du 31 juillet 1890, pour tout ce qui concerne la procédure à suivre en général devant les conseils de préfecture et le recours au conseil d'Etat. Je vous rappellerai seulement les règles qui ont trait plus particulièrement aux élections municipales.

Le préfet doit donner, par la voie administrative, connaissance de la réclamation à tous les conseillers dont l'élection est attaquée, en les prévenant qu'ils ont cinq jours, pour tout délai, à l'effet de déposer leurs défenses au secrétariat de la mairie, de la préfecture ou de la sous-préfecture, et de faire connaître s'ils entendent user du droit de présenter des observations orales.

La notification que le préfet est chargé de faire aux intéressés doit consister, autant que possible, dans la remise d'une copie certifiée de la protestation. Dans le cas où les pièces seraient trop étendues, la copie *in extenso* pourra être remplacée par un avis invitant l'intéressé à prendre communication du dossier soit à la préfecture, soit à la sous-préfecture, soit à la mairie. Dans quelques départements, il est d'usage, au lieu de remettre au conseiller dont l'élection est attaquée une copie intégrale de la protestation, de la lui notifier sous forme d'une analyse précisant les griefs et les points sur lesquels devra porter sa réponse. Ce mode de procéder, qui présente des avantages incontestables, pourrait être généralisé, à la condition, bien entendu, qu'il ne prive pas les intéressés du droit qu'ils ont de prendre, s'ils le désirent, communication intégrale du dossier.

Si les conseillers élus laissent passer le délai de cinq jours qui leur est accordé, sans présenter d'observations en défense, le conseil de préfecture peut passer outre et statuer; mais, afin de bien établir le point de départ du délai, il sera indispensable de faire dresser un procès-verbal régulier de notification.

La loi veut également que le fonctionnaire (maire, sous-préfet ou préfet) qui reçoit, soit les protestations, soit les mémoires en défense, en donne récépissé.

Si les conseillers dont l'élection est attaquée ou les auteurs des protestations ont fait connaître leur intention d'user du droit, qui leur est reconnu par la loi, de présenter des observations orales, ils doivent, à peine de nullité de la décision, recevoir, en temps utile, avis du jour de l'audience dans laquelle l'affaire sera appelée. Mais s'ils n'ont pas demandé à présenter d'observations orales, ils ne sauraient se plaindre de n'avoir pas été convoqués. L'avertissement peut être donné par simple lettre recommandée, exempte de toute taxe postale (*Loi du 22 juillet 1889, art.* 44).

Délai dans lequel le conseil de préfecture doit statuer.

25. Le conseil de préfecture statue, sauf recours au conseil d'Etat (*Loi du 5 avril 1884, art.* 38). Le délai pour statuer, qui est d'un mois en temps ordinaire, est porté à deux mois, en cas de renouvellement général des conseils municipaux. S'il intervient une décision ordonnant une preuve, le conseil de préfecture n'est même obligé de statuer définitivement que dans le mois à partir de cette décision. Toutefois, il peut encore statuer régulièrement plus d'un mois après l'arrêté ordonnant une preuve, si le délai général de deux mois n'est pas expiré (*Conseil d'Etat*, 27 mars 1885, *Visan*). Si la réclamation implique la solution préjudicielle d'une question d'état, le délai supplémentaire d'un mois ne commence à courir que du jour où le jugement sur la question préjudicielle sera devenu définitif, ou de l'expiration du délai de quinzaine imparti aux intéressés pour justifier de leurs diligences, si cette justification n'est pas fournie.

Recours au conseil d'Etat faute de décision rendue par le conseil de préfecture.

26. Faute par le conseil d'avoir statué dans les délais ci-dessus fixés, la réclamation est considérée comme rejetée. Le conseil de préfecture est dessaisi ; mais vous devez en informer la partie intéressée, afin qu'elle puisse porter directement sa réclamation devant le conseil d'Etat. De son côté, le requérant qui se pourvoit devant le conseil d'Etat doit notifier son recours dans les cinq jours au secrétariat de la préfecture (*Loi du 5 avril 1884, art.* 38).

Je crois devoir appeler votre attention sur l'intérêt qui s'attache à ce que les conseils de préfecture statuent avec la plus grande diligence sur toutes les affaires qui leur seront soumises et évitent les décisions tacites résultant de l'expiration des délais qui leur sont impartis pour se prononcer.

Recours au conseil d'Etat contre les décisions du conseil de préfecture.

27. Le recours au conseil d'Etat contre la décision du conseil de préfecture est ouvert, soit au préfet, soit aux parties intéressées (*Art.* 40).

Il doit, à peine de nullité, être déposé au secrétariat de la sous-préfecture ou de la préfecture, ou au secrétariat général du conseil d'Etat (*art.* 61 *de la loi du 22 juillet* 1889) dans le délai d'un mois qui court, à l'égard du préfet, à partir de

la décision, et à l'égard des parties, à partir de la notification qui leur est faite (*Ibid.*).

Lorsque le pourvoi est déposé à la préfecture ou à la sous-préfecture, il est marqué d'un timbre qui indique la date de l'arrivée, et il en est délivré récépissé à la partie qui le demande (*Loi du 22 juillet* 1889, *art.* 61).

Le préfet donne immédiatement, par la voie administrative, connaissance du recours aux parties intéressées, en les prévenant qu'elles ont quinze jours, pour tout délai, à l'effet de déposer leur défense au secrétariat de la préfecture ou de la sous-préfecture. Aussitôt ce nouveau délai expiré, vous devez m'adresser (Direction de l'Administration départementale et communale, 1er bureau), pour être transmis au conseil d'Etat, avec ou sans les réponses des défendeurs au pourvoi, et sous bordereau spécial, le recours, le procès-verbal des opérations électorales, la liste qui a servi aux émargements, une expédition de l'arrêté attaqué et toutes les autres pièces visées dans l'arrêté, en y joignant votre avis motivé.

Cet avis motivé, rédigé dans la forme ordinaire de la correspondance administrative et non sous forme d'arrêté, devra être très complet et examiner chacun des griefs articulés ; toutes les pièces de nature à éclairer le conseil d'Etat y seront jointes. Ce n'est qu'à cette condition que le but que s'est proposé le législateur sera atteint et que le conseil d'Etat pourra être mis rapidement en mesure de se prononcer.

Le pourvoi est jugé sans frais et dispensé du timbre, de l'enregistrement et du ministère de l'avocat (*Loi du 5 avril* 1884, *art.* 40, *et loi du 22 juillet* 1889, *art.* 61).

Effet suspensif du pourvoi.

28. Les conseillers proclamés restent en fonctions jusqu'à ce qu'il ait définitivement statué sur les réclamations, c'est-à-dire jusqu'à la décision du conseil d'Etat ou à l'expiration du délai d'appel (*conseil d'Etat*, 23 janvier 1885, *Jalognes*), sauf le cas d'acquiescement formel des parties à la décision du conseil de préfecture.

Remplacement des conseillers dont l'élection est annulée.

29. Dans le cas où l'annulation de tout ou partie des élections est devenue définitive, vous devez convoquer l'assemblée des électeurs dans un délai qui ne peut excéder deux mois. Ce délai court, en cas de recours au conseil d'Etat, du jour ou la décision de cette assemblée est notifiée au ministre de l'intérieur. (*Conseil d'Etat*, 7 août 1885, *La Bâtie-Montgascon*).

Les dispositions concernant l'affichage, la libre distribution des bulletins, circulaires et professions de foi, les réunions publiques électorales, la communication des listes d'émargement, les pénalités et poursuites en matière législative, sont applicables aux élections municipales, ainsi que les paragraphes 3 et 4 de l'article 3 de la loi organique du 30 novembre 1875 sur les élections des députés (*Loi du 5 avril* 1884, *art.* 14).

Je crois utile de vous donner ici quelques éclaircissements sur ces divers points.

Affichage et distribution des circulaires.
professions de foi, placards, manifestes
électoraux, etc.

30. En ce qui concerne l'affichage et la distribution des circulaires et professions de foi des divers candidats, la loi du 29 juillet 1881 sur la liberté de la presse n'oblige les candidats à aucun dépôt. Seul l'imprimeur doit, aux termes de l'article 3 de ladite loi, faire le dépôt administratif prescrit pour les collections nationales et dont les bulletins de vote ont seuls été exemptés. Le dépôt est fait à la préfecture, pour les chefs-lieux de département; à la sous-préfecture, pour les chefs-lieux d'arrondissement; et pour les autres communes, à la mairie. L'imprimeur est seul responsable de l'accomplissement de cette formalité, dont l'omission constitue une contravention passible d'une amende de 16 à 300 francs, mais qui ne saurait autoriser la saisie des circulaires ou l'enlèvement des affiches.

Aucune autorisation n'est, en effet, nécessaire pour l'affichage. L'article 16 de la loi du 29 juillet dispose expressément que les professions de foi, circulaires et affiches électorales pourront être placardées sur tous les édifices publics, à l'exception des édifices consacrés aux cultes et des emplacements réservés, par arrêté du maire, pour recevoir les affiches, les lois et autres actes de l'autorité publique. La loi veut particulièrement que l'affichage puisse s'exercer librement aux abords de la salle du scrutin.

Elle protège la conservation des affiches, car elle punit d'une amende de 5 à 15 francs ceux qui auront enlevé, déchiré, recouvert ou altéré par un procédé quelconque, de manière à les travestir ou à les rendre illisibles, des affiches électorales apposées ailleurs que sur les propriétés de ceux qui auront commis cette lacération ou altération (*art.* 17).

La peine sera d'une amende de 16 à 100 francs et d'un emprisonnement de six jours à un mois, ou de l'une de ces deux peines seulement, si le fait a été commis par un fonctionnaire ou agent de l'autorité publique, à moins que les affiches n'aient été apposées dans les emplacements réservés aux actes de l'autorité.

Mais vous remarquerez que l'article 3, § 3, de la loi du 11 mai 1868 reste toujours applicable en ce qui concerne le timbre. En conséquence, sont seules affranchies du timbre les affiches électorales contenant la profession de foi des candidats, une seule circulaire signée d'eux ou seulement leur nom.

Le colportage est également libre; la seule condition imposée à ceux qui veulent exercer la profession de colporteur ou de distributeur sur la voie publique est de faire une déclaration à la préfecture (*Loi du 29 juillet* 1881, *art.* 18).

Le colportage et la distribution *accidentels* (et tel est évidemment le caractère des distributions faites à l'occasion des élections) sont même dispensés de toute déclaration (*art.* 20).

Distribution des bulletins de vote.

31. Les mêmes immunités s'appliquent à la distribution des bulletins de vote. La loi du 29 juillet 1881 les exempte, de plus, formellement du dépôt auquel sont tenus les imprimeurs

(*art.* 3, § 4). Ils sont également dispensés du timbre (*Loi du 11 mai* 1868, *art.* 3, § 3).

Distribution d'écrits électoraux par les
agents de l'autorité.

32. L'article 3 de la loi du 30 novembre 1875 défend la distribution des bulletins de vote, des professions de foi et circulaires des candidats par les agents de l'autorité.

Vous recommanderez donc, Monsieur le Préfet, aux maires de votre département de veiller à ce que les gardes champêtres, agents de police, appariteurs, etc., s'abstiennent de distribuer des écrits électoraux de quelque nature que ce soit. Il est bien entendu, cependant, qu'ils peuvent continuer à être chargés de la remise des cartes aux électeurs.

Je n'ai pas davantage besoin de vous dire que la disposition prohibitive de la loi n'est pas applicable aux facteurs, en tant qu'ils agissent sous les ordres de l'administration dont ils relèvent.

Réunions électorales.

33. Quant aux réunions électorales, elles sont aujourd'hui régies par la loi du 30 juin 1881.

Les réunions électorales peuvent avoir lieu, depuis le décret de convocation jusqu'au jour de l'élection exclusivement, sur la déclaration de deux personnes au moins, dont l'une domiciliée dans la commune où la réunion doit avoir lieu. Le délai entre la déclaration et la réunion est réduit à deux heures (*art.* 2, § 3).

Si la réunion se tient au chef-lieu du département, la déclaration doit être faite à la préfecture; à la sous-préfecture si elle se tient dans un chef-lieu d'arrondissement, et à la mairie dans toutes les autres communes (*art.* 2, § 2).

Les réunions ne peuvent avoir lieu sur la voie publique (*art.* 6); mais vous remarquerez que la disposition de l'article 3 de la loi du 6 juin 1868, qui exigeait qu'elles se tinssent dans un local clos et couvert, n'a pas été reproduite et cesse par conséquent d'être en vigueur.

Les électeurs de la circonscription, les candidats, les membres des deux Chambres et le mandataire de chacun des candidats ont seuls le droit d'entrer dans les réunions électorales.

Je me réfère pour les autres dispositions au texte de la loi.

Dépôt des lettres d'émargement.

34. La loi du 30 novembre 1875 (*art.* 5, § 3) prescrit le dépôt, au secrétariat de la mairie, pendant la huitaine qui suit l'élection, des listes d'émargement de chaque section, signées du président et du secrétaire.

Les listes d'émargement devront donc être arrêtées par le bureau, c'est-à-dire qu'elles contiendront une formule de clôture signée par le président et le secrétaire, et indiquant en toutes lettres le nombre des émargements.

La loi en ordonne la communication à tout électeur requérant.

Pénalités. — Poursuites.

35. La loi du 5 avril 1884 déclare, en outre,

applicables aux élections municipales les diverses dispositions pénales édictées en matière d'élections législatives par le décret du 2 février 1852, article 4, et par l'article 3 de la loi du 30 novembre 1875, § 4, qui se réfère à l'article 19 de la loi du 2 août 1875 sur les élections sénatoriales, ainsi conçu :

« Toute tentative de corruption par l'emploi des moyens énoncés dans l'article 177 du Code pénal pour influencer le vote d'un électeur ou le déterminer à s'abstenir de voter, sera punie d'un emprisonnement de trois mois à deux ans et d'une amende de 50 à 500 francs ou de l'une de ces deux peines seulement. »

Installation des conseils municipaux.
Election de la municipalité.

36. La session de mai, dite *budgétaire*, devant suivre de près les élections municipales, je vous engage à prendre un arrêté qui en fixera l'ouverture au dimanche 17 mai, de façon à obtenir autant que possible la constitution à la même date de toutes les municipalités.

La première séance de la session sera consacrée à l'installation du conseil et à l'élection de la municipalité. L'assemblée communale pourra ensuite suspendre ses travaux pendant quelques jours, si elle le juge nécessaire, pour laisser à la nouvelle municipalité le temps de préparer ses propositions.

Aux termes des articles 48 et 77 de la loi du 5 avril, la convocation pour la réunion dans laquelle sera élue la municipalité doit être adressée à tous les conseillers par le maire, trois jours francs au moins avant le jour de la réunion, c'est-à-dire au plus tard le mercredi pour le dimanche suivant. Elle doit être faite par écrit et à domicile et contenir, outre l'indication de l'heure et du lieu de la réunion, l'objet de cette réunion. Toutes ces formalités sont de droit strict, et leur omission pourrait donner lieu à une demande en nullité de l'élection.

La convocation sera en outre affichée à la porte de la mairie et mentionnée au registre des délibérations du conseil municipal (*Loi du 5 avril* 1884, *art.* 48).

Cas où les élections seraient déférées au conseil de préfecture.

37. Le conseil municipal devra être convoqué alors même que les opérations électorales seraient, en tout ou en partie, l'objet d'une protestation devant le conseil de préfecture. En effet, tout membre d'un corps électif exerce, aussitôt après son élection et tant qu'elle n'a point été invalidée, tous les droits que les lois confèrent aux membres de ce corps. Ce principe a été posé par l'article 9 de la loi des 15-27 mars 1791, qui a décidé que l'exercice provisoire demeurera à ceux dont l'élection est attaquée.

Cas où il y aurait lieu de pourvoir aux vacances dans le conseil municipal.

38. Aux termes de l'article 77 de la loi du 5 avril 1884, les conseils municipaux doivent être complétés avant la convocation pour la nomination des maires et adjoints. La convocation devant

suivre presque immédiatement les élections générales du 3 mai, il n'est pas présumable que les vacances se produisent par démission ou décès dans l'intervalle. D'ailleurs, d'après la jurisprudence du conseil d'Etat, l'obligation de compléter le conseil municipal n'existe pas au cas où la constitution des municipalités suit immédiatement le renouvellement de cette assemblée. Il suffira donc que le conseil ait été, à un moment donné, au complet, pour qu'il puisse valablement élire la municipalité.

Des élections seraient néanmoins indispensables si, par suite de démissions ou de décès, un conseil se trouvait réduit aux trois quarts de ses membres, l'article 77 n'admettant, dans aucun cas, qu'une assemblée municipale puisse procéder à l'élection du maire si elle est réduite d'un quart. Vous devriez alors convoquer les électeurs de manière à ce que les opérations aient lieu dans le délai d'un mois à dater de la dernière vacance.

Je ne crois pas avoir non plus à prévoir le cas où l'élection d'un ou de plusieurs conseillers aurait été annulée avant le 17 mai, car le conseil de préfecture n'aura pas vraisemblablement le temps de statuer sur les réclamations avant cette date. Si cependant le cas se présentait, de nouvelles élections deviendraient nécessaires, en supposant que les conseillers invalidés eussent acquiescé expressément à la décision du conseil de préfecture.

Président.

39. La présidence du conseil municipal appelé à élire le maire est dévolue au plus âgé des conseillers. Le maire actuellement en fonctions devra, dès que le conseil municipal sera installé, céder la présidence au conseiller le plus âgé. Dans le cas où, pour une cause quelconque, l'élection de la municipalité serait ajournée, la présidence du conseil passerait, ainsi que l'exercice provisoire du pouvoir municipal, aux premiers inscrits (*art.* 77 et 81).

Secrétaire.

40. Les fonctions de secrétaire seront remplies, selon la règle contenue dans l'article 53 de la loi du 5 avril 1884, par un ou plusieurs des membres du conseil.

Constitution de la municipalité.
Séance publique.

41. Les séances des conseils municipaux sont publiques. Aucune exception n'est faite pour la séance dans laquelle sont élus le maire et les adjoints. Le public sera donc admis à y assister.

Mais, sur la demande de trois de ses membres, le conseil municipal peut décider, par assis et levé et sans débats, qu'il se forme en comité secret (*Loi du 5 avril, art.* 54).

Il appartient au président de l'assemblée de prendre les dispositions nécessaires pour que le public admis dans la salle ne se mêle pas aux membres du conseil. Tout individu qui troublerait l'ordre devrait être immédiatement expulsé ou même arrêté sur son ordre.

Election du maire.

42. L'élection du maire précédera celle de l'adjoint ou des adjoints. L'élection aura lieu au scrutin secret et à la majorité absolue (*art.* 76).

La majorité absolue se calcule sur le nombre des suffrages exprimés, et, par conséquent, déduction faite des bulletins blancs, ou ne contenant pas de désignation suffisante, ou dans lesquels les votants se seraient fait connaître.

Les conseillers peuvent écrire leur bulletin en séance ou hors séance; dans tous les cas, ils devront le remettre fermé au président.

2e et 3e tours de scrutin.

43. La majorité absolue est nécessaire aux deux premiers tours; mais si, après deux tours de scrutin, aucun candidat n'a obtenu cette majorité, il est procédé à un troisième tour et l'élection a lieu à la majorité relative.

Bénéfice de l'âge.

44. Si les voix se partagent également au troisième tour, la nomination est acquise au plus âgé. En ce cas, la voix du président n'est pas prépondérante.

L'élection sera terminée par le troisième tour de scrutin.

Dans le cas où le maire élu refuse immédiatement ces fonctions, l'élection à laquelle il est procédé pour son remplacement constitue une opération nouvelle comportant, s'il y a lieu, les trois tours de scrutin.

Election des adjoints.

45. Aussitôt après l'élection du maire, le conseil municipal procédera à l'élection du ou des adjoints. Cette opération se fera sous la présidence du maire nouvellement élu.

Nombre des adjoints.

46. Aux termes de l'article 73 de la loi du 5 avril 1884, le nombre des adjoints est d'un dans les communes de 2,500 habitants et au-dessous, de deux dans celles de 2,501 à 10,000. Dans les communes d'une population supérieure à 10,000 habitants, il y a un adjoint de plus par chaque excédant de 25,000, sans que le nombre des adjoints puisse dépasser douze.

En conséquence les conseils municipaux auront à nommer :

1 adjoint dans les com^{es} de	2,500 hab. et au-dessous.	
2	—	2,501 à 35,000 habit.
3	—	35,001 à 60,000 —
4	—	60,001 à 85,000 —
5	—	85,001 à 110,000 —
6	—	110,001 à 135,000 —
7	—	135,001 à 160,000 —
8	—	160,001 à 185,000 —
9	—	185,001 à 210,000 —
10	—	210,001 à 235,000 —
11	—	235,001 à 260,000 —
12	—	260,001 hab. et au-dessus.

Pour la ville de Lyon, le nombre des adjoints sera porté à 17.

La population à raison de laquelle doit être fixé le nombre des adjoints est la population *normale* ou *municipale totale*, telle qu'elle figure au dénombrement de la population effectué en 1891.

Rang des adjoints.

47. Les adjoints sont élus dans les mêmes formes et conditions que les maires. Lorsque la commune aura droit à plus d'un adjoint, il ne sera point procédé à un scrutin de liste; la nomination de chacun de ces fonctionnaires devra faire l'objet d'un vote distinct.

Les adjoints prennent rang dans l'ordre de leur nomination, mais si la place de premier adjoint devenait ensuite vacante, le second adjoint passerait au premier rang et le conseil municipal aurait à élire, non un *premier*, mais un *nouvel* adjoint, qui prendrait rang dans le tableau suivant la date de sa nomination.

Adjoints spéciaux.

48. En vertu de la loi du 5 avril 1884 (*art.* 75), le gouvernement peut décider, par un décret rendu en conseil d'Etat, sur la demande du conseil municipal, l'institution d'un adjoint spécial pour remplir les fonctions d'officier de l'état civil dans une fraction de commune. La nomination de cet officier municipal est faite par le conseil parmi les conseillers municipaux domiciliés dans la section. Si la section n'est pas représentée au conseil municipal, ou si les conseillers qui l'habitent ne peuvent accepter les fonctions d'adjoint, le choix du conseil peut porter sur un simple électeur domicilié dans la section.

L'article 73, qui fixe le nombre des adjoints à nommer dans chaque commune, ne vise pas l'adjoint spécial.

Celui-ci doit, par conséquent, se trouver en surnombre du ou des adjoints auxquels a droit la commune en vertu de l'article précité.

Rédaction du procès-verbal.

49. Le procès-verbal de l'élection du maire et des adjoints est dressé sur-le-champ par le secrétaire du conseil; il relate le nombre des membres présents et le nombre de suffrages obtenus par chacun des candidats à chaque scrutin. Ce procès-verbal sera transcrit sur le registre des délibérations du conseil municipal; tous les membres présents le signeront, ou mention sera faite de la cause qui les aura empêchés de signer (*Loi du 5 avril 1884, art.* 57). Une copie, dans la même forme, sera immédiatement adressée au sous-préfet, qui vous la transmettra (*art.* 78). Vous trouverez, au surplus, annexé à la présente circulaire, un modèle de procès-verbal dont vous prescrirez l'adoption aux conseils municipaux (*Annexe n° 3*).

Extrait à afficher à la porte de la mairie.

50. Les nominations faites par le conseil municipal doivent être rendues publiques dans les vingt-quatre heures de leur date, par voie d'affiche apposée à la porte de la mairie. (*Loi du 5 avril 1884, art.* 78.)

Vous trouverez à la suite de la présente circu-

Jaire une formule (*annexe n° 4*) qui simplifiera le travail des maires.

Conditions de capacité.

51. La loi exige que les maires et adjoints (1) soient pris dans le conseil municipal.

Certains conseillers municipaux sont cependant, à raison des fonctions ou emplois qu'ils occupent, déclarés, par l'article 80 de la loi du 5 avril 1884, incapables d'exercer, même temporairement, les fonctions de maire ou adjoint. Ce sont :

1° Les agents et employés des administrations financières, les trésoriers-payeurs généraux, les receveurs particuliers et les percepteurs ;

2° Les agents des forêts ;

3° Ceux des postes et télégraphes ;

4° Les gardes des établissements publics et des particuliers ;

5° Les agents salariés du maire, qui ne peuvent être adjoints.

Voies de recours contre l'élection. Délai.

52. L'élection du maire et des adjoints peut être arguée de nullité dans les conditions, formes et délais prescrits pour les réclamations contre les élections du conseil municipal.

Mais vous remarquerez que le point de départ du délai de cinq jours accordé pour protester n'est pas, comme pour l'élection des conseillers municipaux, *le jour même* de l'élection, mais est retardé de vingt-quatre heures (*art.* 79). Il est naturel, en effet, de ne faire courir le délai que du moment où les électeurs ont pu avoir connaissance de l'élection par suite de l'affichage prescrit par l'article 78.

Personnes ayant qualité pour attaquer la validité des opérations.

53. Tout conseiller municipal, tout électeur a le droit d'arguer de nullité les opérations électorales. Cela résulte de la disposition de l'article 37, qui est applicable aux recours contre les élections des maires et adjoints (*art.* 79).

Vous pouvez également, dans le délai de quinzaine à dater de la réception du procès-verbal, déférer ces opérations électorales au conseil de préfecture (*art.* 37).

Je me réfère, pour la procédure, pour l'instruction et pour le jugement des réclamations, aux observations insérées plus haut au sujet des protestations et des recours au conseil d'État contre l'élection des conseillers municipaux.

Nouvelle élection. Convocation du conseil municipal.

54. Si l'élection des maires et adjoints est définitivement (2) annulée, ou si les élus cessent leurs

---

(1) Sauf les adjoints spéciaux qui, à défaut de conseillers, peuvent être pris parmi les habitants de la section.

(2) De même que pour les conseillers municipaux, le pourvoi au conseil d'État contre un arrêté portant annulation de l'élection des maires ou adjoints est suspensif (*Loi du 5 avril 1884, art.* 40).

fonctions pour toute autre cause, le conseil municipal devra, lorsqu'il sera complet, être convoqué en session extraordinaire pour procéder au remplacement dans le délai de quinzaine. S'il y a lieu de procéder à des élections complémentaires, vous aurez à convoquer les électeurs dans la quinzaine de la vacance, pour que le maire puisse être nommé dans la quinzaine qui suivra (*art.* 79).

Dépenses d'impression.

55. La loi du 5 avril 1884 (*art.* 136, 3°) classe au nombre des dépenses obligatoires pour les communes les frais de tenue des assemblées électorales et ceux des cartes électorales. Les dépenses résultant de l'impression des formules de procès-verbaux et des listes d'émargement sont donc, ainsi que les frais d'impression des cartes électorales, à la charge des communes.

Les autres dépenses d'impression, telles qu'affiches et insertions au *Recueil des actes administratifs*, incombent au fonds d'abonnement de la préfecture.

Je vous envoie la présente circulaire en nombre suffisant pour que vous puissiez en adresser un exemplaire à chacun de MM. les sous-préfets et en conserver trois pour le service de vos bureaux.

Le Ministre de l'Intérieur.

F. SARRIEN.

---

29 avril 1889. — *DÉCRET rendant applicable : 1° à la Guyane, au Sénégal, à la Nouvelle-Calédonie et à Saint-Pierre et Miquelon les articles 1 à 9 inclus et l'article 54 de la loi du 5 avril 1884; 2° aux établissements français dans l'Inde le paragraphe 2 de l'article 13 de ladite loi.*

(*Journal off.* du 1er mai 1889.)

---

12 mai 1889. — *LOI modifiant le paragraphe 2 de l'article 165 de la loi du 5 avril 1884.*

(Voir la modification à l'article 165.)

---

2 avril 1896. — *LOI rendant applicable au conseil municipal de Paris l'article 41 de la loi du 5 avril 1884.*

Art. 1er. L'article 41 de la loi du 5 avril 1884 est applicable au conseil municipal de Paris.

2. Les représentants au conseil général des cantons suburbains de la Seine sont nommés pour une période de quatre ans.

RÉSUMÉ

DE

LA JURISPRUDENCE CONCERNANT L'ADMINISTRATION COMMUNALE

Nota. — Le N° des articles correspond à la loi du 5 avril 1884.

Art. 1er. Dans les solennités publiques, le corps municipal se place après le tribunal de première instance et l'état-major de brigade. — (Déc. 24 messidor an XII et 23 octobre 1883.)

Art. 2. Le changement de nom ne doit être autorisé que dans des circonstances extraordinaires. — (Cons. d'Etat, 26 septembre 1832.)

La jurisprudence décide que le décret qui autorise le changement de nom d'une commune est un acte administratif non susceptible de donner lieu à un débat par la voie contentieuse. Toutefois, s'il y avait omission des formalités de l'art. 2 de la loi municipale, le recours pour excès de pouvoir pourrait être autorisé.

Art. 3. L'omission des formalités d'instruction prévues par l'article 3, qui sont des formalités substantielles, peut entraîner l'annulation du décret ou de la délibération de l'assemblée départementale. — (Cons. d'Etat, 18 mai 1888.)

Art. 4. Les syndics élus peuvent ne pas être électeurs de la commune. — (Cons. d'Etat, 8 juillet 1881.)

Le conseil de préfecture et le conseil d'Etat, en appel, sont compétents pour statuer sur les réclamations qui s'élèvent contre l'élection des syndics. — (Cons. de préfecture de la Seine, 9 juillet 1880.)

Art. 5. Le gouvernement, alors même que le conseil général a donné un avis favorable à l'érection d'une commune nouvelle, peut ne pas soumettre l'affaire au conseil d'Etat. — (Cons. d'Etat, 17 février 1888.)

Art. 6. Le gouvernement peut toutefois, même si le conseil général a émis un avis favorable, ne pas soumettre l'affaire au conseil d'Etat et rejeter la demande. — (Cons. d'Etat, 20 avril 1894.)

C'est par décret que sont prononcés les transfèrements des chefs-lieux de canton, d'arrondissement ou de département, l'avis du conseil d'arrondissement et du conseil général entendu. — (Avis du conseil d'Etat, 10 juillet 1879.)

Art. 7. C'est le conseil de préfecture qui est compétent pour reconnaître et déclarer l'existence ainsi que les effets du partage des biens communaux. Il apprécie également la légalité de l'acte qui lui est soumis. — (Cons. d'Etat, 16 novembre 1884, 16 mai 1884.)

Art. 8. L'autorité compétente pour régler ces questions, c'est le conseil général, ou le chef de l'Etat, ou la loi, suivant les espèces.

Art. 9. Le conseil d'Etat, malgré le texte rigoureux de la loi, a déclaré recevable un pourvoi des anciens conseils municipaux dissous ; ce pourvoi était dirigé contre le décret de suppression des communes. — (Cons. d'Etat, 18 mai 1888.)

Il n'est pas nécessaire qu'il se produise une modification dans le nombre des conseillers municipaux pour que la dissolution ait lieu. — (Avis du ministre de l'intérieur, 14 septembre 1891.)

Art 10. Les ordonnances et décrets relatifs au dénombrement de la population disposent, depuis l'ordonnance du 4 mai 1846, qu'on doit inscrire dans des colonnes séparées : 1º la population totale; 2º la *population normale*, qui doit seule servir de base à l'assiette de l'impôt et à l'application des lois sur l'organisation municipale; 3º la population flottante.

Pour déterminer le nombre des conseillers municipaux d'une commune, on prend pour base, non la population totale recensée, mais la population normale ou municipale totale, c'est-à-dire la population totale diminuée des catégories de population comptées à part dans le dernier recensement. — (Cons. d'Etat, 25 janvier 1885, 20 mars 1885.)

Les chiffres du dernier recensement servent de base pour le calcul du nombre des membres des conseils municipaux ; il n'y a lieu de tenir compte des modifications survenues dans la population qu'en cas de renouvellement intégral. — (Cons. d'Etat, 9 janvier 1874.)

Le conseil de préfecture statue sur la validité des opérations; par suite, il est compétent pour examiner si le nombre des conseillers à élire a été fixé par le préfet, conformément à la loi. — (Cons. d'Etat, 18 décembre 1885.)

Lorsque le conseil de préfecture a proclamé un conseiller de plus que le nombre à élire, l'élection de celui qui a obtenu le moins de voix doit être annulée. — (Cons. d'Etat, 9 juin 1882.)

Art. 11. — On entend par *agglomération* un groupe compact de population. — (Jurisprudence du cons. d'Etat.)

Quand la section n'a pas assez d'électeurs pour avoir droit à deux conseillers, le sectionnement ne peut être opéré. — (V. cons. d'Etat, 7 janvier 1887. Neuville.)

La ligne divisoire doit respecter la limite naturelle des agglomérations. — (Cons. d'Etat, 19 novembre 1887.)

Est irrégulièrement formée la section comprenant l'agglomération principale de la commune et les métairies dépendant d'une autre agglomération. — (Cons. d'Etat, 5 août 1887.)

Est irrégulier le sectionnement d'une commune où une agglomération a été divisée en deux. — (Déc. 4 novembre 1890.)

Art. 12. — Le conseil général statue dans sa session d'août et peut modifier les limites proposées. Toutefois, le conseil d'Etat a annulé le sectionnement de la ville de Laval, parce que l'assemblée départementale avait divisé la ville en cinq sections, alors que le projet soumis à l'enquête reconnaissait six sections. — (Déc. 4 novembre 1890.)

Pour apprécier si la répartition des conseillers entre les sections a été régulièrement faite, on se placera, non pas au moment où le sectionnement est opéré, mais au moment de l'élection, et on tiendra compte des modifications apportées par la revision des listes électorales. — (Cons. d'Etat, 13 avril 1889.)

Le défaut d'annexion du plan ne suffit pas pour entraîner l'annulation de la délibération. — (Déc. 18 novembre 1885.)

Conformément à la loi du 10 août 1871 (art. 47), le sectionnement établi par le conseil général, contrairement aux dispositions de la loi, peut être annulé, sur le recours du préfet, par décret rendu en conseil d'Etat. — (Déc. 9 janvier 1875, 9 novembre 1880.)

Les particuliers ne peuvent se pourvoir devant le conseil d'Etat contre les décisions des conseils généraux; ils peuvent seulement, en se fondant sur l'irrégularité du sectionnement, poursuivre devant le conseil de préfecture et ensuite devant le conseil d'Etat l'annulation des opérations électorales. — (Déc. 25 mars 1885.)

Art. 13. — Le délai de dix jours de l'article 13 ne serait point prescrit à peine de nullité. — (Cons. d'Etat, 8 janvier 1886.)

La loi ne prescrit pas la distribution à domicile des cartes électorales.

Art. 14. — Le fonctionnaire arrivé dans la commune postérieurement au 4 février ne pourra être porté que sur les listes de l'année suivante. — (Cass., 25 mai 1887.)

Nul ne peut réclamer son inscription simultanée sur les listes de deux communes, dans l'une pour l'électorat municipal, dans l'autre pour l'électorat politique. — (Cass., 11 avril 1889.)

L'électeur inscrit sur les listes électorales de deux communes peut être mis en demeure d'opter, mais ne peut être rayé d'office contre son gré de l'une des listes, s'il a également droit d'être inscrit sur l'une et sur l'autre. — (Cass., 5 mai 1887.)

La disposition de l'art. 17 de la loi du 29 juillet 1881, protectrice de la conservation des affiches, s'applique à toutes les affiches électorales, manuscrites, imprimées, anonymes ou signées. — (Cass., 16 janvier 1886.)

Le maire candidat qui distribue des bulletins de sa liste use d'un droit qui appartient à tout candidat. — (Cons. d'Etat, 1er mai 1885.)

La prohibition de l'art. 3 de la loi du 30 novembre 1875, qui interdit aux agents de l'autorité publique ou municipale la distribution des bulletins de vote, professions de foi, circulaires, etc., n'atteint pas le mari d'une employée communale. — (Cons. d'Etat, 6 août 1878.)

Le droit de prendre communication des listes d'émargement emporte le droit de prendre copie. — (Cons. d'Etat, 2 mars 1888.)

Art. 15. Le délai de quinze jours est un délai franc. — (Cons. d'Etat, 7 décembre 1894.)

L'élection doit avoir lieu un dimanche. — Toutefois, le conseil d'Etat a validé une élection qui avait eu lieu un jour férié. — (Cons. d'Etat, 16 mai 1872.)

Art. 16. Il n'est tenu compte des modifications apportées par le conseil général au sectionnement qu'en cas de renouvellement complet du conseil municipal. — (Cons. d'Etat, 4 juin 1886.)

Art. 17. L'art. 81 dispose que les maires conservent leurs pouvoirs jusqu'à l'installation de leurs successeurs; par conséquent le maire démissionnaire, mais non remplacé, peut présider le bureau. — (Cons. d'Etat, 1er juin 1883.)

Peuvent présider le bureau de vote les conseillers municipaux inéligibles aux fonctions de maire. — (Cons. d'Etat, 29 février 1884.)

Au cours du vote, le maire ne peut passer la présidence à un adjoint ou à un électeur qui ne faisait point partie du bureau de vote. — (Cons. d'Etat, 2 février 1889.)

Art. 18. Un arrêté municipal peut valablement interdire le stationnement aux abords de la salle de scrutin. — (Cons. d'Etat, 28 mars 1885.)

Tout candidat, même non électeur, peut entrer dans la salle de scrutin. — (Cons. d'Etat, 5 octobre 1884.)

Art. 19. Les fonctions d'assesseurs étant remplies par les deux plus âgés et les deux plus jeunes des électeurs présents à l'ouverture de la séance, le conseil d'Etat annule l'élection, quand le maire a appelé comme scrutateurs des conseillers municipaux désignés à l'avance qui n'étaient ni les plus âgés, ni les plus jeunes des électeurs présents, et cela, malgré la réclamation des électeurs présents. — (Cons. d'Etat, 8 août 1882.)

Tous les électeurs peuvent faire partie du bureau; aucune disposition légale ne s'oppose à ce que des agents salariés de la commune, un garde champêtre, par exemple, fassent partie du bureau. — (Cons. d'Etat, 9 mars et 1er août 1889.)

Le conseil d'Etat a, à plusieurs reprises, reconnu que l'instituteur de la commune, non inscrit encore sur les listes électorales, pouvait remplir les fonctions de secrétaire. Si trois membres du bureau doivent quitter la salle du scrutin, pour des raisons majeures, il est d'usage de les remplacer provisoirement par des électeurs. Le conseil d'Etat reconnaît cette manière de procéder. — (Cons. d'Etat, 13 février 1885.)

Art. 21. Le bureau ne juge que les difficultés qui peuvent s'élever au cours des opérations électorales; il ne pourrait refuser de proclamer un candidat sous le prétexte qu'il n'a pas l'âge légal. — (Cons. d'Etat, 4 novembre 1881.)

Art. 23. Le conseil d'Etat a décidé que le bureau devait se conformer strictement aux décisions du juge de paix, même si le jugement était rendu par défaut ou frappé d'opposition. — (Cons. d'Etat, 18 décembre 1885.)

L'élection est viciée par l'admission des votes des incapables, bien qu'inscrits. — (Cons. d'Etat, 16 janvier 1885.)

Art. 25. Le conseil d'Etat a déclaré bulletins valables des cartes de visite au nom des candidats. — (Cons. d'Etat, 14 mars 1891.)

Le bureau doit prendre soin d'émarger la liste des votants; s'il se borne à inscrire sur une feuille spéciale le nom des électeurs, l'élection peut être annulée. — (Cons. d'Etat, 7 avril 1876.)

Art 26. Le conseil d'Etat, toutefois, n'a pas admis une protestation fondée sur ce que le président avait déclaré clos le scrutin à l'heure fixée, malgré la présence dans la salle d'électeurs n'ayant pas pris part au vote. — (Cons. d'Etat, 30 janvier 1885.)

Art. 27. Le conseil d'Etat a, en plusieurs circonstances, annulé l'élection, lorsque le bureau de vote, au lieu de lire et de pointer les noms imprimés ou manuscrits sur les bulletins, se bornait à mettre de côté tous les bulletins imprimés sur lesquels aucune modification n'avait été apportée et à les compter ensuite en bloc. — (Cons. d'Etat, 1er mai 1885.)

Art. 28. Le bulletin qui ne porte qu'un nom, alors qu'il y a 12 ou 24 conseillers à élire, doit être déclaré valable. — (Cons. d'Etat, 6 août 1878.)

Si, au second tour de scrutin, le bureau constate qu'un bulletin contient plus de noms qu'il ne reste de candidats à élire, les derniers doivent être retranchés, alors même que les premiers noms inscrits seraient ceux des candidats proclamés au premier tour. — (Cons. d'Etat, 25 juin 1875.)

Si les bulletins distribués contiennent 20 noms alors qu'il n'y a que 15 conseillers municipaux à élire, l'élection ne doit pas être annulée. — (Cons. d'Etat, 7 août 1875.)

Les bulletins portant une signature et ceux où les électeurs se sont fait connaître ne peuvent profiter aux candidats dont ils portent les noms et doivent, en outre, être défalqués des suffrages exprimés. — (Cons. d'Etat, 27 décembre 1878.)

Art. 29. En cas de décès d'un candidat élu, survenu le matin même du vote, le bureau n'en doit pas moins le proclamer, le décès constituant seulement une vacance à laquelle il sera pourvu par une élection ultérieure. — (Cons. d'Etat, 6 août 1878.)

Le bureau de vote commettrait un excès de pouvoir en proclamant, au lieu et place d'un candidat qui déclarerait refuser le mandat de conseiller, celui venant immédiatement après dans l'ordre du suffrage. — (Cons. d'Etat, 27 février 1895.)

Bien que le devoir du bureau soit de proclamer élus les candidats qui ont obtenu la majorité légale, cette proclamation n'est pas considérée comme une formalité essentielle. — (Cons. d'Etat, 25 octobre 1872.)

Les énonciations contenues au procès-verbal ne font foi que jusqu'à preuve du contraire. — (Cons d'Etat, 4 août 1882.)

La description au procès-verbal des bulletins contestés peut, en certains cas, suppléer à l'annexion. — (Cons. d'Etat, 17 février 1882.)

L'omission par les membres du bureau de vote de parafer les bulletins annexés peut entraîner l'annulation de l'élection. — (Cons. d'Etat, 7 juin 1889.)

Art. 30. Si le nombre des suffrages exprimés est impair, on prendra la moitié du chiffre pair immédiatement inférieur et on y ajoutera une unité; ainsi pour 49 suffrages exprimés, la majorité sera 25. — (Cons. d'Etat, 16 décembre 1881.)

Dans le cas où le nombre des bulletins trouvés dans l'urne serait inférieur à celui des votes constatés par la liste d'émargement, on prendra pour chiffre des votants le nombre de bulletins. — (Cons. d'Etat, 9 mars 1889.)

Dans le cas où le nombre des bulletins trouvés dans l'urne serait supérieur au chiffre des émargements, on prendra pour chiffre des votants le nombre des émargements. — (Cons. d'Etat, 15 décembre 1876.)

Art. 31. Le candidat élu doit avoir 25 ans accomplis le jour de l'élection. — (Cons. d'Etat, 29 décembre 1871.)

S'il y a contestation sur l'âge, cette question est jugée, comme question d'état, par les tribunaux civils. — (Cons. d'Etat, 29 juin 1877.)

Pour être éligible, il n'est pas nécessaire d'être en fait inscrit sur les listes électorales; il suffit d'être éligible. — (Cons. d'Etat, 12 mars 1880.)

Est éligible l'individu inscrit seulement à la cote mobilière. — (Cons. d'Etat, 27 décembre 1878.)

L'inscription au rôle supplémentaire des patentes ne confère pas l'éligibilité si le patenté n'exerçait pas réellement la profession sujette à patente le 1er janvier. — (Cons. d'Etat, 9 novembre 1888.)

Un propriétaire depuis quelques années et qui ne se serait point fait porter nominativement au rôle est éligible. — (Cons. d'Etat, 11 décembre 1871.)

Le père, usufruitier légal des biens de ses enfants, est éligible. — (Cons. d'Etat, 10 novembre 1876.)

Dans une commune divisée en sections, le nombre des conseillers non domiciliés peut dépasser le quart des conseillers attribués à une section, s'il ne dépasse pas le quart de l'effectif du conseil. — (Cons. d'Etat, 11 mai 1889.)

Les ouvriers engagés des manufactures d'armes ne sont point militaires. — (Cons. d'Etat, 17 juillet 1888.)

Art. 32. Un électeur omis au rôle des contributions directes est éligible. — (Cons. d'Etat, 5 avril 1856.)

Sont inéligibles ceux qui sont dispensés de payer l'impôt, par décision du conseil municipal, à titre d'indigents. — (Cons. d'Etat, 5 avril 1889.)

Un individu secouru chaque année par le conseil général est éligible. — (Cons. d'Etat, 12 juin 1885.)

Est éligible le contre-maître d'une ferme qui tient la comptabilité d'un propriétaire. — (Cons. d'Etat, 3 février 1882.)

Les gardes particuliers et gardes-chasse sont éligibles. — (Cons. d'Etat, 16 décembre 1881.)

Art. 33. Est éligible le garde-rivière d'une association syndicale. — (Cons. d'Etat, 16 avril 1875.)

Les présidents et conseillers prud'hommes sont éligibles. — (Déc. justice, 1838.)

Le percepteur des contributions directes, non receveur municipal, est éligible. — (Cons. d'Etat, 17 septembre 1838.)

L'entrepreneur de la construction d'une école, d'une halle, est éligible. — (Cons. d'Etat, 4 novembre 1881.)

L'adjudicataire de travaux neufs et d'entretien sur les chemins vicinaux ordinaires est un entrepreneur de service communal. — (Cons. d'Etat, 6 mars 1885.)

Est considéré comme entrepreneur d'un service communal le directeur d'une société anonyme qui est chargée d'un service communal. — (Cons. d'Etat, 3 décembre 1875.)

Les instituteurs libres demeurent éligibles. — (Cons. d'Etat, 30 août 1861.)

Un bibliothécaire-archiviste d'une ville est agent salarié et inéligible. — (Cons. d'Etat, 3 mai 1844.)

Les agents payés directement sur le budget communal étant seuls inéligibles, les médecins, économes, receveurs d'hospices sont éligibles. — (Cons. d'Etat, 25 novembre 1881.)

L'horloger chargé de remonter l'horloge communale n'est pas un agent salarié. — (Cons. d'Etat, 5 décembre 1884.)

Art. 34. L'inaptitude créée par l'incompatibilité a pour cause l'exercice d'autres fonctions publiques ; l'incapacité est, au contraire, inhérente à l'individu.

Art. 35. Il est nécessaire que le conseiller municipal fasse expressément au préfet une déclaration d'option. — (Cons. d'Etat, 26 janvier 1889.)

C'est le chiffre de la population municipale (art. 10) qui doit servir de base à l'application de la disposition de l'article 35. — (Cons. d'Etat, 31 janvier 1856.)

Ne peuvent siéger ensemble le grand-père et le petit-fils. — (Cons. d'Etat, 11 août 1849.)

Le père adoptif et le mari de la femme adoptée. — (Cass., 30 novembre 1842.)

Deux conseillers qui ont épousé les deux sœurs sont éligibles au même conseil municipal. — (Cons. d'Etat, 27 février 1885.)

Art. 36. La décision du préfet portant démission d'office est expresse. — (Cons. d'Etat, 20 juin 1891.)

Le dernier paragraphe de cet article s'applique, non seulement aux conseillers municipaux parents ou alliés au moment de l'élection, mais aussi à ceux qui, postérieurement à cette élection, contracteraient une union qui ne leur permettrait pas de siéger ensemble. — (Cons. d'Etat, 28 avril 1888.)

Art. 37. Il faut entendre, par électeur, tout électeur inscrit. — (Cons. d'Etat, 24 juin 1881.)

Le délai de cinq jours n'est pas un délai franc. — (Cons. d'Etat, 3 mars 1882.)

Quand le dernier jour est férié, le délai ne saurait être prolongé. — (Cons. d'Etat, 16 janvier 1885.)

Le conseiller ne peut se plaindre de n'avoir point reçu de lettre de convocation à l'audience s'il n'a pas manifesté le désir de présenter des observations orales. — (Cons. d'Etat, 20 décembre 1878.)

Art. 38. Si le conseil de préfecture rendait une décision après l'expiration du délai, elle serait entachée d'illégalité. — (Cons. d'Etat, 23 juillet 1875.)

Les expéditions de l'arrêté du conseil de préfecture, autres que celle de l'arrêté notifié, sont délivrées sur timbre et moyennant un droit de copie de 75 centimes par rôle. — (Cons. d'Etat, avis, 1807.)

Art. 39. Le délai de quinzaine est un délai franc. — (Cons. d'Etat, 16 juin 1893.)

Les questions d'état sont celles qui touchent à l'état des personnes, par exemple la question de savoir si la parenté naturelle produit les mêmes effets que la parenté légitime (cons. d'Etat, 14 novembre 1881) ; de même toute question de nationalité qui serait contestée. — (Cons. d'Etat, 6 juin 1866.)

Si le préfet succombe dans l'instance, il ne saurait être condamné aux dépens. Il agit, en effet, au nom de l'ordre public et n'exerce pas les droits et actions du domaine ou du département. — (Cass., 17 juin 1872.)

Art. 40. Le conseil d'Etat ne considère pas comme un acte le saisissant directement du recours l'acte extrajudiciaire par lequel un électeur signifie au préfet qu'il se pourvoit contre l'arrêté du conseil de préfecture. Il faut qu'une requête soit adressée au conseil d'Etat. — (Cons. d'Etat, 9 février 1847.)

Les pourvois doivent être motivés. — (Cons. d'Etat, 26 décembre 1884.)

Le délai n'expire que le lendemain, si le dernier jour est férié. — (Cons. d'Etat, 5 juillet 1893.)

Les actes auxquels aurait participé le conseiller dont l'élection est contestée sont valables. — (Jurisprudence du conseil d'Etat.)

Art. 42. La jurisprudence du conseil d'Etat

décide que l'administration peut toujours faire compléter le conseil municipal quand le nombre des vacances est inférieur au quart.

Art. 43. Le décret qui ne serait pas motivé et qui n'aurait pas été pris en conseil des ministres pourrait être annulé. — (Cons. d'Etat, 10 mars 1864.)

Art. 44. Le président de la délégation peut déléguer, par arrêté, aux membres de la délégation une partie de ses attributions, notamment celles d'officier d'état civil. — (Inst. 16 avril 1887.)

Art. 45. La jurisprudence admet que ce délai de deux mois est un délai maximum et que, dans le cas où le gouvernement le jugerait nécessaire, il pourrait l'abréger. — (Cons. d'Etat, 10 juillet 1874.)

Art. 46. La jurisprudence admet que les quinze jours pendant lesquels durent les sessions ordinaires se comptent à partir de celui de l'ouverture de la session et se terminent à l'expiration du délai. Il importe peu qu'il y ait eu ou non *quinze séances.*

Art. 48. La jurisprudence du conseil d'Etat annule toute délibération prise par le conseil municipal lorsque des irrégularités sont commises dans la convocation. — (Cons. d'Etat, 27 mars 1885.)

Le conseil municipal est convoqué par le maire. Toutefois, la jurisprudence a reconnu valable la convocation signée du secrétaire de mairie agissant au nom du maire. — (Cons. d'Etat, 28 mars 1884.)

Art. 50. Les conseillers municipaux, aussitôt leur élection, peuvent exercer leurs droits, sans qu'il y ait lieu à aucune formalité préalable. — (Cons. d'Etat, 21 novembre 1884.)

C'est au moment et non au moment de la discussion que la majorité des membres en exercice doit être présente pour que les délibérations soient valables. — (Cons. d'Etat, 11 juillet 1873.)

Dans les séances du conseil municipal où est discuté le compte administratif du maire, on ne peut considérer ce dernier comme membre présent. — (Cons. d'Etat, 11 juillet 1873.)

Art. 51. Pour le calcul de la majorité, il ne faut pas tenir compte des membres qui, bien que présents, déclarent se retirer au moment du vote, ni de ceux qui déclarent s'abstenir de prendre part au vote. — (Cons. d'Etat, 12 avril 1889, 14 juillet 1876.)

Le conseil d'Etat a émis l'avis que le président du conseil municipal ne « peut renoncer au » caractère de prépondérance que la loi a attaché à son vote en cas de partage. » — (Cons. d'Etat, 18 janvier 1894.)

Quand le vote a lieu par assis et levé, il n'est pas nécessaire d'inscrire au procès-verbal le nom des votants. — (Cons. d'Etat, 5 avril 1895.)

Les trois tours de scrutin ont lieu séance tenante. — (Cons. d'Etat, 8 novembre 1881.)

Les bulletins peuvent être écrits en séance. — (Cons. d'Etat, 3 juin 1881.)

Art. 52. Le délégué nommé par le préfet pour convoquer le conseil municipal, en cas de refus du maire, n'a point la présidence de la séance ; elle continue à appartenir au maire ou à l'adjoint ou, à défaut, au premier conseiller municipal dans l'ordre du tableau. — (Cons. d'Etat, 23 février 1870.)

Art. 53. Le secrétaire du conseil municipal peut être assisté du secrétaire de la mairie, pendant les séances, à la condition que ce dernier ne soit investi d'aucune des attributions des conseillers municipaux. — (Cons. d'Etat, 17 février 1862.)

Art. 55. Dans le cas où le conseil municipal aurait voté un blâme à l'un de ses membres ayant troublé les séances, à la condition que ce membre, n'est point fondé à déférer au conseil d'Etat l'arrêté du préfet refusant de déclarer nulle la délibération. — (Cons. d'Etat, 16 avril 1886.)

Art. 57. La jurisprudence décide que dans le cas où on aurait omis de transcrire sur un registre spécial une délibération, celle-ci n'en serait pas moins valable. — (Cons. d'Etat, 5 février 1886.)

Art. 58. Le maire n'est pas tenu de certifier conforme la copie qu'un habitant aurait prise d'une délibération du conseil municipal. — (Cons. d'Etat, 9 avril 1868.)

Art. 59. « La création de commissions per- » manentes au sein d'un conseil municipal cons- » titue à la fois une usurpation du droit de » l'administration qui n'appartient qu'au maire, » et une violation de la loi qui limite les époques, » la durée et l'objet des réunions des conseils » municipaux. » — (Déc. en cons. d'Etat, 25 juin 1850.)

Art. 60. Il faut que les convocations aient été régulières (c'est-à-dire les trois sessions ordinaires ou extraordinaires). — (Cons. d'Etat, 19 mars 1863.)

La jurisprudence décide que le conseil municipal apprécie souverainement la légitimité des excuses.

Le conseiller a deux mois pour recourir contre la décision du conseil de préfecture (L. du 22 juillet 1889). Le recours sera formé par l'intermédiaire d'un avocat au conseil d'État. — (Cons. d'Etat, 4 novembre 1887.)

Art. 61. On ne peut déférer au conseil d'Etat une lettre du préfet refusant l'approbation d'une délibération exécutoire par elle-même. — (Cons. d'Etat, 8 juin 1888.)

Le maire et l'adjoint font de droit partie du conseil des répartiteurs. — (Cons. d'Etat, 24 novembre 1882.)

Art. 63. Tant que la loi n'est pas rendue, l'autorité supérieure peut valablement annuler une délibération soumise à la sanction législative. — (Int., 6 août 1895.)

Art. 64. On considère notamment comme intéressé le conseiller municipal figurant au nombre des propriétaires dont les terrains doivent être atteints par les travaux de voirie projetés. — (Int., 2 février 1870.)

On ne considère pas comme intéressé le conseiller municipal employé à gage d'une compagnie intéressée. — (Cons. d'Etat, 7 mai 1867.)

La jurisprudence considère que l'intérêt doit être un intérêt de lucre.

Art. 65. Le préfet peut annuler en partie seulement la délibération. — (Cons. d'Etat, 31 juillet 1891.)

Art. 67. Ce n'est pas la section du contentieux qui est appelée à juger, mais l'assemblée publique du conseil d'Etat, siégeant au contentieux. Ont qualité pour se pourvoir ceux qui peuvent demander au préfet d'annuler la délibération. — (Cons. d'Etat, 8 mars 1889.)

Art. 68. C'est au conseil municipal qu'il appartient de décider si le bail de moins de 18 ans sera passé par adjudication ou amiablement. — (Avis cons. d'Etat, 24 octobre 1895.)

C'est à lui qu'il appartient également de déterminer l'emplacement des bâtiments communaux. — (Cons. d'Etat, 26 novembre 1884.)

Le conseil municipal, et non le maire, détermine l'emplacement du marché. — (Cons. d'Etat, 28 juin 1894.)

Le préfet peut suspendre ou annuler l'arrêté municipal qui changerait l'emplacement d'une foire établie dans la commune. — (Cons. d'Etat, 17 janvier 1890)

Art. 69. Le préfet ne peut modifier une délibération du conseil municipal. — (Cons. d'Etat, 7 janvier 1869.)

Si un contrat de droit commun est intervenu à la suite d'une délibération du conseil municipal, les tribunaux judiciaires auront seuls qualité pour statuer sur la validité du contrat. — (Cons. d'Etat, 7 mars 1873.)

Art. 70. Pour que le décret modifiant la limite d'une paroisse soit valable, il faut que le conseil municipal intéressé ait été consulté. — (Avis du cons. d'Etat, 10 juillet 1862.)

Le conseil municipal doit avoir été appelé à donner son avis, en matière d'alignement de rues formant le prolongement des chemins vicinaux ordinaires ou de grande communication. — (Cons. d'Etat, 5 janvier 1877.)

Art 72. La jurisprudence de la Cour de cassation et du conseil d'Etat déclare que les adresses signées exclusivement du maire, des adjoints et des conseillers municipaux, avec indication de leur qualité, sont des actes émanant du conseil municipal lui-même et non pas des membres de cette assemblée pris individuellement et les annule comme illégaux, alors même que les signataires ont déclaré agir en leur nom personnel et qu'ils se sont réunis hors session ou hors séance. — (Cass., 17 mai 1873; cons. d'Etat, 9 novembre 1873.)

Art. 73. Dans le cas où la fonction de premier adjoint devient vacante, le second adjoint passe au premier rang et on procède ensuite à l'élection d'un nouvel adjoint qui occupera le second rang. — (Cons. d'Etat, 11 décembre 1885.)

Art. 74. L'obligation d'assister au tirage au sort, à la révision, à la formation de la liste du jury, etc., n'est pas considérée comme résultant de mandat spécial. — Int., 27 février 1894.)

On peut saisir les sommes allouées au maire comme frais de représentation. — (Trib. de la Seine, 2 novembre 1893.)

Art. 75. L'adjoint spécial peut être choisi parmi les simples habitants de la section, mais il doit y résider. — (Cons. d'Etat, 29 mars 1889.)

Le conseil d'Etat n'est pas compétent pour statuer sur une demande tendant à la création d'un adjoint spécial, cette création étant une mesure purement administrative. — (Cons. d'Etat, 7 août 1835.)

Art. 76. La question de savoir si le maire ou l'adjoint élu, ayant déclaré immédiatement ne pouvoir accepter ses fonctions, peut revenir sur son refus, a été soumise au conseil d'Etat qui ne l'a pas tranchée. Le ministère de l'intérieur avait conclu affirmativement.

Le candidat élu maire et qui déclare ne pas en accepter les fonctions peut être élu adjoint. — (Cons. d'Etat, 13 février 1885.)

Art. 77. Si la présidence n'a pas été donnée au doyen d'âge, il peut y avoir annulation de l'élection. — (Cons. d'Etat, 6 août 1880.)

Serait nulle, l'élection du maire qui aurait lieu avant qu'il ait été procédé à des élections pour compléter le conseil. — (Cons. d'Etat, 8 août 1873.)

La jurisprudence du conseil d'Etat exige que, dans le cas où les élections complémentaires n'auraient pu donner aucun résultat, les électeurs soient convoqués une seconde fois; après cette seconde convocation, l'élection du maire peut avoir lieu. — (Cons. d'Etat, 9 janvier 1885.)

Le conseil municipal n'est pas considéré comme incomplet, si l'un de ses membres accomplit une période militaire comme réserviste. — (Cons. d'Etat, 9 mai 1879)

La jurisprudence du conseil d'Etat ne déclare pas applicables aux élections du maire et de l'adjoint les règles tracées pour l'élection des conseillers municipaux. — (Cons. d'Etat, 22 mars 1889.)

Art. 78. La jurisprudence décide que le maire et l'adjoint peuvent, aussitôt l'élection, prendre possession de leurs fonctions et qu'aucune formalité spéciale ne constitue aujourd'hui l'installation. — (Jurisprud., Cass.)

Art. 79. La jurisprudence décide que si l'élection a eu lieu le 1er, les électeurs peuvent protester du 3 au 7 inclus. — (Cons. d'Etat, 9 janvier 1885.)

Si la municipalité se compose de trois membres, le conseil municipal apprécie l'opportunité du remplacement de l'un de ses membres, démissionnaire ou décédé. — (Avis du cons. d'Etat, 7-13 juillet 1887.)

Art. 80. Tout candidat élu conseiller municipal est, en principe, éligible aux fonctions de maire, à moins qu'il ne se trouve dans l'un des cas particuliers qui s'opposent à l'inéligibilité de certains conseillers aux fonctions de maire. — (Cons. d'Etat, 23 novembre 1888.)

Parmi les inéligibles, il faut comprendre les receveurs buralistes. — (Cons. d'Etat, 13 février 1885.)

Parmi les éligibles, les contremaîtres mécaniciens des manufactures de tabac. — (Cons. d'Etat, 30 janvier 1885.)

Les trésoriers de fabrique. — (Cons. d'Etat, 24 juin 1881.)

On ne peut considérer comme agent salarié du maire la personne qui gère momentanément les propriétés du maire et ne reçoit pas de rémunération de ce fait. — (Cons. d'Etat, 27 décembre 1878.)

Un conseiller municipal illettré ne saurait être écarté des fonctions de maire ou d'adjoint. — (Cons. d'Etat, 6 mars 1885.)

Un greffier de justice de paix peut être élu maire, puisque rien ne s'oppose à ce qu'il fasse partie du conseil municipal. — (Avis du cons. d'Etat, 22 mars 1888.)

Art. 81. En cas de démission, dissolution, annulation des opérations électorales, et en cas d'expiration du mandat du conseil municipal, la municipalité en fonction conserve ses pouvoirs jusqu'aux nouvelles élections et les remet aux premiers inscrits, aussitôt après l'installation du conseil. — (Cons. d'Etat, 20 novembre 1885.)

Si le maire se trouve, aux termes de l'art. 80, obligé de cesser ses fonctions, le préfet lui enjoindra de remettre immédiatement ses pouvoirs au suppléant, sans qu'il y ait lieu d'attendre que son successeur soit installé. — (Avis du cons. d'Etat, 20 janvier 1885.)

La démission du maire n'est définitive que lorsque le préfet l'a acceptée. — (Cons. d'Etat, 22 mai 1885.)

Le caractère définitif de cette démission s'oppose à ce que le préfet autorise le démissionnaire à reprendre ses fonctions. — (Cons. d'Etat, 7 août 1883.)

Les conseillers municipaux dont l'élection est attaquée prennent part au vote jusqu'à ce qu'une décision annulant leur élection soit intervenue. — (Cons. d'Etat, 16 juin 1882.)

Art. 82. L'adjoint, à qui le maire a délégué une partie de l'autorité municipale, peut valablement exercer le pouvoir réglementaire sur les matières qui lui sont confiées, dans le cas où cette délégation ne contiendrait aucune réserve à cet égard. — (Trib. corr. le Havre, 18 avril 1883.)

La jurisprudence décide que la délégation donnée à l'adjoint de tenir les registres de l'état civil doit être adressée au tribunal d'arrondissement.

Art. 84. Bien que la loi du 5 mai 1855 interdise aux juges d'exercer des fonctions municipales, le conseil d'Etat a décidé que le juge pouvait valablement présider le bureau électoral en qualité de conseiller municipal suppléant le maire et l'adjoint empêchés. — (Cons. d'Etat, 29 février 1884.)

La jurisprudence décide que l'adjoint ou le conseiller municipal, suppléant le maire absent ou empêché, exerce la plénitude de ses fonctions et qu'il peut, en conséquence, présider la commission chargée de reviser les listes électorales.

Art. 85. Le préfet peut procéder d'office par lui-même ou par un délégué spécial à l'accomplissement d'un acte prescrit par la loi, en cas de refus du maire ; il ne saurait, en conséquence, nommer un délégué spécial pour procéder à la réception de travaux communaux.— (Cons. d'Etat, 22 juin 1888.)

Ce n'est qu'après une mise en demeure et l'assignation d'un délai qu'une délégation peut être donnée et, par conséquent, serait nulle la délégation donnée par le même acte qui contient la mise en demeure. — (Cons. d'Etat, 7 juin 1889.)

Art. 86. Les motifs de l'arrêté de suspension échappent à l'appréciation du conseil d'Etat, alors même que les considérants seraient erronés ou diffamatoires. — (Cons. d'Etat, 14 décembre 1883.)

Le décret de révocation peut être déféré au conseil d'Etat pour excès de pouvoirs ou violation des formes de la loi. — (Cons. d'Etat, 13 février 1885.)

La révocation d'un maire fait obstacle à ce qu'il profite de son inscription au tableau pour présider le bureau. — (Déc. int., 1886.)

Art. 88. Les fonctionnaires et divers employés des collèges appartenant à l'Université ne sont pas considérés comme des employés communaux ; quant aux gens de service, ils sont à la nomination du principal. — (Déc. min., 1868.)

Les secrétaires de mairie sont de simples employés sans caractère public ; en conséquence, la diffamation envers eux est de la compétence des tribunaux correctionnels. — (Cass., 22 juin 1883.)

La demande en indemnité pour privation d'emploi formée par un agent municipal n'est pas de la compétence du conseil de préfecture. — (Cons. d'Etat, 15 juin 1888.)

En l'absence de toute convention spéciale, la suppression d'emploi ne peut faire naître un droit à l'indemnité en faveur de l'intéressé. — (Cons. d'Etat, 13 décembre 1889.)

Art. 89. Le procès-verbal d'adjudication de travaux communaux, étant un acte authentique, fait foi jusqu'à inscription de faux. — (Cons. d'Etat, 4 février 1887.)

Art. 90. La jurisprudence décide que les actes faits par les maires sont des actes authentiques et faisant foi jusqu'à inscription de faux. — (Cons. d'Etat, 4 février 1887.)

L'autorité judiciaire est compétente pour statuer sur le règlement des droits prétendus par les communes ou sections sur les biens indivis entre elles. — (Cons. d'Etat, 16 avril 1863.)

En ce qui concerne les bases de partage et de la validité de l'acte de partage, c'est le conseil de préfecture qui est compétent. — (Cons. d'Etat, 1878.)

Le maire peut seul représenter la commune, dans une instance pendante devant une juridiction quelconque. — (Cons. d'Etat, 25 janvier 1885.)

Art. 94. Le juge doit interpréter l'arrêté municipal sans qu'il y ait lieu d'en renvoyer l'interprétation à l'autorité administrative. — (Cass., 20 janvier 1888.)

Tout individu, même l'étranger à la commune qui se trouve sur son territoire, est soumis aux arrêtés municipaux de police. — (Cass., 27 février 1847.)

Les arrêtés antérieurs à la loi de 1884 continuent à être applicables. — (Cass., 20 mai 1887.)

Les arrêtés obligent le maire lui-même : il ne saurait dispenser aucun citoyen de s'y soumettre. — (Cass., 3 août 1855.)

Art. 95. Si le préfet peut annuler ou suspendre les arrêtés municipaux, il lui est interdit de les modifier. — (Cons. d'Etat, 23 mai 1890.)

Comme le maire agit sous la surveillance de l'autorité supérieure, le préfet peut valablement annuler ou suspendre un arrêté municipal. — (Cons. d'Etat, 18 novembre 1881.)

Le conseil d'Etat admet que les particuliers lésés par un arrêté municipal peuvent exercer un recours pour excès de pouvoirs. — (Cons. d'Etat, 5 décembre 1873.)

Art. 96. L'exécution des arrêtés portant règlement permanent est suspendue pendant le délai d'un mois, accordé au préfet pour en examiner la légalité ou l'opportunité. — (Cass., 7 décembre 1889.)

En principe, la jurisprudence du conseil d'Etat décide que les particuliers lésés par un arrêté municipal peuvent exercer le recours pour excès de pouvoir.

La jurisprudence admet l'affichage comme un moyen de publicité suffisant. — (Cass., 31 juillet 1830.)

La transcription est une simple mesure d'ordre. — (Cass., 17 novembre 1893.)

Art. 97. Le maire peut valablement prescrire la périodicité du balayage et les jours et heures auxquels il aura lieu. — (Jurisprud. C. de Cass.)

L'éclairage est obligatoire pour toutes choses de nature à gêner la circulation. — (Cass., 19 février 1858.)

Est valable l'arrêté municipal interdisant le jet du foin, de la paille, des décombres. — (Jurisprud. Cass.)

Est valable l'arrêté par lequel le maire interdit, à partir de certaines heures, l'exercice de professions bruyantes. — (Cons. d'Etat, 30 avril 1875.)

Est illégal l'arrêté municipal ordonnant aux habitants de décorer leurs maisons sur le passage d'une procession. — (Cass., 26 novembre 1819.)

Le maire peut interdire d'une façon absolue le tir de pétards, artifices, armes à feu sur la voie publique et même dans les maisons et jardins. — (Cass., 12 juillet 1855.)

Le maire peut interdire ou réglementer les quêtes sur la voie publique. — (Cass., 14 juin 1884.)

Est valable un arrêté municipal interdisant la vente et l'achat de comestibles sur la voie publique et même à domicile. — (Cass., 24 décembre 1880.)

La responsabilité des dégâts causés par un feu d'artifice incombe à la commune. — (C. de Riom, 11 juin 1884.)

Le maire peut réglementer les bals, déterminer l'emplacement spécial et les heures où ils auront lieu. — (Cons. d'Etat, 14 août 1865.)

Si le maire peut règlementer les heures d'ouverture et de clôture des cafés, cabarets, etc., il ne pourrait accorder de dispenses en dehors des cas prévus par l'arrêté général du préfet. — (Cass., 1er février 1873.)

Le maire peut soumettre à des visites médicales périodiques les filles logées dans les maisons de tolérance et celles qui sont logées en villes. — (Cass., 6 mars 1866.)

Les exhumations, comme les inhumations, ne peuvent avoir lieu sans autorisation. — (Cass., 16 janvier 1868.)

Même solution pour l'embaumement.

Le maire a toujours le droit d'établir, de supprimer ou de rétablir la taxe du pain. — (Jurisprudence constante, Cass.)

Le maire peut interdire la vente sur le marché de fruits verts, au moins au moment des épidémies. — (Cass., 5 juillet 1873.)

Le maire peut valablement interdire la divagation dans les rues et promenades publiques de certains animaux domestiques. — (Cass.; 18 février 1858.)

Art. 98. La partie de police qui a trait à la construction, à l'entretien, à la conservation des chemins vicinaux de grande et moyenne communication n'appartient pas au maire. — (Cass., 7 avril 1887.)

C'est le préfet qui apprécie, sauf recours au ministre, le caractère d'intérêt général. — (Cons. d'Etat, 31 janvier 1890.)

Art. 99. Dans le cas où le maire aurait pris un arrêté exagérant les précautions, le préfet ne saurait se substituer à lui et modifier les conditions qu'aurait imposées l'arrêté municipal. — (Cons. d'Etat, 23 mai 1890.)

Art. 100. Cet article, inscrit pour la première fois dans nos lois municipales, a été inspiré au législateur par un avis du conseil d'Etat. — (Cons. d'Etat, 17 juin 1840.)

Le maire ne saurait modifier, par un arrêté ultérieur, le règlement intervenu entre le préfet et l'évêque. Cet arrêté serait illégal et ne saurait servir de base à une condamnation pénale. — (Cass., 17 novembre 1882.)

Toutefois, en vertu de ses droits de police, le maire pourrait interdire les sonneries, même prescrites par les règlements, en certains cas très graves, notamment si le clocher menaçait ruine. — (Décis. 4 mars 1806.)

Art. 101. Lorsqu'il faut passer par la sacristie pour accéder au clocher, il a été décidé que le maire ne pourrait avoir la clef de la sacristie. — (Déc. Int., juillet 1895.)

Art. 102. Le conseil municipal peut valablement décider que le garde champêtre exercera ses fonctions pendant une partie seulement de l'année et qu'il ne touchera qu'un traitement correspondant à cette période. — (Cons. d'Etat, 22 juin 1888.)

Les gardes champêtres doivent être âgés de 25 ans au moins et être de bonnes vie et mœurs. — (L. du 26 septembre 1791.)

Il est interdit à plusieurs communes de s'associer pour l'entretien d'un seul garde champêtre.

Le garde non agréé n'est pas considéré comme investi de ses fonctions. — (Avis du Cons. d'Etat, 6 mars 1885.)

L'inscription au budget du crédit voté pour le traitement du garde champêtre emporte le maintien de cet agent jusqu'au 31 décembre. — (Cons. d'Etat, 14 décembre 1888.)

La suspension du garde entraine la privation de traitement. — (Déc. Int., 14 octobre 1885.)

L'arrêté du maire suspendant un garde n'est pas susceptible d'annulation par le préfet. — (Déc. Int., 20 juillet 1891.)

Il est de principe que c'est au maire qu'il appartient de recevoir la démission du garde champêtre. — (Déc. Int., 25 juin 1884.)

On admet, comme pour les gardes champêtres, que les gardes particuliers présentés à l'agrément doivent être âgés de 25 ans. — (Trib. de Caen, 9 décembre 1885.)

· **Art. 103.** Le mot « population » s'applique à toute la population recensée, c'est-à-dire à la population fixe et flottante. — (Cons. d'Etat, 31 janvier 1890.)

Comme les procès-verbaux dressés par les gardes champêtres, ceux des commissaires de police ne font foi que jusqu'à preuve du contraire. — (Cass., 27 décembre 1832, 20 janvier 1888.)

Art. 104 et 105. Le nombre des arrondissements municipaux de la ville de Lyon est de six. — (L. 17 juillet 1867.)

Le maire de Lyon ne peut requérir les agents dépendant du préfet. — (Déc. Int., 27 février 1886.)

La police des mœurs appartient au préfet et non au maire de Lyon. — (Cons. d'Etat, 10 mars 1893.)

Art. 106. Les tribunaux apprécient la question de savoir s'il y a attroupement ou rassemblement. — (Trib. des conflits, 25 février 1888.)

Ne rentrent pas dans les conditions de l'art. 106 les délits ou crimes commis isolément par des malfaiteurs. — (Rouen, 27 mai 1873.)

Non seulement tout citoyen français, mais tout étranger, admis ou non à domicile, peut intenter l'action en responsabilité. — (Cass., 17 novembre 1834.)

Art. 107. La jurisprudence a depuis longtemps décidé que la commune sur le territoire de laquelle ont eu lieu les attroupements est seule tenue de réparer les dommages causés aux particuliers lésés, sauf à exercer son recours contre les autres communes.

Art. 108. L'exception de l'art. 108 ne peut être invoquée par les communes du département de la Seine. — (Trib. Seine, 12 décembre 1893.)

Art. 110. Les créanciers des communes ne peuvent recourir contre elles aux *voies ordinaires* d'exécution. Il leur est interdit de pratiquer des *saisies* sur les biens communaux, soit mobiliers, soit immobiliers. — (Avis du Cons. d'Etat, 12 août 1807.)

La question de savoir si l'hypothèque judiciaire frappe les biens communaux est controversée.

Art. 111. La jurisprudence ne considère pas comme des donations les souscriptions faites par des particuliers pour concourir à des dépenses communales.

Si la donation ou le legs ne comporte ni charges, ni conditions, et s'il n'y a aucune réclamation sans qu'aucune approbation soit nécessaire, la délibération du conseil municipal règle l'acceptation sans qu'aucune approbation soit nécessaire.

La jurisprudence entend par conditions les stipulations ne comportant aucune charge à l'égard de la commune. — Ainsi constitue une condition la donation faite à la commune d'un buste de la République qui serait placé dans la salle des délibération du conseil municipal. — (Cons. d'Etat, 14 mars 1879.)

Art. 112. L'administration ne saurait considérer comme une délibération portant acceptation ou refus de la libéralité, celle par laquelle il ordonnerait un supplément d'instruction. — (Cons. d'Etat, 29 janvier 1875.)

Art. 113. L'acceptation provisoire du maire n'est valable que si elle s'effectue suivant les règles indiquées au Code civil ; elle doit être faite par acte authentique et être notifiée au donateur. — (C. civ., art. 931 et 932.)

Art. 114. La jurisprudence subordonne l'exécution des projets approuvés en principe à la justification par la commune des ressources nécessaires pour y pourvoir.

Art. 115. N'est pas susceptible de recours contentieux la décision de l'autorité préfectorale refusant d'approuver les délibérations d'un conseil municipal qui ont autorisé le maire à traiter avec un entrepreneur pour l'exécution de travaux à effectuer au cimetière. — (Cons. d'Etat, 20 juillet 1883.)

Art. 120. La jurisprudence du conseil d'Etat déclare cet article applicable aux hospices et hôpitaux, bureaux de bienfaisance et monts-de-piété.

Art. 121. La commune peut se désister d'une instance avec l'autorisation préfectorale : ce désistement équivaut à une transaction. — (Cons. de préf. de la Seine, 14 avril 1893.)

L'autorisation est nécessaire pour toutes demandes introductives d'instance, actions principales, demandes en intervention, en garantie, etc. — (Trib. de Nevers, 25 juin 1882.)

Elle n'est point nécessaire pour les demandes accessoires. — (Cass., 11 mai 1873.)

La commune peut, sans autorisation nouvelle, défendre au pourvoi formé par son adversaire, lorsqu'elle a eu gain de cause en dernier ressort. — (Cass., 9 mars 1887.)

Art. 122. Les actions possessoires peuvent être suivies, sans autorisations du conseil de préfecture, en appel et en cassation. — (Cass., 30 novembre 1868.)

A titre conservatoire, le maire peut toujours former un pourvoi, sauf à se faire ultérieurement habiliter par une délibération du conseil municipal. — (Cons. d'Etat, 6 décembre 1889.)

Art. 123. La jurisprudence décide que, pour que l'action du contribuable au nom de la commune soit autorisée, il faut que le conseil municipal ait refusé ou négligé d'agir. — (Cass., 13 mai 1873.)

Dans le cas où le conseil de préfecture ne statue pas dans le délai de deux mois, son silence est considéré comme une autorisation, aux termes de l'article 121. — Il n'en est pas de même lorsqu'il s'agit d'une action intentée par un contribuable au nom de la commune : il faut dans ce cas que l'autorisation soit *expresse*. — (Cons. d'Etat, 29 décembre 1890.)

Art. 124. En cas de pourvoi devant la Cour de cassation, le mémoire préalable n'est point exigé. — (Cass., 9 mars 1887.)

Si le mémoire n'a pas été déposé, le conseil de préfecture ne doit pas autoriser la commune à défendre à l'action introduite sans l'accomplissement de cette formalité. — (Cons. d'Etat, 8 juillet 1840.)

Art. 125. L'autorisation du conseil de préfecture accordée à une commune ne permet pas au préfet de substituer au maire un délégué chargé, en son lieu et place, de défendre à l'action. — (Cass., 3 avril 1867.)

Art. 126. L'arrêt du conseil de préfecture accordant l'autorisation de plaider a un caractère définitif. — (Cons. d'Etat, 3 mai 1886.)

La commune seule a le droit de se pourvoir devant le conseil d'Etat contre la décision du conseil de préfecture qui a refusé l'autorisation d'intenter ou de soutenir l'action. — (Avis Cons. d'Etat, 15 décembre 1880.)

Si le maire introduit le recours à titre purement conservatoire, il est nécessaire qu'il intervienne une délibération du conseil municipal pour la régularisation de la demande. — (Cons. d'Etat, 27 juin 1888.)

Le recours n'est pas ouvert à l'adversaire de la commune contre la décision du conseil de préfecture l'autorisant à plaider. — (Cons. d'Etat, 3 mai 1886.)

Art. 127. Un bureau de bienfaisance est autorisé à plaider, faute par le conseil de préfecture d'avoir donné l'autorisation dans les deux mois. — (Cons. d'Etat, 4 nov. 1891.)

Art. 128. Dans les procès qu'elle intente ou qu'elle soutient, la section de commune est représentée par le maire. — (Cour d'appel de Paris, 23 décembre 1887.)

Art. 129. Le conseil de préfecture et le conseil d'Etat, en appel, sont compétents pour statuer sur les réclamations qui s'élèvent contre l'élection des membres des commissions syndicales. — (Cons. d'Etat, 15 janvier 1886.)

L'élection pour laquelle les électeurs domiciliés sur le territoire de la section auraient seuls été convoqués serait annulée. — (Cons. d'Etat, 15 janvier 1886.)

Art. 131. Les réclamations contre le mode d'établissement des rôles établis pour le recouvrement des frais et dommages-intérêts sont portées devant le conseil de préfecture et le conseil d'Etat. — (Cons. d'Etat, 30 avril 1870.)

Art. 132. Le budget communal est l'acte dans lequel sont prévues et autorisées les recettes et dépenses de l'année qui lui donne son nom. — (D. 31 mai 1862.)

Art. 133. La jurisprudence entend par recettes ordinaires toutes celles qui se reproduisent chaque année et constituent le revenu habituel de la commune.

Des centimes spéciaux ne sont votés pour le traitement du garde champêtre qu'en cas d'insuffisance des recettes ordinaires de la commune. — (Cons. d'Etat, 30 mai 1884.)

L'autorité judiciaire est seule compétente pour statuer sur les contestations auxquelles peut donner lieu le recouvrement des droits de place. — (Cons. d'Etat, 23 novembre 1877.)

Art. 134. La jurisprudence admet que les deniers provenant de la vente d'immeubles communaux, et n'ayant pas d'emploi immédiat, sont convertis en rentes sur l'Etat. — (Avis cons. d'Etat.)

Pour que les riverains soient tenus à contribuer au paiement des frais de pavage, il faut qu'il y ait insuffisance absolue des revenus ordinaires de la commune. — (Avis cons. d'Etat, 25 mars 1807.)

L'insuffisance des revenus ordinaires de la commune peut résulter, non seulement du budget, mais aussi des comptes de l'année. — (Cons. d'Etat, 21 décembre 1877.)

Art. 135. La jurisprudence considère comme dépenses facultatives celles que la commune fait ordinairement pour accroître sa prospérité, sans revêtir toutefois un caractère d'absolue nécessité.

Art. 136. Les frais de bureau de l'adjoint spécial (art. 75) sont obligatoires. — (Cons. d'Etat, 5 mars 1889.)

Si le maire refuse de procéder au recensement, il est procédé à cette opération par les soins du préfet et aux frais de la commune. — (Cons. d'Etat, 18 novembre 1887.)

Les cartes électorales pour les élections, autres que les élections municipales, et en particulier les élections consulaires, sont payées sur les fonds départementaux. — (Cons. d'Etat, 6 février 1886.)

C'est le préfet qui, sur la proposition du maire et l'avis du directeur des contributions indirectes, nomme le préposé en chef de l'octroi, dont le traitement, fixé par le ministre des finances, sur la proposition du conseil municipal, fait partie des frais de perception de l'octroi. — (Cons. d'Etat, 24 janvier 1861.)

Dans le cas où le conseil municipal prendrait une délibération dont les termes impliqueraient une révocation déguisée, le préfet peut en prononcer l'annulation, alors même que cette délibération aurait été suivie d'exécution. — (Cons. d'Etat, 20 avril 1888.)

Dans le cas où les produits de la forêt communale ne suffiraient pas à assurer le salaire du garde de bois, il y aurait lieu d'inscrire la dépense au budget et, au besoin, voter des centimes additionnels. — (Cons. d'Etat, 4 mai 1877.)

Le conseil d'Etat admet que les communes peuvent subventionner des établissements libres d'enseignement secondaire, alors qu'il leur interdit, d'une façon générale, de subventionner des écoles privées. — (Cons. d'Etat, 17 avril 1891.)

En dehors des écoles du chef-lieu de la commune, d'autres écoles peuvent être établies, suivant l'appréciation du conseil départemental, dans des hameaux, alors qu'ils ne seraient point distants de 3 kilomètres. — (Cons. d'Etat, 15 janvier 1892.)

C'est le décret du 24 vendémiaire an II qui détermine le domicile de secours en ce qui concerne les aliénés. — (Cons. d'Etat, 8 août 1882.)

L'indemnité de logement est due pour le curé ou desservant et non pour les vicaires. — (Lettre justice, 25 mars 1890.)

Le préfet qui statuerait sur la suppression d'un cimetière, sans consulter au préalable le conseil municipal, commettrait un excès de pouvoir. — (Cons. d'Etat, 12 juillet 1866.)

Le conseil municipal peut accorder, malgré la gratuité des fonctions de prud'hommes, qu'une indemnité leur sera accordée (patrons et ouvriers). (Cons. d'Etat, 28 juin 1894.)

Les communes peuvent même être imposées à la contribution des patentes en raison de l'exercice de certaines industries patentables. — (Cons. d'Etat, 3 janvier 1881.)

Le conseil général n'est pas tenu de suivre l'avis donné par les conseils municipaux intéressés, en matière de chemins vicinaux. — (Cons. d'Etat, 27 décembre 1878.)

Dans le cas où il n'y aurait dans la ville, siège des assises, aucun logement commode, ni à l'hôtel-de-ville, ni au palais de justice, le président est logé, sur la désignation du maire, dans une maison particulière : la dépense est obligatoire pour la commune. — (Cons. d'Etat, 15 décembre 1869.)

La loi n'énumère pas les dépenses facultatives : c'est au conseil municipal à en apprécier l'utilité. Il ne pourrait cependant voter une dépense dont l'objet sortirait de ses attributions : il ne saurait, notamment, voter la création d'une pharmacie municipale. — (Cons. d'Etat, 2 août 1894.)

Art. 139. La jurisprudence décide que la délibération du conseil municipal est exécutoire dans la limite du tarif général, alors même qu'elle comprendrait des taxes extra-réglementaires que n'aurait pas approuvées le gouvernement. — (Cass., 7 juin 1889.)

En vertu des articles 63 et 65 de la loi municipale, les intéressés peuvent demander la nullité de la délibération réglementaire relative à la prorogation de la perception d'un octroi. — (Cons. d'État, 14 décembre 1888.)

Art. 140. Les anciens usages ne peuvent être invoqués que s'ils ont été maintenus par une loi. — (Cons. d'Etat, 11 février 1881.)

Il faut comprendre dans les taxes établies en vertu d'usages locaux, confirmés par une loi : la taxe d'empierrement, la taxe pour frais de trottoirs, la taxe de pavage des rues. — (Cons. d'Etat, 1807).

Les réclamations contre les taxes sont portées devant le conseil de préfecture (L. 28 pluviôse an VIII) ; elles sont présentées dans le délai de trois mois et établies sur timbre quand la cote excède 30 francs. — (Cons. d'Etat, 4 juin 1870.)

Art. 141. L'article 141 ne donne aux conseils municipaux le pouvoir réglementaire que si les impositions extraordinaires de la commune n'excèdent pas cinq centimes et si elles ne sont pas établies pour une durée supérieure à cinq années. — (Int., 22 avril 1890.)

Art. 142. Le conseil d'Etat a émis l'avis que l'emprunt remboursable au moyen de taxes spéciales d'octroi est soumis aux mêmes règles de compétence que ces taxes elles-mêmes. — (Cons. d'Etat, 25 juin 1884.)

Art. 143. Les engagements à long terme sont assimilables aux emprunts et soumis aux mêmes règles d'approbation. — (Jurisprudence de la C. des comptes.)

Art. 145. Toute dépense obligatoire ne peut être supprimée qu'avec l'autorisation du préfet. — (Cons. d'Etat, 8 avril 1892.)

L'administration supérieure ne peut, en approuvant un crédit, modifier les conditions sous lesquelles il a été voté par le conseil municipal. — (Cons. d'Etat, 12 décembre 1890.)

Art. 146. Si un excédent de dépenses ressort des budgets primitif et supplémentaire, le conseil municipal est appelé à y pourvoir au moyen de ressources nouvelles qu'il devra créer. — (Int., 20 octobre 1885.)

Art. 147. Le législateur a entendu par « pièces justificatives » celles qui sont destinées à éclairer le conseil municipal sur la nécessité des dépenses qui ont été effectuées. — On les annexera à l'expédition de la délibération qui sera adressée au préfet.

Art. 148. Il faut entendre par les dépenses dont il est parlé dans l'article 148 les dépenses obligatoires et les dépenses facultatives, ordinaires ou extraordinaires. — (Cons. d'Etat, 5 février 1892.)

Si le conseil municipal vote une dépense qui soit contraire aux lois, le préfet peut supprimer le crédit inscrit au budget, après avoir annulé la délibération. — (Cons. d'Etat, 17 avril 1891.)

Le conseil d'Etat admet qu'on ne doit pas considérer comme recette extraordinaire l'excédent de recette des exercices antérieurs, alors que cet excédent ne provient pas lui-même de recettes extraordinaires. — (Cons. d'Etat, 16 novembre 1888.)

Art. 149. L'arrêté préfectoral prescrivant l'inscription d'office serait entaché d'excès de pouvoir s'il n'était pas pris en conseil de préfecture. — (Cons. d'Etat, 14 mai 1880.)

Les traitements des employés et agents communaux sont généralement considérés comme des traitements fixes. — (Cons. d'Etat, 13 novembre 1885.)

Si le caractère obligatoire de la dépense est contesté, la dépense ne peut être inscrite d'office. — (Cons. d'Etat, 12 décembre 1890.)

Il n'y a pas lieu à recours devant le conseil d'Etat quand le préfet prend une décision refusant d'inscrire d'office une dépense au budget. — (Cons. d'Etat, 4 août 1876.)

L'autorité supérieure ne peut que par la voie de l'inscription d'office contraindre une commune à acquitter une dépense obligatoire. — (Cons. d'Etat, 10 juillet 1888.)

Art. 150. Si les recettes et les dépenses extraordinaires ne peuvent s'accomplir qu'après approbation du budget, les dépenses extraordinaires autorisées à l'avance peuvent être perçues, aussitôt qu'elles figurent au budget et avant l'approbation. — (Cons. d'Etat, 9 août 1889.)

Art. 151. Il n'est rendu qu'un seul compte administratif, quand même deux maires auraient été en fonctions dans le cours d'un même exercice. — (Min. Int., 5 juillet 1888.)

Au compte administratif le maire joint toutes explications destinées à éclairer le conseil municipal et l'administration. — (D. 31 mai 1862.)

Le maire doit dresser, de concert avec le receveur, un état des restes à payer ; les imprimés nécessaires à la rédaction de l'état sont à la charge du receveur municipal. — (Arrêt C. des comptes.)

Art. 152. Le conseil municipal ne peut supprimer qu'avec l'autorisation du préfet des dépenses obligatoires portées au budget. — (Cons. d'Etat, 14 décembre 1888.)

En ce qui concerne les dépenses facultatives, le préfet peut les faire exécuter et ordonnancer d'office si le maire s'y refuse et ce jusqu'à ce que le conseil municipal ait voté la radiation du crédit du budget. — (Cons. d'Etat, 8 juin 1888.)

Le préfet excéderait ses pouvoirs, en mandatant d'office un supplément de traitement aux instituteurs de la commune que le conseil municipal n'aurait pas voté. —(Cons. d'Etat, 12 février 1875.)

Art. 153. Dans les villes où le collège est en régie, le principal perçoit les recettes et effectue les dépenses de l'établissement. Annuellement, il rend compte de ses opérations devant une commission spéciale. — Le receveur encaisse l'excédent des recettes. — Les collèges de Paris ne sont pas soumis à cette règlementation. — (Déc. 2 août 1878.)

Les titres de recettes sont transmis aux receveurs municipaux par les soins des receveurs des finances. — Les receveurs municipaux peuvent même exiger que ces titres leur soient remis sur récépissé. — (Déc., 31 mai 1862.)

En ce qui concerne l'adjudication des bois, le receveur municipal ne reçoit que l'extrait des procès-verbaux. — (Int., 22 mars 1893.)

Art. 154. Le mode de recouvrement prescrit par l'art. 154 s'applique notamment aux redevances dues pour concessions d'eau, aux droits de voirie, aux droits de stationnement. — (Cons. d'Etat, 28 mars 1890, 28 février 1879.)

La personne qui forme opposition joue le rôle de défendeur. — (Cour de Cass., 1886.)

Art. 155. Les sommes d'argent provenant de souscription en vue de travaux à effectuer dans la commune sont considérées comme deniers communaux. — (C. des comptes, 16 mai 1883.)

On ne considère pas comme deniers communaux les fonds recueillis par le curé, même avec l'appui du maire, en vue de fonder un asile libre. — (Cons. d'Etat, 22 janvier 1890.)

Les comptabilités occultes ont la plupart du temps pour cause l'encaissement de produits locaux, par exemple la détention par le secrétaire de mairie des fonds provenant du prix de concession dans le cimetière. — (C. des comptes, 9 avril 1883.)

Un contribuable exerçant, aux termes de l'article 123, les droits de la commune peut intenter l'action en reddition de comptes. — (C. des comptes, 1889.)

Les intéressés doivent faire appel de la décision du conseil de préfecture devant la cour des comptes et non devant le conseil d'Etat. — (Cons. d'Etat, 30 novembre 1888.)

Art. 156. Le conseil d'Etat reconnaît aux communes dont le revenu dépasse 30,000 francs le droit d'avoir un receveur municipal spécial. — (Cons. d'Etat, 18 décembre 1891.)

Art. 157. Les trois dernières années dont il est fait mention doivent être consécutives et correspondre aux trois derniers comptes jugés. — (C. des comptes, 14 avril 1875)

On ne doit considérer comme revenus ordinaires que les perceptions qui ont un caractère permanent. — (C. des comptes, 13 janvier 1876.)

Les demandes en révision, de même que les pourvois, n'ont pas d'effet suspensif. — (Cons. d'Etat, 9 février 1808.)

Art. 158. Le maire agit sous la surveillance de l'administration préfectorale lorsqu'il prend un arrêté pour ordonner que la recette municipale sera transférée à la mairie ; par conséquent, cet arrêté est susceptible de suspension. — (Cons. d'Etat, 19 février 1892.)

L'arrêté de thermidor an VIII et de vendémiaire an XII constitue un privilège au Trésor sur les biens meubles du comptable ; la commune a hypothèque légale sur les biens du receveur municipal et, par subrogation, le receveur des finances peut profiter de l'inscription. — (Inst. générale, art. 1233.)

Le Trésor n'est en aucun cas, n'est responsable à l'égard de la commune des débets du percepteur, receveur municipal. — (Cons. d'Etat, 14 décembre 1836.)

Art. 159. Le comptable n'encourt l'amende que s'il est en retard pour la production du compte. — (C. des comptes, 17 avril 1873.)

La décision du conseil de préfecture n'est exécutoire que si, à l'expiration du délai de deux mois, il a été pris un arrêté définitif. — (C. des comptes, 1888.)

Art. 160. Les comptes et budgets des villes

dont le revenu atteint 100,000 francs sont soumis à l'impression. — (Inst. générale.)

Art. 161. L'élection des délégués de chaque commune se fait dans les conditions indiquées par l'art. 51, §§ 2 et 3.

Le préfet, et non le conseil de préfecture, statue sur les réclamations auxquelles ces désignations donneront lieu. — (V. art. 117 et 171.)

Les commissions syndicales sont dissoutes par décret et suspendues par arrêté préfectoral. — (Avis du conseil d'Etat, 29 novembre 1859, qui est admis encore aujourd'hui.)

Art. 162. La commission peut établir des taxes de pâturage ou autres taxes de jouissance. — (Min. Int., 1861.)

Elle intente ou soutient des actions pour assurer la conservation des biens qu'elle a la mission de gérer. — (Min. Int., 1866.)

Art. 163. Les conseils municipaux établissent la part qui incombe à chaque commune dans la dépense totale : la commission syndicale, ou le préfet, à son défaut, peuvent soumettre à ce sujet des propositions aux conseils municipaux. — (Min. Int., 15 mai 1884.)

Art. 164. Les indigènes musulmans peuvent être élus conseillers municipaux, alors même qu'ils ne rempliraient pas les conditions d'éligibilité imposées aux Français par l'article 33 de la loi du 5 avril 1884. — (Cons. d'Etat, 26 décembre 1890.)

Est nulle l'élection du maire faite avant la désignation des conseillers musulmans. — (Cons. d'Etat, 5 décembre 1884.)

Art. 165. Les membres suppléants du conseil privé sont compris dans l'inéligibilité. — (Cons. d'Etat, 26 juin 1885.)

Art. 166. L'octroi de mer, qui existe dès l'origine de la conquête de l'Algérie, porte sur les objets qui entrent par les ports et aussi par les frontières marocaines et tunisiennes. L'Européen qui habite une commune de plein exercice équivaut à 8 indigènes; l'Européen habitant une commune mixte équivaut à 40 indigènes. — L'israélite indigène compte pour un habitant européen. — (D. 23 décembre 1890.)

Art. 167. Un recours du conseil municipal de Moulins contre le refus du gouvernement de donner suite à une délibération tendant à la désaffectation de l'immeuble municipal affecté à l'évêché a été rejeté par le conseil d'Etat, parce que la délibération d'affectation de cet immeuble avait été approuvée par le gouvernement. — (Cons. d'Etat, 29 décembre 1890.)

Art. 168. Un décret seul peut autoriser la mainlevée des hypothèques prises au profit des fabriques et autres établissements religieux. — (Cons. d'Etat, 28 juillet 1885.)

Les associations religieuses toutefois peuvent consentir mainlevée sans autorisation. — (Décis. cultes, 5 avril 1887.)

Art. 169. La création d'une ligne de tramways peut faire l'objet d'un syndicat, mais non l'exploitation. — (Cons. d'Etat, 24 février 1887.)

Il n'y a pas lieu d'instituer un syndicat, lorsqu'un particulier lègue à une commune un immeuble pour y créer un musée cantonal.— (Décis. Int., 23 juin 1893.)

Art. 171. Le préfet, et non pas le conseil de préfecture, est compétent pour statuer sur les difficultés qui naîtraient des élections des délégués.

Art. 173. C'est au préfet et non au conseil de préfecture que sont soumises les contestations qui naîtraient des élections de président et de secrétaire du comité du syndicat.

Art. 174. Le droit de communication entraîne le droit de prendre copie. — (Cons. d'Etat, 2 mars 1888.)

Art. 176. « Le conseil d'Etat estime que la » personnalité civile d'un hospice intercommunal » ne doit pas être absorbée par celle du syn- » dicat; de même qu'un hospice ordinaire a une » existence distincte de celle de la commune » dans laquelle il a été créé, de même un hospice » intercommunal doit former un établissement » indépendant du syndicat, qui n'est en réalité » que la représentation de plusieurs communes » associées.

» Les hospices de cette nature doivent donc » être administrés conformément aux lois qui » régissent les hospices communaux. » —(Création d'un hospice intercommunal à Pantin. — Note du Cons. d'Etat du 3 mars 1892.)

RÉSUMÉ ALPHABÉTIQUE

DE

LA LÉGISLATION INTÉRESSANT L'ADMINISTRATION COMMUNALE

Les renvois aux Nᵒˢ de la *Revue des Lois* sont à partir de sa fondation, remontant à 1889.

Besançon. — Imp. Outhenin-Chalandre fils et Cⁱᵉ.

POUR AVOIR SES CODES TOUJOURS AU COURANT, IL SUFFIT DE S'ABONNER

AU

SUPPLÉMENT A TOUS LES CODES

BULLETIN DES LOIS USUELLES

DÉCRETS, ARRÊTÉS, CIRCULAIRES, ETC., ETC.

Recueil Mensuel

Abonnement annuel . . . . **3** fr.

Collection de 1889 à 1896

(*Y compris les principales lois de 1880 à 1888*) . . . . **24** fr.

SEUL RECUEIL MENSUEL PUBLIANT RAPIDEMENT LA LÉGISLATION NOUVELLE

BULLETIN-COMMENTAIRE

DES

LOIS NOUVELLES, DÉCRETS, ETC.

ANALYSE DES TRAVAUX LÉGISLATIFS

DEUXIÈME PARTIE DU SUPPLÉMENT A TOUS LES CODES

Abonnement annuel : **7** fr.

Directeur : **PAUL ROY**

Rédacteur en chef : **M. JACQUES VAVASSEUR**
Docteur en Droit, Avocat à la Cour d'appel de Paris

Paraît en Février. — Avril. — Juin. — Août. — Octobre. — Décembre.

Collection années 1894 à 1896 : **21** fr.

Il est répondu par le retour du courrier à toute demande d'achat de livres
neufs ou d'occasion.

CODE DE LA PRATIQUE NOTARIALE

CONTENANT TOUTE

LA LÉGISLATION, LES DOCUMENTS MINISTÉRIELS & LES RÈGLEMENTS INTÉRESSANT LE NOTARIAT

AU COURANT JUSQU'EN 1897

Par Lucien GENTY

Ancien principal Clerc de notaire à Paris, Chef de division au Crédit Foncier de France

SUIVI D'UN

RÉSUMÉ ET TARIF ALPHABÉTIQUE DES DROITS D'ENREGISTREMENT

Par LEFEBVRE

Docteur en droit, Ancien Employé supérieur de l'Enregistrement

ET DU

Texte complet du Code civil et du Code de Procédure civile

1 beau vol. in-8° jésus. — PRIX : 15 fr.

Ce prix sera porté à 18 fr. à partir du 1er mars 1897

Ouvrage tenu au courant par le Supplément à tous les Codes

RÉSUMÉ & TARIF ALPHABÉTIQUE DES DROITS D'ENREGISTREMENT

PAR LEFEBVRE

DOCTEUR EN DROIT, ANCIEN EMPLOYÉ SUPÉRIEUR DE L'ENREGISTREMENT

Au courant jusqu'en 1897

1 brochure in-8° jésus (1897) — PRIX, ... 4 fr.

LES CODES FRANÇAIS

Éditions portatives de 1897

PUBLIÉES PAR PAUL ROY

Code civil. 1 brochure in-8° jésus (pour la serviette et l'audience), 3 fr.; reliure souple, 4 fr.

Le même (de poche). 1 vol. in-32, broché, 1 fr. 50; relié, 2 fr.

Code de Procédure civile. 1 brochure in-8° jésus, 2 fr. 50; reliure souple, 3 fr. 50

Le même. 1 vol. in-32, broché, 1 fr. 50; relié, 2 fr.

Code de Commerce. 1 brochure in-8° jésus, 2 fr.; reliure souple, 3 fr.

Le même. 1 vol. in-32, broché, 1 fr. 50; relié, 2 fr.

Nous adressons ces Codes réunis, au choix du Client, en un seul volume.

BESANÇON. — IMP. OUTHENIN-CHALANDRE FILS ET Cie.

www.ingramcontent.com/pod-product-compliance
Lightning Source LLC
Chambersburg PA
CBHW071218200326
41519CB00018B/5584